人工智能B2B落地实战
基于云和Python的商用解决方案

[英] 巴瑞·沃尔什（Barry Walsh）/ 著　　欧 拉 / 译

清华大学出版社

北京

内 容 简 介

本书共 10 章。第 1 章介绍 AI 与 AI 生态，第 2 章阐述 AI 最佳实践和 DataOps、第 3 章说明 AI 数据的获取，第 4 章谈到云与机器学习，第 5 章讨论神经网络与深度学习，第 6 章聊到 AutoML、AutoAI 以及 NoLo UI 的崛起，第 7 章讲到 AI 全栈应用开发，第 8 章通过案例学习来贯穿 AI 解决方案的整个实现过程，第 9 章说明如何部署 AI 解决方案（生产化与容器化），第 10 章讨论了自然语言处理。书中展示了高层级的业务需求和最佳实践，探讨了如何与干系人与敏捷团队展开合作。书中包含的 AI 应用开发、工业案例研究以及实用指南，可以帮助读者熟练应用 NoLo UI。

本书特别针对云服务预算有限的读者提供高效的解决方案，帮助他们开发和部署看似很难的 AI 商用解决方案。通过本书的学习和实践，读者有望以较低的成本快速部署和交付生产级 AI 方案。

北京市版权局著作权合同登记号 图字：01-2023-2218

First published in English under the title
Productionizing AI: How to Deliver AI B2B Solutions with Cloud and Python
by Barry Walsh, 1st Edition
Copyright © 2023 by Barry Walsh
This edition has been translated and published under licence from
APress Media, LLC, part of Springer Nature.

图书在版编目(CIP)数据

人工智能B2B落地实战：基于云和Python的商用解决方案 / （英）巴瑞·沃尔什（Barry Walsh）著；欧拉译. —北京：清华大学出版社，2023.9

ISBN 978-7-302-64618-1

Ⅰ.①人… Ⅱ.①巴… ②欧… Ⅲ.①人工智能—应用—电子商务 Ⅳ.①F713.36

中国国家版本馆CIP数据核字（2023）第180949号

责任编辑：文开琪
封面设计：李　坤
责任校对：周剑云
责任印制：刘海龙
出版发行：清华大学出版社
　　　　　网　　　址：https://www.tup.com.cn，https://www.wqxuetang.com
　　　　　地　　　址：北京清华大学学研大厦A座　　　　邮　　编：100084
　　　　　社 总 机：010-83470000　　　　　　　　　　邮　　购：010-62786544
　　　　　投稿与读者服务：010-62776969, c-service@tup.tsinghua.edu.cn
　　　　　质量反馈：010-62772015, zhiliang@tup.tsinghua.edu.cn
印 装 者：三河市科茂嘉荣印务有限公司
经　　销：全国新华书店
开　　本：178mm×230mm　　　印　　张：20　　　字　　数：417千字
版　　次：2023年11月第1版　　　印　　次：2023年11月第1次印刷
定　　价：99.00元

产品编号：102438-01

推荐序

当巴瑞请我为他的新书写序时，我感到非常高兴。这不仅仅是因为写序这件事情本身（有人发出邀请总是令人愉快的），更是因为我看到他过去几年在我的领导在 Pairview 取得了显著的成长。

我们在 Pairview 的工作已经帮助成千上万名来自英国和世界各地的职场新人塑造了良好的职业生涯。如今，我们在这个事业上深耕了 13 年。寻求高薪工作的应届生、希望工作时间灵活且高薪的复职妈妈以及处于职业生涯末期但尚未取得进展的人都来求助于 Pairview，因为他们想要开启新的职业生涯。我们公司的初衷是帮助填补数据领域中不断扩大的人才缺口。这个缺口现在已经扩散到技术的方方面面，因为技术在不断地创新，而各个公司面临着严峻的抉择：要么顺应由技术引发的这些变革，要么就此沉沦。

巴瑞对人工智能的热情，再加上他丰富的领域知识和他多年来为众多客户所做的工作，使他成为了这个领域的权威。与 AI 生态系统和开发流程相关的机遇、挑战和风险，他有深刻的了解。他知道如何获取支持并推动整个组织广泛借力 AI 及其对业务的影响。历经多年，他已经成为 AI 企业价值的布道者。他深深地意识到，若想一开始就正确应用 AI 并将其推入数字化转型的价值链，需要大量的时间、资源和缜密的思维。

尽管人工智能已经有几十年的历史，但最近一段时间，这个领域涌现出新的能力，使得人工智能的感知、理解、行动和学习能力变得更加复杂，几乎达到了人类智能的水平。借助于机器学习和自然语言处理这样的数学技术，AI 的版图持续在扩大，并与人类日益共存，因而使得企业能够以前所未有的准确度、一致性和可用性，充满信心地进行数字化转型。数据分析、机器学习和深度学习相结合，配合越来越强大的计算能力（比如量子计算和边缘计算），AI 正在用于在所有人类可达的领域中交付次世代能力。

尽管我们已经看到许多组织在机器学习和分析能力上投入了大量资金，但从机器学习开发中获得的见解和模型如何引入实际生产，仍然是一项重大的挑战，特别是对于许多企业领导者，比如 CDO、CEO 以及负责嵌入和交付的数据和 AI 领导者，或是那些需要将 AI 赋能产品快速、大规模地推向市场以取得成功的公司。这正是这本书成为这些组织、项目或产品的领导者必读的原因，书中为规划、开发和部署企业级 AI 提供了一个强大的框架。

弗兰克·阿布（Frank Abu）

Pairview 公司总监

前　言

　　失败的数据科学项目处处可见，技术债日益增长甚至达到积重难返的程度，[①] 很多组织正在尝试正视 AI，实施一种更广泛、更深思熟虑的设计/系统思维方法，以求揭开炒作的迷雾，去伪存真。这里的关键在于，需要确保一开始就建立有多用户（包括技术人员和非技术人员）参与的数据/AI 解决方案，同时还要全面考虑整个系统的生态系统、企业数据中心、基础设施/集成和端到端的过程。

　　利用最新的技术，人工智能应用牢牢地占据着这个技术成熟度曲线的制高点。[②]AI 的生产力优势令人难以忽视，与此同时，新冠肺炎疫情和数字化转型加剧催生了一种恶性的颠覆式文化。这种快速变化使得一些相对脆弱的公司不得不构建或购买更便宜、更小、开源程度更高的解决方案。这些因素共同作用，导致人们对快速原型开发和加速 AI 解决方案交付的需求与日俱增。

　　然而，并不是每家公司都了解 AI 能做什么或者它意味着什么。这些公司往往受制于遗留工具和糟糕的创新实践。有些人担心就业会受到影响，有些人有道德顾虑。但对大多数 C 级别的高管来说，可以明确的一点是，AI 的实施必须符合"企业级 AI"的愿景，这个 3 410 亿美元的市场[③]正在发展成为一个多样化但高度集成的 Best-of-Breed[④]AI 解决方案组成的平台。

　　对我们这样职业生涯与就业市场、数据及数字化密不可分的人来说，这些有意义的、高价值的 AI 解决方案就是雇主所追求的目标。并且，持续关注提供投资回报率（Return On Investment，ROI），不仅要理解，还要使用 AI（通常是机器学习和深度学习）来提供

---

① 　数字化转型加剧意味着 60% 的企业（在欧洲和全球）在疫情后发现自己欠下的技术债不减反增（来源：Forrester）。

② 　https://www.gartner.com/en/articles/what-s-new-in-artificial-intelligence-from-the-2022-gartner-hype-cycle. 同时请参见 https://tinyurl.com/3c7pcpfm。

③ 　网址为 www.idc.com/getdoc.jsp?containerId=prUS48127321。

④ 　译注：Best-of-Breed，缩写为 BoB，20 世纪 90 年代中期，世界企业应用软件界借用了名词"Best of Breed"来描述新涌现的、具有上述特征的软件系统。人们将这些经过长时期精心培育、发展而推出的、在某一功能领域内集成的软件——在某一个方面有优于 ERP 的特长且有很强的独立性——称为 Best-of-Breed（BoB）应用软件，我们不妨称其为" 单项优势 "软件系统（来源：https://baike.baidu.com/item/Best-of-Breed/5635225）。

切实可见的成果，这是我们得以安身立命的根本。

对于企业领导者来说，一部分挑战在于，技术性强的技能往往无法为组织内的其他人提供非常直观的、可交流并且可理解的成果。大部分数据科学家并不擅长 BI 或者不是因为他们的软技能而被聘用的。如今的就业市场，雇主们越来越多地开始寻找更全面／更广泛的端到端技能，这些技能可以转化为更好的可视化成果、前端功能和集成方案。数据专业的相关人员的竞争优势在于通过解决技术债并拥有提供全栈数据解决方案。

这种机会在很大程度上依赖于云计算。AI 或数据科学不仅涉及 Python Notebook 和活动挂图，还需要识别和获取合适的数据集，并利用云服务来从沙盒扩展到概念验证，再到原型，再到最简可行产品（Minimum Viable Product，MVP）。如今，大多数公司和组织的最终目标是企业级 AI。但对于许多从事特定职位的个人和许多非企业单位，云是一个处处有坑的雷区，有相当多的歧义的、文档不全的工件和隐形成本。企业级 AI 并不是每个人都能负担得起的。

成功（并且负担得起）的企业级 AI 项目交付需要有足够高的情商[①]，如敏捷思维、稳健的数据驱动管道以及大量的变通方法，以设计、涵盖和实现人员、流程和工具的整合。我们依赖于三个主要的超大规模云服务商（Hyperscaler）／云服务提供商（CSP）：亚马逊云计算服务（Amazon Web Services，AWS）、Microsoft Azure 和谷歌云端平台（Google Cloud Platform）[②]，他们提供数据中心、可扩展存储空间和计算实例。

敏捷固然重要，但混合型／与敏捷无关的解决方案、多技能、T 型能力和结果导向的交付也同样重要。最关键的是，如果处于高位的利益相关者／管理人员在制造混乱或推卸项目失败的责任，就不能说他们是在实施敏捷方法。只有遵循项目设计并达到符合整体项目愿景的交付标准，敏捷方法才能真正发挥作用，而不是金玉其外，败絮其中。[③]

许多组织在 AI（运维）上遇到了挑战。这本书的目标没有局限于写写简单的 Python 脚本，而是更进一步，解答当前数据科学实践的实际意义和价值。

这并不是说我们会忽视 Python。事实上，相比以往任何时候，职场中对 Python 技能的需求更旺。截至 2022 年 9 月，Python 在 TIOBE 编程社区指数中仍然排名第一。[④] 使用

---

① 哲学家和冥想大师阿米特·雷（Amit Ray）说："随着越来越多的人工智能产品问世，情商在领导力中的重要性也变得越来越关键。"

② 全球市值最高的 10 大公司：https://companiesmarketcap.com/

③ Forrester 指出："尽管欧洲各云对自动化的投资将持续快速地增长，但许多公司一直缺乏一致的数据／人工智能策略，东拼西凑而来的数字化服务筒仓使他们的 IT 部门陷入混乱，也造成了客户的不满。"

④ 网址为 www.tiobe.com/tiobe-index/。

Python 进行开发是本书的核心目标，但这里采用自上而下的"目标导向（goal-focused）"方法，更倾向于利用基于 Python 以及低代码框架来加速全栈开发流程，而不是代码的 Python 后端开发。本书的叙述也与 DataOps 的最佳实践相一致，并关注了如何满足各种 KPI，比如需求变更、计划延期、提高灵活性以及客户留存等。

本书设计了很多动手实验，旨在展示实际操作，不只使用了 Python 代码，还关注了 AI 如何利用云服务以及如何针对无技术背景的关键利益相关者使用无 / 低代码的界面。这些利益相关者往往是决定启动、实施或扩展 AI 项目的关键决策人。

企业级 AI 的目标是将 AI 嵌入组织的数据策略中，全体员工需要对公司的有形（和无形或隐藏）的数据和 AI 资产有一致的了解并接受培训。每个人都应该能够理解并使用 AI，并跟着本书的指导尝试开发一些解决方案，以此来进一步武装自己，实现公司的长远目标。

关于著译者和审校者

巴瑞·沃尔什（Barry Walsh）就职于 Pairview，是一名软件交付顾问和 AI 培训师。他经验丰富，主要运用复杂的业务数据为 ABB/Ventyx、Infosys、E.ON、Centrica 以及自己的创业公司 ce.tech 优化能源资产和降低风险。他是 Azure AI 认证工程师、数据科学家以及 AWS 云计算专业人员，为能源、IT、金融科技、电信、零售和医疗保健等行业的企业提供数据科学、商业智能和商业分析等咨询服务，成果斐然。巴瑞在商业分析和 AI 解决方案交付领域深耕 20 多年，对企业级 AI 充满热情。业余时间，他喜欢和妻子以及 8 岁的儿子一起享受家庭时光。他会弹钢琴，还是长途骑行（还在脚趾骨折的情况下参加了自行车马拉松）、野餐以及咖啡的重度爱好者。

欧拉，本科留学期间多次入选"优等生名单"，奉行深思笃行的做事原则，擅长于问题引导和拆解，曾经运用数据模型和 R 语言帮助某企业在半年内实现了十倍的增长。有多部译著，翻译风格活泼而准确，有志于通过文字、技术和思维来探寻商业价值与人文精神的平衡。目前感兴趣的方向有机器学习和人工智能。

普拉莫德·辛格（Pramod Singh）是贝恩公司高级分析团队数据科学部门的高级经理。他在机器学习和 AI、数据分析和应用开发等领域拥有十几年的经验。他写过 4 本书，其中一本的主题为机器学习运维（MLOp）。他还是 Databricks AI 峰会、O' Reilly Strata 数据峰会等大型国际会议的特邀演讲嘉宾。他在印度共生国际大学取得 MBA 学位，在印度哈里亚纳邦古尔冈市加尔各答管理学院取得数据分析师专业认证。他和妻子及其 5 岁的儿子一起住在古尔冈。业余时间，他喜欢弹吉他、编程、读书和看足球比赛。

动手实践一览

简 明 目 录

详 细 目 录

第 1 章
AI 与 AI 生态系统简介

面对第四次工业革命，AI（人工智能）与 IoT（物联网）、基因工程等领域一样，是创新的焦点。然而，这也引发了炒作，特别是在工作岗位的流失和创造方面，因为世界上许多企业和组织正在快速转变经营模式，以适应数字化时代的需求。由此创造的就业机会大多数都与数据科学家这个新兴职业相关，然而，这个职位实际是在 2012 年左右才开始成为主流。在相对较短的时间内，这个角色本身及其所涵盖的技能发展跟不上公司对关键资产（人员、流程和工具）需求的增长。具体说来，是指公司已经在策划不到位的数据科学项目上投入了大量的时间和金钱，然而除了 R 或 Python 脚本，这些项目并没有其他产出，这些代码可能非常复杂，组织内部很少有人能够理解。实际上，虽然这些解决方案对数据科学家来说可能稳健适用，但若是在一个人多、流程和工具不断交互并预算有限的大型组织 / 企业架构中，这些解决方案与企业目标是有差距的。

本章将围绕 AI 项目成功交付的主题来介绍我们对当前能力和需求错位的看法。

本章的目标是通过一次快速的历史之旅，站在一个较高的层次来定义关键的 AI 概念，向读者介绍 AI 当前的趋势和新兴趋势，包括炒作和陷阱。最后，讨论现在的工作环境中许多企业和组织在机器学习和深度学习实践时为什么会遇到困难。本章所讨论的话题会在后续的章节中进一步展开。

首先，初步了解 AI 及其生态系统。后续章节再进一步深入操作实践和应用。本章的目的是为读者提供之后学习所需要的工具，并围绕 AI 生态系统、AI 的主要应用、数据获取（data ingestion）和数据管道（data pipeline）以及使用神经网络进行的机器学习和深度学习等提供背景和定义。最后介绍 AI 生产化。

1.1 AI 生态系统

我们来看看 AI 现状。首先看一看技术成熟度曲线，然后回顾一下 AI 是如何发展到现在这个阶段的。我们还要介绍一些定义、为可扩展 AI 赋能的云计算、"全栈" AI 的生态系统和越来越受关注的伦理问题。

1.1.1 技术成熟度曲线

虽然 AI 确实有炒作过度的嫌疑，但现在，人们普遍认为它正在发挥其潜力。受新冠疫情的影响，数字化转型加速，企业和组织在此推动下能从 AI 中获得实质性的好处，许多应用都证明了这一点，例如疫情期间大量涌现的聊天机器人、深度学习支持下的医疗诊断、用于测量社交距离的计算机视觉以及用于量化重新开放对经济有何影响的机器学习模型。

在工作环境中，虽然 AI 作为服务日趋成熟，但它的应用仍然只限于少数 IT 专家。2022 年，AI 的民主化成为一大焦点，不再是一种专业和小众的知识，而是逐渐受到更广泛的重要干系人（包括所有员工、客户和商业伙伴）的认可。AI 工业化也是当前的主导趋势，企业正在推动实施"更智能"的 AI 项目，在设计思考阶段就重点关注 AI 的可重用性、可扩展性和安全性，而不是事后作为补救措施再去考虑。

接下来，先回顾人工智能是如何成熟并发展成现在这样的。最能概括现状的是，我们需要把"独立 AI"扩展为"企业级 AI"。

1.1.2 历史背景

根据视角的不同，人工智能的根源可以追溯至 20 世纪 50 年代，或者追溯至古典哲学中的自动机。

现代 AI 可能起源于古典哲学中将人类思维类比为机械过程的相关描述，所以在开始了解之前，我们最好回顾一下 AI 的背景。[①] 表 1-1 概述了人工智能的发展历程。

表 1-1　人工智能的发展历程

时间	事件
公元前 5 世纪	关于机械机器人的最早记录：中国道家和哲学家老子描述了一个真人大小、人形的机械自动机
公元前 428—前 347	希腊科学家创造了"自动机"，具体来说，阿契塔[②]创造了一只机械鸟
9 世纪	关于最早可编程复杂机械机器的记录
1833	查尔斯·巴贝奇构想了一个分析引擎——一台可编程的计算机器
1872	塞缪尔·巴特勒 1872 年出版的小说《埃瑞璜》中出现了"具有人类智能的机器"这个概念
20 世纪上半叶	科幻小说中对 AI 的认识，例如《绿野仙踪》中的铁皮人和《大都会》中的玛丽亚
1950	艾伦·图灵发表《计算机器与智能》，他提出两个问题："机器能思考吗？""机器能成功地模仿思考吗？"
1956	麻省理工学院的认知科学家马文·明斯基创造了"人工智能"这个术语
1974—1993	长时间的 AI 寒冬，由于缺少真实的商业成功案例并且神经网络表现不佳，导致政府的资助减少
1997	IBM 开发的深蓝在国际象棋比赛中击败了加里·卡斯帕罗夫
2011	IBM 开发的沃森在智力竞赛节目《危险边缘》中获胜
2012	ImageNet 竞赛，AlexNet 深度神经网络在视觉目标检测中显著降低了误差

1.1.3　与 AI 相关的一些定义

哲学中的自动机或思维机器是否可以视为真正的 AI 呢？这是一个饱受争议的话题，不过，借助于后见之明，我们可以通过特定的术语来理解和阐明人工智能（表 1-2）。

---

① 网址为 www.forbes.com/sites/gilpress/2016/12/30/a-very-short-history-of-artificial-intelligence-ai/?sh=1cfaac1f6fba。

表 1-2　术语及说明

术语	说明	示例
简单的机器	执行工作(从一个物体向另一个物体转移能量)的设备	轮子、杠杆、滑轮、斜面、楔和螺钉
复杂的机器	简单机器的组合	手推车、自行车和机械机器人（老子与机械鸟）
可编程的机器	接收输入，存储并处理数据，并以实用的格式提供输出	打孔卡和编码音乐纸带
计算机器	用于自动执行基本运算操作的机械设备	算盘、滑尺、差分引擎和计算器
数字化机器	产生和处理二进制数据的系统	计算机

图 1-1 以时间线的方式进行了展示。

图 1-1　AI 发展历程

1.1.4　AI 的现状

虽然"什么是 AI"这个问题可能不是很明确（我们将在下一节中解答这个问题），但如果没有数字化机器或计算机，AI 肯定不能发展到今天这个地步。而且，正如我们稍后将看到的那样，云计算的发展以及随之而来的高性能计算，最终使 AI 或民主化 AI 得以实现。

当我们审视 AI 的机制，尤其是它目前的应用场景时，会发现机器学习和深度学习是人工智能真正核心的技术，而不是因为无知或科幻小说而产生的关于"机器崛起"的错误观念。在工作环境中，AI 代表的是增强智能（augmented intelligence），没有人真心想要看到通用人工智能的出现，就如同没有人想要看到第三次世界大战一样。

1. 机器学习

如图 1-2 所示，机器学习可以视为 AI 的一个子集，它让计算机拥有了在没有显式编程情况下学习的能力。从操作角度来看，机器学习很像我们人类从经验中学习，比如，如果我们碰到温度很高的东西并被烫伤，那么负面的经验就会被存储在记忆中，我们就这样马上学会了不再去碰它。

我们把代表过往经验的数据输入计算机，然后利用不同的统计方法从数据中"学习"，并将这种知识应用到未来的事件上——这就是模型所做的"预测"。

2. 深度学习

深度学习通常被认为是机器学习的一个子集，它和机器学习的区别在于，深度学习使用深度神经网络层来解决预测问题。

如图 1-2 所示，由于它们依赖大数据和建模，所有 AI、机器学习和深度学习都是数据科学的核心技术，数据科学结合建模、统计、编程和一些领域专长，从数据中提取洞察和价值。

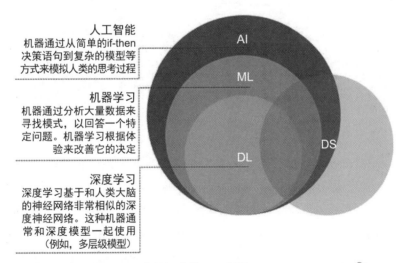

人工智能
机器通过从简单的if-then
决策语句到复杂的模型等
方式来模拟人类的思考过程

机器学习
机器通过分析大量数据来
寻找模式，以回答一个特
定问题。机器学习根据体
验来改善它的决定

深度学习
深度学习基于和人类大脑
的神经网络非常相似的深
度神经网络。这种机器通
常和深度模型一起使用
（例如，多层级模型）

图 1-2　作为 AI 的子集的深度学习（来源：Abris AI in Banking[①]）

---

① 网址为 www.abrisconsult.com/artificial-intelligence-and-data-science/。

1.1.5　什么是人工智能

我们在这本书中关注的人工智能常常与科幻小说中的人工智能相混淆。我们该如何区别这两者呢？

狭义人工智能（narrow AI）是企业和组织目前使用的一种 AI，即机器被设计用于执行单一任务。这台机器能够非常熟练地执行某一特定任务（例如，谷歌翻译），但在完成机器训练后，无法通用于之前未见过的领域。

通用人工智能（artificial general intelligence，AGI）是可以完成任何人类智能任务的一种 AI，它具有基础的"有意识"决策制定能力。虽然它可能构成生存威胁，但由于硬件规模和能源消耗也影响到高级深度学习算法的灾难性记忆丧失等挑战，所以至少就目前而言还是遥不可及的。

超人工智能（artificial super intelligence，ASI）最接近于科幻电影中使用的一种 AI。理论上来讲，ASI 具有超越人类的能力。

1.1.6　云计算

我们所关注的是狭义 AI，至少目前是这样。到了 AGI 或 ASI 问世的时候，如果我们相信特斯拉创始人马斯克的观点，那么我们都应该希望自己那时已经不在这个世界上了。

如前文所述，云技术使这种形式的 AI 成为可能，狭义 AI 的成功实现需要端到端的云基础设施。在 2022 年，对任何企业来说，云计算的基础性需求是难以低估的。受到远程工作、学习、电子商务、内容流媒体、在线游戏和协作等强烈需求的推动，云计算支出在 2020 年增长了 33%，增长势头非常迅猛。

用于处理 AI 中心的大数据的主要云组件是存储和计算能力。虽然企业机器学习项目在这两方面都可以开销很低，但深度学习项目却做不到。亚马逊云服务、Azure 和谷歌云端平台是主要的云服务提供商（或称 CSP），IBM Cloud 和 Heroku 也很常用。[①] 我们将在本书中介绍这些云服务的实践示例。所有 CSP 都提供一系列的 AI 服务和工具，这极大地简化了构建应用程序的过程。

虽然云是 AI 的关键使能因素，但只有当公司的数据策略有丰富的、大规模的数据源和 / 或训练数据作为基础时，云计算才能真正赋能于企业级或生产级 AI。

---

① 阿里巴巴是全球第四大云服务提供商，但目前主要服务于中国市场。

1.1.7　CSP 都提供什么

每个 CSP 都有各自的优势。AWS 拥有最广泛的覆盖范围，而 Azure 能够自然而然地与基于 Windows 的系统进行交互。谷歌云端平台对构建应用程序通常有更好的支持，如图 1-3 所示。

图 1-3　2022 年第 2 季度统计的部分领先的云平台（来源：Statista）

图 1-4 总结了每个主流平台的一些独特卖点（unique selling Proposition，USP）。

图 1-4　云服务提供商的 USP

1.1.8　更广泛的 AI 生态系统

尽管 CSP 三巨头占据着主导地位，但可能因为受咨询公司 / 系统集成商的影响，也有一些公司开始转向多供应商的、细分领域 AI 解决方案的平台，试图摆脱对大型科技公司的依赖。如图 1-5 所示，这些成本较低的开源平台实施起来可能也更快并能够与敏捷交付模型（在第 2 章中将进一步介绍）更紧密地结合在一起，以及在一定程度上不受遗留问题、规模或企业社会责任（corporate social responsibility，CSR）的牵累。

图 1-5　支持更广泛的 AI 生态系统：CSP，Si 和 OEM

1.1.9　全栈 AI

当然，云计算并不是全部。虽然云提供了平台，但如图 1-6 所示，还有其他许多用来实现 AI 的专利工具和开源工具，从 Apache Kafka 和 AWS Kinesis 等数据工程工具，到 mongoDB 和 AWS DynamoDB 等 NoSQL 数据库，再到 Python 和 Scala[1] 等后端编程语言，

---

[1] 其他语言当然也可以用于数据科学，比如 R 和 Go/Golang，但它们的普及率和传播目前还无法与 Python 媲美。不过，我们将在第 3 章和第 9 章进一步讨论 Scala。

还有 Apache Spark 这样的模型引擎以及 Dash，PowerBI 和 Google Data Studio 等前端 BI
层 / 数据仪表板。

图 1-6　全栈 AI

在本书的实践案例中，我们会使用前面提到的许多工具。

1.1.10　AI 伦理和风险：问题和顾虑

我们最后要谈一谈当前许多大型组织日益增长的担忧，即运用数据和人工智能来驱动
商业价值的伦理问题。

今天的许多问题都源自商业 AI 早期发展阶段的过度炒作。当时为了得到投资回报，
数据偏差、模型风险和黑箱可审计性[①]，甚至用户许可的问题基本上都被忽视。

---

① 译注：黑箱可审计性（black-box auditability）指对于一些复杂的算法或者系统，例如深度学习模
　型，外部观察者往往很难理解其内部工作机制，就像"黑箱"一样。尽管我们可以输入数据并
　得到输出结果，但很难明白这个过程是如何实现的，也就是说这个过程对我们来说不透明。

在媒体报道一些知名的案例后，人们普遍产生了负面的看法，即 AI 模型中的固有偏差以及过度依赖自动化可能导致对穷人的歧视或设置贫困陷阱。两个主要的算法类型如下。

- 信用报告算法：这种算法会影响到获取私人商品和服务的权利，比如汽车、房屋和就业。其中一个引发关注的潜在伦理违规行为是 Apple Card 苹果信用卡事件。Apple Card 的运营商高盛受到监管机构[①]的调查，因为他们使用了一个据说是歧视女性的 AI 算法（通过向男性提供更高的信用额度）。

- 政府 / 公共部门机构：这种类型的 AI 算法会影响到获取公共福利的权利，如医疗保健、失业和儿童抚养服务。在美国最近的一个案例中，联合健康集团（United Health）受到调查，原因是他们创建了一个具有种族偏见的算法，比起病情更严重的黑人病患，这种算法更偏向白人病患。

动手实践 1-1　AI 生态系统

AI 的伦理和治理到此为止，为了大致了解 AI 项目的一些成果，我们有必要看一下更广泛的 AI 生态中的一个重要工具。

用 PowerBI 创建 COVID 数据仪表板

所有合格的 AI 解决方案都需要一个可视化 / 商业智能（BI）层，以确保交付解决方案时有一个具有说服力的仪表板或接入仪表板的接口。有许多这样的工具可以用来完成这个任务，包括 AWS QuickSight、Google Data Studio、Cognos、Tableau 和 Looker。[②] 这里，我们要了解一下 Microsoft PowerBI，它是目前最领先的 BI 工具之一。

1. 接受 cookies 后点击以下链接注册并下载 PowerBI：
   https://powerbi.microsoft.com
2. 在搜索引擎的搜索框中输入 "John hopkins Covid data Github"，找到约翰霍普金斯大学最新发布的 Github 数据。可以参考下面的链接，获取包含确诊病例、康复病例和死亡病例数据的实时更新的 csv 文件：
   https://github.com/CSSEGISandData/COVID-19/tree/master/csse_covid_19_data/csse_covid_19_time_series

---

① 网址为 www.standard.co.uk/tech/apple-card-sexist-algorithms-goldman-sachs-credit-limit-a4283746.html。
② 还有 DS.js 和 Apache Superset。我们将在第 7 章中研究 Python 特有的更多可视化工具。

3. 打开 PowerBI，然后打开"获取数据" >Web。分别输入三个文件的 url，选择"加载数据"，将数据导入 PowerBI 数据模型。注意，因为是实时（live）文件，所以视图中显示的数据每天都会自动更新。

4. 练习：在 PowerBI 的浏览器视图中，按下面链接中的示例仪表板重新创建视图：

```
https://app.powerbi.com/view?r=eyJrIjoiN2FkNzZlMWQtMm
E2OC00NzRiLWI0ZGItNDMzNzZhYTIwYTViIiwidCI
6IjhlYTkwMTE5LWUxYzQtNDgyNC05Njk2LTY0NzBjBjYmZiMjRlNiJ9
```

5. 确保依序按照以下步骤创建视觉对象。

    a）选择正确的视觉对象（如卡片、表格、条形图、面积图、树形图）。

    b）拖拽并放置正确的维度（要报告的实体，如国家）和度量（要报告的值，如确认病例）。

    c）根据需要进行筛选（如病例最多的前 10 个国家）。

    d）最后，添加日期和国家的切片器，让用户能够快速地深度挖掘特定日期（窗口）和国家的 Covid 病例。

6. 进阶练习：将完成后的 PowerBI 报告推送到 PowerBI 服务[①]，随后以公开的网址发布仪表板。

1.2 AI 的应用

在保持这一章作为介绍性章节需要轻松一些的同时，我们将根据前一节的内容来讨论 AI 的几种主要应用：

- 机器学习
- 深度学习，包括计算机视觉和投资组合、风险管理和预测
- 自然语言处理，包括聊天机器人
- 认知机器人流程自动化（cognitive robotic process automation，CRPA）

[①] 使用 PowerBI 服务需要有公司或组织邮箱。如需帮助，请参阅 https://dash-bi.medium.com/how-to-use-power-bi-service-for-foreignwithout-a-professional-email-in-4-step-f97dbaf4c51e 或 https://learn.microsoft.com/en-us/power-bi/fundamentals/service-self-service-signup-for-power-bi。

1.2.1 机器学习

机器学习是一种使计算机能够从复杂数据中进行推断的技术，它仍然是 AI 研究最大的领域。机器学习主要有三种类型：监督式学习、无监督学习和强化学习[1]，我们将在后续章节中探讨每种类型的开发和部署。现在，我们将提供一些基本定义，主要聚焦于这些机器学习方法的本质区别：

- 监督式学习：在"目标"输出已知的数据点上进行训练
- 无监督学习：没有可用的输出，但机器学习被用于识别数据中的模式
- 强化学习：通过最大化奖励 / 分数来训练机器学习模型

当前，机器学习的一个关键应用领域是欺诈检测，通常为无监督机器学习和监督式机器学习问题。目标是尝试预测交易（和客户）数据中的模式，以指出欺诈行为是否正在发生。

本书假设大多数读者都对基础的机器学习技术有一定程度的了解，如果本书讨论的一些应用超出了读者预设的知识范围，建议参考其他书籍以增强理解。

1.2.2 深度学习

深度学习在很多方面都是机器学习的一个子集，在本质上，深度学习是将机器学习扩展到通常使用神经网络来解决的较为困难的大数据问题。神经网络本身受人脑神经元连接的启发，当我们把它们放在一起时，就会得到图 1-7 那样的图。这实际上是一个多层神经网络，它接受 4 个输入，并在两个隐藏层各自的 4 个节点（或神经元）中进行各种数据转换后提供一个输出。

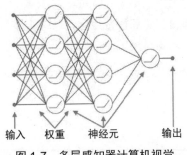

输入　权重　神经元　　　输出

图 1-7　多层感知器计算机视觉

---

[1] 如果算上半监督式学习，那就有 4 种方法，详情参见第 4 章。

深度学习通常用于图像分类或计算机视觉（例如预测图像中是否含有人、建筑或车辆），输入基本上是转换为像素的（训练）图像，然后转换为机器可读的格式（张量），隐藏层起着函数映射的作用，提取图像中常见的"模式"。

如图 1-8 所示，计算机视觉被用于对象分类、识别、验证、检测、分割和识别。使用图片作为例子，可以回答如下问题：

- 图像中的对象是什么类型？
- 图像中是否存在某个对象？
- 图像中包含哪些种类的对象？

计算机视觉的应用有许多，包括面部识别和监控；文档搜索和归档；医疗诊断；作物病害防治。

图 1-8　计算机视觉中的对象分类（来源：Ilija Mihajlovic，towardsdatascience.com）

投资组合、风险管理和预测

AI，尤其是深度学习，如今广泛用于风险管理和投资组合优化，以提高操作流程的效率和准确性。同样，2022 年，金融资产优化、股票价格预测、投资组合和风险管理都是让人感到兴奋的创新领域。

预测也是目前的重要领域。云存储和处理能力的进步使天气预测、需求预测、资产优化、算法交易和机器人顾问等领域受益于 AI。高精度的工业级循环神经网络（recurrent neural network，RNN）和专门的长短期记忆模型（long-short term memory，LSTM）的表现越来越能超越传统方法。我们将在第 5 章中探索这些内容的实际应用案例。

1.2.3　自然语言处理

自然语言处理是 AI 的一个分支，处理计算机和人类之间使用自然语言的交互。本质上，NLP 将机器学习算法应用于非结构化数据，并将其转换成计算机可以理解的形式，目标是以一种有（商业）价值的方式来阅读、解码和理解语言。

NLP 是驱动谷歌翻译等机器翻译应用的主要力量。像 Microsoft Word 和 Grammarly 这样的字处理软件也使用 NLP 来检查文本的语法准确性。NLP 在行业中的应用日益广泛，预计全球市场在 2025 年将达到 4300 万美元。[①]

聊天机器人

关于 NLP，知名度最高的应用可能是聊天机器人和个人助手应用，比如 Siri、Alexa 和 Watson Assistant。

聊天机器人本质上是进行交互式对话的软件应用，具有文本转语音和语音转文本的能力，并且这项能力正在逐年增强。

自从 Windows 有了小娜（Cortana），这项技术就得到了极大的改进。如今，已经发展到智能虚拟代理（intelligent virtual agents，IVA 或 Chatbots 2.0）或交互式语音应答（interactive voice response，IVR）等广泛用于呼叫中心来响应用户的请求。不同于早期建立在对话规则基础上的聊天机器人，IVA 内置自主学习能力，能适应上下文环境。

2022 年，聊天机器人的商业价值在于改善客户旅程和客户体验。它能够快速解决问题，尽管在更复杂的情况下，可能还无法做到这一点。

自然语言处理的主要技术是语法分析和语义分析。语法分析关注语法，而语义分析则关注文本的底层含义。两者都涉及一些对分类和最终的见解提取很重要的底层子过程（比如词形还原和词义消歧）。我们将在后面的章节中深入了解这些内容。

---

① 源于 Statista。

从最简单的角度来看，聊天机器人中的自然语言处理用来进行检测，然后将用户的"意图"和"实体"最佳匹配到预设的对话"语料库"中。随着用户交互的增加，可以使用更多数据来进行训练，以改善匹配过程，进而提高对话质量。

1.2.4　认知机器人流程自动化

认知机器人流程自动化（cognitive robotic process automation，CRPA）是指利用了 AI 技术的机器人流程自动化。传统的 RPA 需要配置计算机软件以执行业务流程，而认知 RPA 工具和解决方案在底层业务流程之上增加了预测能力和增强的异常处理能力，使用了 OCR 和自动扫描、文本分析、语音转文本和机器学习等技术。

传统的 RPA 以结构化数据为基础来支持自动化，而 CRPA 通常包含非结构化数据源。

如今，许多运营或投资组合管理过程都与认知机器人流程自动化（CRPA）相结合，辅以 AI 和自动化，以解决像下面这样的业务问题：

- 批量支付处理
- 交易风险监控
- 自动填充表单
- 文档归档

在风险管理中，如蒙特卡洛方法和 VaR（value at risk，风险价值）方法这样复杂的 AI 增强技术也越来越常见了，其目的是建立标准化并改进现有的风险实践。

1.2.5　其他 AI 应用

前面介绍的是人工智能在工作环境中的主要用途，目的是让读者对本书后续的内容有一定了解。具体来说，机器学习、深度学习、自然语言处理和 CRPA 构成私营和公共部门目前所采用的行业特定用例的基础。

我们将在后续实践部分详细描述和演示这些内容。图 1-9 展示了各行业使用的应用案例。

- 日程优化（CPLEX）
- 交货调度
- 预测性维护
- 遥测驱动车队保险（车队遥测）
- IoT 传感器到云端

制造业与汽车行业

- 用于公众的聊天机器人与 IVA
- 公众意见仪表板
- 情感分析
- 政策文档检索和处理
- 用于行政支持的 CRPA
- 异常检测：包括欺诈，健康问题和公共福利
- 工作效率提升

公共部门/政府与人力资源

- 实时仪表板
- 留存与流失建模
- 推荐引擎
- 对话助手
- Twitter 用户情绪分析
- 呼叫中心资源规划
- RFM 分析
- 服务包优化

零售与电信

- 流分析仪表板
- 流失模型和广告定位
- RFM 分析
- 用户描绘与客户画像
- 推荐引擎
- 上下文与情感分析
- 计划内容创建
- 转录和文档处理

营销与媒体

- 欺诈检测与网络安全
- 对话助手/聊天机器人
- 需求与价格预测
- 交易决策支持
- 文档检索
- 区块链
- 网络入侵检测
- 实时仪表板

金融服务与保险

- 医疗语料库注释与检索
- 情感分析
- 采购与定价分析
- 自动化市场情报
- 交易决策支持

医疗保健与住房

- 对话助手（聊天机器人）
- 日程优化（CPLEX）
- 预测
- 调度/生产规划
- 车队配送和路线
- 员工效率提升
- 仓库优化

供应链、批发商与承运商

- 自动化文档扫描和文本提取
- 石油和天然气勘探
- 实时 KPI 仪表板
- 库存管理
- 采购与定价分析
- 仪表板解决方案
- 诊断和决策支持
- 自动化市场情报
- 需求与价格预测

能源、石油、天然气与公用事业

横向服务

- 数据迁移与网络服务
- 数据湖和数据简仓
- 网络安全与边缘计算
- 图数据库

- 地理空间/地理位置数据
- 社交费用与情感分析
- 新闻与竞争对手情报
- B2B 咨询服务

图 1-9　AI 的应用

　　虽然新兴的 AI 应用可能尚未完全商业化，或者还未在大多数工作场所中投入使用，但在图 1-10 中，仍然引用了高德纳咨询公司所预测的未来几年可能成为主流的新兴技术（如强化学习和边缘 AI）。

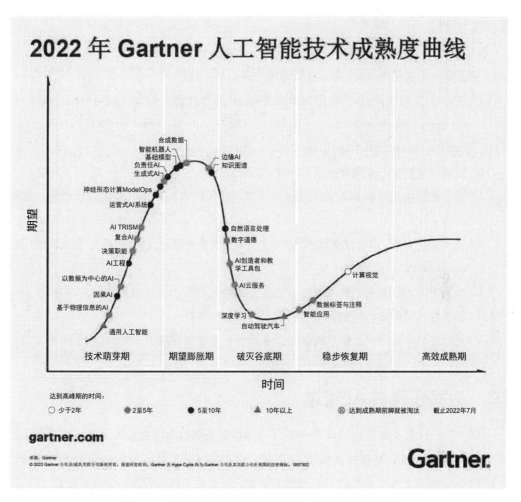

图 1-10　高德纳咨询公司所发布的 AI 技术成熟度曲线

动手实践 1-2　AI 应用

现在，已经初步了解了当今公司和组织中主要的人工智能应用，接下来我们将探索一个动手实践示例。

调用 Azure 文本分析 API

我们第一个练习的目标是开始熟悉云和云服务（在这个例子中是 Azure 和文本分析 API）并了解一个关键的 AI 应用：自然语言处理。

1. 在这个练习中，我们使用 Microsoft Learn 的"沙盒"环境：https://docs.microsoft. com/en-us/learn/modules/classify-user-feedback-with-the-text-analytics-api/3-exercise-call-the-text-analytics-api-using-the-api-testing-console

2. 激活沙盒需要一个微软账户和一个 Azure 账户[①]。

3. 按照教程中的步骤输入文本并检测语言，然后提取关键词，随后分析情感，提取实体。

4. 作为拓展练习，请尝试更改 1.2 节中的文档，看看 API 会返回什么。试着更改为"Ich bin so sauer auf dich"。

5. 使用相同的订阅密钥来尝试其他方法，如检测语言、实体和关键词。

6. 尝试使用订阅在不同的区域进行调用，看看会怎样。

7. 返回在 Azure 门户上创建的认知服务资源，查看免费层级中的 API 请求。

1.3　数据获取与 AI 管道

我们将从 AI 的关键应用转向下一部分，即数据获取和自动化数据管道。第 3 章将更深入地讨论这个话题，现在先要介绍 AI 工程，这是实现切实可行的生产级 AI 解决方案[②]的刚需核心技能。此外，我们还会提及数据管道、关键的 ETL（提取、转换、加载）过程、数据清洗和转换的最佳实践以及自动化人工智能（AutoAI）的重要定义。

1.3.1　AI 工程

行业研究表明，只有很少数 AI 项目能够取得成功，部分原因是 AI 项目中以技术为导向且通常较为初级的人员忽视了 AI 涉及人、流程和工具的全面性。现实是，编写机器学

---

① 免费试用 30 天，然后需要绑定信用卡按需付费（只要在创建后立即删除资源，每个月的费用可能少于 2 英镑，甚至免费）。可以通过下面的链接检查产生的费用：https://portal.azure.com/#blade/Microsoft_Azure_CostManagement/Menu/costanalysis。

② 第 7 章将进一步介绍企业级 AI。

习或深度学习代码只是 AI 项目的一小部分，如果没有考虑到复杂的周边基础设施，写的脚本就会失败。

数据管道在每一个成功的 AI 应用背后提供支撑。从数据采集，到数据分类、转换、分析、训练机器学习和深度学习模型，再到推理和再训练 / 数据漂移过程，目标都是产生越来越准确的决策或见解。

总之，如果没有成熟的数据策略和稳健的、可提供服务的数据交付管道，任何 AI 项目都无法取得成功，因为这些都是将数据输入到下游建模和分析流程的关键因素。基于此，我们要讨论数据获取是如何工作的以及构建成功的 AI 应用需要用到怎样的数据管道。

1.3.2　什么是数据管道

数据管道是数据从上游数据源流向下游接收端的过程，它使数据更便于最终用户使用。更正式地说，它是一系列自动化的操作，从各种源提取或获取（ingest）数据，通常要对数据进行转换，然后将其放入一个数据存储（data store）或数据仓库（repository），以便下游进行分析。

在云计算的时代，实现这个目标的方式很多，例如将数据从网络或应用程序转移到数据仓库（data warehouse），或者从数据湖（data lake）转移到数据库（database）。在 2022 年，所有这些方式的共同之处是越来越需要工具和转换过程尽可能无缝集成，并最终实现完全自动化。

1.3.3　提取、转换和加载（ETL）

提取、转换和加载，即 ETL（Extract，Transform，and Load），常常与数据管道相混淆。ETL 流程指的是从不同的源提取数据，将其转换为可用的格式，然后加载到终端用户系统，它是一系列离散的、有限的步骤。数据管道在时间上并不是离散的，它处理的是数据的连续流动。

因为在某种意义上，数据管道可以被认为是 ETL 步骤的连续循环，所以了解这三个步骤的定义可能对大家有所帮助。

1. 提取

数据从各种内部和外部源中提取，如文本文件、CSV、Excel、JSON、HTML、关系型和非关系型数据库、网站或 API。Parquet 和 avro 等更现代的格式也因其对数据集的有效压缩而使用得越来越多。

2. 转换

数据进行转换，使其适用并兼容于目标终端用户系统的架构（schema）。数据转换过程涉及清洗数据以移除重复或过时的条目；将数据从一种格式转换为另一种格式；连接和聚合数据；整理和排序数据，等等。

3. 加载

在 ETL 的最后一步，数据加载到像数据仓库这样的目标系统中。数据加载到数据仓库内之后，就可以高效地进行查询并用到分析和商业智能。

1.3.4　数据整理

上述概念在数据工程师的角色中非常重要，但在服务于下游的数据科学和数据分析过程中，也有相当程度的重叠，尤其是 ETL 过程中的"转换"步骤。

数据整理（data wrangling 或 data munging）是数据科学和人工智能中的主要过程，可以确保数据处于适合进行分析或 BI 的状态。许多人都知道一种说法，即清洗数据占据数据科学家 80% 的工作量。实际上，数据整理的确占据了数据科学家 80% 的工作量，并且它涉及的远不止清洗数据：还包括许多其他子过程，比如格式化、过滤、编码、缩放和归一化以及混洗（shuffle）或拆分。这些都不仅限于结构化数据，非结构化数据（比如文本或图像）也在机器学习和深度学习的范围内。

数据整理位于数据获取之后、建模／机器学习或深度学习之前。它是高度迭代的，经常与探索性数据分析（exploratory data analysis，EDA）结合，以更好地理解数据集中的各个字段（通常是列）的结构。EDA 侧重于被动"观察"数据，而数据整理会主动以某种方式"改变"数据。

我们将在关于机器学习的章节中更深入地讨论数据整理和 ETL 过程，特别是通过观察关键案例研究（如欺诈检测）来建立实现生产化机器学习的最佳实践技术。

1.3.5　性能基准测试

ETL 和数据整理做的是数据的预处理，同时，我们也需要一种方法来为流入 AI 解决方案的数据"评分"（理想情况下是持续评分）。

构建一个 AI 应用需要不断的训练和测试。了解如何对性能进行基准测试（Performance Benchmarking）以及使用哪些度量标准，对机器学习和深度学习都很关键。这需要非常严格，需要适应不断变化的（输入）数据管道。

对于监督式分类问题，我们使用准确率、召回率、精确率和混淆矩阵等度量标准，以进一步理解我们正确预测的案例的比例（无论是负类还是正类）。对于监督式回归问题，我们使用均方根误差和 R 方（R-squared）来比较预测的输出与实际目标数据。在深度学习中，我们可能使用和上述度量标准类似的度量标准以及一些深度学习专有的度量标准，如损失和交叉熵。

1.3.6　AI 流水线自动化：AutoAI

近年来，AI 的重点已经转移到 ETL、数据整理和性能基准测试等整个端到端的过程自动化上。结合自动化数据漂移（测量每次刷新输入管道时数据变化的程度），实现端到端的自动化，并对每个步骤进行全面的监控和度量，是实现真正的企业级 AI 战略的关键。

虽然大多数组织的愿景是把所有事情都自动化，但在实践中，并非一切都在 AutoAI 的范围内。我们在表 1-3 中提到一些可以纳入完全功能化和自动化数据管道的关键变量，IBM Cloud Pak for Data、DataRobot 和 Google Vertex AI 等工具都证实了这一点。

表 1-3　AI 流水线自动化的关键过程和手段

建模前	建模后
原始数据导入	特征工程
静态（批量）文件 多个 SQL 查询 通过 Python 库进行认证的 API	维度缩减 归一化（在 0 和 1 之间缩放） 标准化（将数据缩放至平均值为 0，标准差为 1，使其符合正态分布）
数据整理	模型调优
识别 + 处理 缺失值处理 编码	性能基准测试 超参数调整 / 网格搜索 算法选择

（续表）

建模前		建模后
数据划分		再训练
识别目标变量 混洗和拆分训练／验证 测试或 k 折交叉验证		数据漂移

动手实践 1-3　自己动手建 AI 流水线

在了解构成 AI 流水线的内容之后，我们来研究一下真实的实验案例，看看实际操作起来是什么样。

无代码分类

本次练习的目标是理解数据对任何 AI 应用程序结果的依赖性和流动性。本次练习要演示如何使用"无代码"的二元（监督式）分类模型在 Microsoft Azure ML Studio 中预测收入水平。

1. 如果还没有微软账号（例如 hotmail.com、live.com 或 outlook.com 的账号），请在 https://signup.live.com 进行注册。

2. 导航到 https://studio.azureml.net，点击 sign up 选项，并选择 Free Workspace 选项。请使用微软账号登录，然后再退出。

3. 按照以下网址提供的教程来导入数据，执行基础的 EDA、数据整理、建模以及性能基准测试：

   http://gallery.cortanaintelligence.com/Details/3fe213e3ae6244c5ac84a73e1b451dc4

4. 作为拓展练习，请尝试通过修改输入数据（特征），对某个类别性特征进行编码，更改训练／测试集的划分百分比，或者将算法从二元增强决策树改为其他算法，以此来提高模型性能。

1.4　神经网络和深度学习

虽然 1.3 节讨论的数据管道或 AI 流水线是 AI 应用无缝集成并吸纳各个数据源的主要方式，但它们都离不开 AI 应用的引擎，即核心的机器或深度学习模型。

在开始从宏观角度了解深度学习之前，让我们先简单回顾一下机器学习。如开篇所述，本书预期读者已经对机器学习有基础的了解，所以我们这里只讨论与实现 AI 解决方案相关的重要概念。

1.4.1　机器学习

基本上，机器学习分为两种类型：监督式机器学习和无监督机器学习（也可以简称监督学习和无监督学习）。强化学习有时被认为是第三种类型，尽管也可以认为是无监督学习的一个类型。

1. 监督式机器学习

监督式机器学习和无监督机器学习的差异是"已标记（labeled）"或"基准真相"数据，也就是我们希望训练模型来进行预测的特定目标字段或变量。

监督学习主要有两种[①]：分类和回归。在分类问题中，标注或目标变量是离散的（通常是二元的，但有时是多类的），而在监督式回归问题中，标注是连续的。一个关键的行业机器学习应用是使用分类技术来确定客户是可能流失（还是不流失），而预测客户收入是回归技术的一个例子。在这两种情况下，用于预估或预测目标变量的特征（feature）通常是客户属性，往往包括交易和人口统计信息，但也可以包括行为或态度数据，比如网页上停留的时间或社交媒体的舆情。

2. 无监督机器学习

无监督机器学习没有基准数据，所以预测模型的任务是尝试在底层数据上找出看不见的模式。通常，我们会使用某种聚类方法来将数据分组，例如，对于隐藏在 CRM（客户关系管理）平台中的客户数据，无监督机器学习方法可能会找出一些具有一定共性的细分群体（高消费、低收入到中等收入，位于特定地区等）。

降维有时也被视为一种无监督技术，它使用机器学习算法将数据简化成在统计上类似于原始数据的形式。如果使用主成分分析的话，底层特征通常会从数千个变为几十个。虽然这种方法可以大大减少数据集并提高性能，但严格来说，它并不是常规意义上的机器学习建模技术，因为这种情况下得到的结果是另一个数据集，即使有压缩，也仍然是一个数据集，而不是一个训练好的模型。

---

① 如果认为时间序列预测不同于回归问题的话，那就可以认为有 3 种。

3. 强化学习

强化学习涉及实时机器（或深度）学习，采用一种基于周围环境的实时反馈（模型的准确率如何）来对模型迭代进行惩罚或奖励的代理/环境机制。

虽然本书主要关注的是主流的商业和组织应用，但总体来说，媒体炒作得最多的主要是强化学习。大体上来讲，强化学习是驱动谷歌搜索引擎、自动驾驶车辆和机器人等工业规模应用的基础技术。

1.4.2　什么是神经网络

回顾了机器学习之后，让我们来探索一下深度学习的概貌。

人工神经网络（artificial neural network，ANN）是支撑深度学习的结构。ANN 受到人类大脑的启发，用于解决复杂的问题，因为它们能从底层数据中提取层次化、抽象或隐藏的特征。

一般来说，人工神经网络由一个输入层、多个隐藏层和一个输出层组成。在网络的前向传递（forward pass）的过程中，各种数据点被用作输入（与机器学习模型中的特征相似），通过加权网络进行前馈，激活各种神经元，最终产生一个数值输出。在计算机视觉或图像分类应用中，在多次迭代这些前向传递过程（即一个 epoch[①]）后，会得到一个概率数组，其中的每个值对应于数据与两个或更多结果相关的概率（以图像为例的话，结果可能是一个人或一个物体）。

1.4.3　简单感知器

简单感知器（simple perceptron）是人工神经网络的基础部件，实际上是我们大脑中的生物神经元的简化模型。

单个神经元（如图 1-11 所示）有多个输入，根据这些输入，神经元要么触发，要么不触发。如果我们以层的形式排列这些感知器，就能得到一个多层感知器或深度神经网络，这种网络在功能上更接近我们的大脑，其中有多个可以根据输入信号来触发的神经元。

简单感知器中的激活函数使用海维塞德阶跃函数（Heaviside step function）作为一个简单的开关。简单感知器只能学习线性函数，因此它们主要被用作性能参考。另一方

---

① 译注：在机器学习和深度学习的背景下，一个 epoch 是指遍历一次整个数据集。

面，多层感知器（图 1-11）可以通过拥有多个神经元并依赖于更先进的激活函数（例如 sigmoid、tanh 和 ReLu）来学习非线性函数。

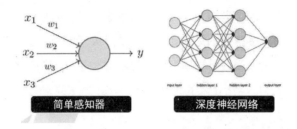

图 1-11　简单感知器与多层感知器 / 深度神经网络的对比

1.4.4　深度学习

如前所述，深度学习使用的是具有多个隐藏层的人工神经网络，即深度神经网络。

深度学习可以使用多种类型的人工神经网络，每种都有一些关键特性，这些特性有助于解决工作环境中特定的预测性分析挑战。下面介绍本书动手实践中主要涵盖的几个类型。[①]

1. 卷积神经网络

卷积神经网络（convolutional neural network，CNN）是一种使用卷积从输入数据中提取层次化模式的神经网络。卷积是一种将两个信号结合以形成第三个信号的数学方法。CNN 主要用于具有空间关系的数据，比如图像。

2. 循环神经网络

循环神经网络（recurrent neural network，RNN）用于处理顺序数据或具有基础顺序 / 语法的数据。因此，RNN 通常用于预测时间序列数据，比如股市数据或具有潜在时序依赖性（temporal dependenciy）的 IoT/ 传感器数据。

因为语法元素遵循一定的序列和顺序，所以语音识别和自然语言处理应用程序（比如聊天机器人和 IVA）也通常会使用循环神经网络的一种（比如 LSTM 网络）来捕捉底层语法的细微差别、结构和顺序。

---

① 受限玻尔兹曼机（Restricted Boltzmann Machines）目前在数据集降维等方面的应用相当有限，因此本书没有涵盖这个主题。

3. 自编码器和变分自编码器

变分自编码器（variational autoencoders）是自编码器（autoencoder）的改进版本，它是无监督人工神经网络，能够学习如何高效地对数据进行压缩和编码。自编码器因其生成图像数据的能力而受到许多媒体的关注，并且一部分人误以为它是深度伪造（deep fake）背后的技术。自编码器和 VAE 由编码器（用于输入数据）和解码器（用于从网络输出重建输入）组成。这两种神经网络技术的区别在于，VAE 产生的是分布式（概率性）的输出。

4. 生成对抗网络

生成对抗网络（generative adversarial networks，GAN）是一种卷积神经网络（CNN），它主要包含两个部分：一个不断生成数据的生成器和一个学习区分真假数据的判别器。随着训练的进行，生成器不断地提升能力以生成看似真实的假数据，而判别器也不断地提升能力以区分假数据和真实的数据。GAN 才是真正的深度伪造背后的技术。

这种良性循环的后果是，一个在面部图像上进行训练的 GAN 可以用来生成不存在但看起来非常真实的人脸图像。尽管相似，但 GAN 与自编码器和 VAE 并不一样，GAN 的主要目的是生成无法区分于真实数据的新数据，而不是重构（相同的）输入数据。

1.4.5 神经网络：术语

由于其复杂性，深度学习带来了一系列令人眼花缭乱的词汇，涉及各种与模型的配置及改进有关的概念、工具和技术。我们稍后将进一步了解这些内容，并对以下定义进行扩展。现在，请浏览下面列出的一些主要概念，以便更好地理解模型训练过程：

- epoch：完整遍历整个数据集的一个周期
- 学习率（learning rate）：在梯度下降 / 反向传播过程中权重变化的速度 [1]
- 激活函数（activation function）：激活函数根据一组输入触发神经元或节点的输出
- 正则化（regularization）：一种用于防止过拟合的超参数（hyperparameter）
- 批大小（batch size）：每次前向传播过程中从输入数据中抽取的随机样本的规模
- 隐藏层（hidden layer）：位于输入层和输出层之间的层
- 损失函数（loss function）：计算预测输出和实际输出之间的差异。训练神经网络的主要目标是最小化损失函数的值

---

① 第 5 章将进一步介绍梯度下降和反向传播。

1.4.6　深度学习工具

在本书中，我们将主要使用 Python[①]、TensorFlow 和 Keras 进行深度学习。这些工具都是开源的，可以免费获取。值得注意的是，许多深度学习工具，包括 TensorFlow 和 Keras，都是由学术界和大型科技公司的内部开发项目演变而来的。

TensorFlow 是谷歌的心血，它现在仍然广泛用于支持谷歌在大数据集上的机器学习和深度学习工作，它还用于支持其他全球知名品牌，比如爱彼迎、可口可乐、通用和推特等。TensorFlow 开源于 2015 年，它是一种低级语言（low-level language），通常需要非常专业的程序员来操作和运行，但现在，其底层代码已经通过 MIT 开发的 Keras 这样高级的封装器（wrapper）进行封装，可以很方便地作为 Python 库导入。

我们在本书中还会使用 PyTorch 来处理与自然语言处理有关的深度学习应用。PyTorch 的开发历程与 TensorFlow 类似——它是 Facebook 在 2017 年在 GitHub 上开源的工具。

其他深度学习工具，包括 Caffe、Apache MXNet 和 Theano，通常用于有较高的集成需求时（例如，Caffe 与 NVIDIA 集成，Apache MXNet 与 Apache Kafka 或 Apache Spark 集成）。Theano 由蒙特利尔大学开发，虽然它也有过一段辉煌的历史，但由于无法与大科技公司的高预算产品竞争，已经在 2017 年停止了开发。

---

① 虽然在本书的一些实验中，我们将通过脚本（.py 格式）来运行 python，但大多数实验都将通过 Jupyter Notebook 或 Google Colab 集成开发环境（IDE）（即 .ipynb 格式）来运行 python。这些实验也可以使用 Visual Studio Code 或 PyCharm 来运行。对于 Jupyter 环境，我们建议使用 RISE（Reveal.js）扩展，以便将代码样本呈现为幻灯片：https://rise.readthedocs.io/en/stable/。

动手实践 1-4　神经网络与深度学习简介

现在，我们已经有了神经网络和深度学习方面的背景知识，下面就来探索它们是如何工作的。不过，在这个阶段，我们并不会深入研究编码，而是要用一种优秀的可视化工具来观察数据如何通过神经网络处理来训练深度学习模型。

TensorFlow Playground

本次练习的目标是对数据集简化版深度学习模型的训练过程进行可视化，并尝试通过调整一些可用的调优杠杆来提高其性能。

1. 请访问 http://playground.tensorflow.org/。

2. 点击屏幕顶部的缩略图图标来查看四个数据集（在 DATA 下方）。

3. 注意，无论在什么情况下，监督式数据集都有已标注数据，这些数据集要么是蓝色，要么是橙色。输出显示了在 2D（x_1，x_2）网格上绘制的这些点。我们模型的输入显示在下方，并最初设定为只有 x_1 和 x_2 坐标，而我们有两个隐藏层，它们分别有 4 个和 2 个神经元。

4. 选择一个数据集并单击"运行"图表。这将启动训练过程以及紧随其后的评估过程。请留意每次前向传递和每个 epoch 中神经网络权重是如何更新的。

5. 观察右侧显示的训练损失（training loss）和测试损失（test loss）。好的模型的训练损失和测试损失都接近于 0。

6. 现在，停止模型训练过程。前三个数据集相对容易训练。选择最后一个（螺旋形）数据集并重新启动训练过程。

7. 作为拓展练习，请尝试通过使神经网络架构更复杂来提高模型性能（使用更少的 epoch 来降低损失）。可以尝试向模型添加合成特征（x_1x_2、幂或三角变换）和 / 或增加网络中的层数。也可以更改左侧的训练和测试数据比例，或增加 / 减少批大小，或修改顶部的超参数。试着找到一个合适的配置，使损失在 500 个 epoch 内降至 0.01 以下。

8. 选择最后一个（螺旋形）数据集并重新启动训练过程。可以看到这次的建模过程收敛得很难，损失的波动很大。我们将在本书第 5 章再次观察 TensorFlow Playground，并尝试在这个数据集上获得更好的训练结果。

1.5　AI 的生产化

理论是一回事，交付则是另外一回事。我们在 1.3 节简要讨论了数不胜数的 AI 失败项目，现实情况是，自从数据科学成为招聘广告过度炒作的"光鲜"职位以来，设计不当且过度工程化的 R 和 Python 脚本以及破碎的集成链接，已经在企业级 AI 领域中留下了一片废墟。①

大多数组织和企业都在试图改变这片废墟，它们认识到，一开始就需要引入更广泛的设计 / 系统思维方法，以确保在 AI 解决方案的设计阶段就考虑到多用户参与（包括技术人员和非技术人员）、端到端的流程和整个生态系统，以及基础设施和集成。

1.5.1　计算和存储

目前的 AI 解决方案算不上是内部部署（on-prem）解决方案，任何真正的企业级 AI 解决方案都远远超出了基础的机器学习或深度学习模型。目前的 AI 解决方案与云计算以及大型科技公司提供的特定资源和服务紧密相关，对云的需求源自两个关键的组合服务：计算和存储。

计算（compute）本质上是指计算机的处理能力。它与计算内存相关，有能力执行软件运算和通常非常复杂且高度并行的计算。运算通常由云上的虚拟机来交付。

在满足组织的运营和战略需要的环境中，存储（storage）旨在供应、补充和维护其所有数据需求。大多数云服务提供商都提供文件存储和基于 SQL/NoSQL 的选项，用于存储结构化数据和非结构化数据。

虽然原始的事务性数据库系统需要存储和计算尽可能地接近以减少延迟，但更快的网络和数据库系统的可用性和可扩展性日益增加，加上降低托管成本的需求，加速了运算能力和存储的分离。

所有企业都需要两种类型的数据：交易数据和处理过的数据（批处理或聚合）。目前，大部分这样的数据仍然存储在数据仓库中，但预测性分析的复杂性要求进行复杂的分析查询，导致企业和组织通常决定将其数据迁移到云端，因为相对增加的延迟来说，通过云来节省整体成本更为重要。

---

① 之后的章节中将进一步讨论技术债。

1.5.2 云服务提供商（CSP）

有没有人可以不向亚马逊、微软或谷歌付费也能成功应用 AI？

云对所有 AI 项目（或至少是企业级 AI 项目）而言不可或缺，那么问题来了，应该选择哪个云服务呢？Amazon Web Service（AWS）多年前就抢占了这个领域。现在，如表 1-4 所示，市场已经有所分化，微软的 Azure 已经有实力"叫板"AWS。谷歌计算引擎的市场份额也在扩大，还出现了其他的一些供应商，比如 IBM Cloud、阿里巴巴和 Heroku。

表 1-4 高德纳咨询公司发布的 2019—2020 全球 IaaS 公共云服务市场份额，单位为百万美元 [①]

公司	2020 年收入（百万美元）	2020 年市场份额（%）	2019 年收入（百万美元）	2019 年市场份额（%）	2019—2020 年增长（%）
亚马逊	26 201	40.8	20 365	44.6	28.7
微软	12 658	19.7	7 950	17.4	59.2
阿里巴巴	6 117	9.5	4 004	8.8	52.8
谷歌	3 932	6.1	2 367	5.2	66.1
华为	2 672	4.2	882	1.9	202.8
其他	12 706	19.8	10 115	22.1	25.6
总计	64 286	100.0	45 684	100.0	40.7

受制于某家大型科技公司已经成为了一个问题，现在许多公司都在尝试多元化，利用多个云厂商提供的服务。

尽管每个云服务厂商都有自己的云工具交易市场，但现在，我们只讨论那些关键的计算和存储服务工具。其他服务，比如治理、安全、自动扩展和容器化，留到后面再讨论。

1. 计算服务

Azure 虚拟机和 EC2 实例通常通过 AWS 上虚拟私有云的虚拟机进行配置，它们是云计算的主流选择。谷歌计算引擎是 GCP 的主要产品。

---

① 网址为 www.gartner.com/en/newsroom/press-releases/2021-06-28-gartner-says-worldwide-iaas-public-cloud-services-market-grew-40-7-percent-in-2020。

2. 存储服务

Amazon Simple Storage Service S3 可能是 AWS 最知名的存储服务，用于在存储桶（bucket）中安全地存储数据和文件。其他云厂商也有类似的服务，比如 Azure Blob 存储和 Google 云存储。我们将在以后的实验中使用这些计算和存储服务。

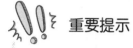 **重要提示**

尽管它们声称提供免费，但使用云并不免费。我们将在这本书中频繁使用云，但如果要完成所有的实践，请做好准备，可能需要支付 500 美元的费用。

免费仅限于特定的资源，而这些资源本身的容量上限相当低。服务的使用量也有限制，所以如果客户的云账户产生了费用，可能是因为对云资源 / 服务的使用量超出了免费的限制，或者订阅已经转成即用即付制（一年后）。

读者需要承担所有与配置云服务相关的费用。我们强烈建议在使用完后立即停止并删除资源。大型科技公司不会为你自动执行这个操作，这对本书的作者来说是巨大的困扰，让人很想知道世界上最富有的这些公司是怎么合理化这些行为的。

虚拟机的成本尤其高，即使没有运行，也会产生费用，因为它们是别人的服务器，无论是否开启，都涉及能源成本，特别是现在，由于俄罗斯和乌克兰之间的纷争，这个成本变得非常高。

使用沙盒环境（如果有的话）并在完成后删除资源，以此来帮助管理成本。尽管作者非常愿意给 CSP 写投诉信，但最终，所有与配置云服务相关的费用都只能由自己承担。

1.5.3 容器化

云计算和存储解决方案的低成本和部署便利推动了 AI 对云的采用，而容器已经成为生产化 AI 应用的首选方式。

所有主流云平台都提供容器化服务，这是一种轻量级的全机虚拟化的替代方案，涉及将应用程序封装在具有自有操作环境的容器中。容器化带来了许多适合构建强大的生产级 AI 解决方案的优点，包括简化并加速开发、部署和应用配置过程，提高可移植性、服务器集成度和可扩展性，以及提高生产力和联邦安全性（federated security）。

Docker 和 Kubernetes

在本书中，我们主要使用 Docker 作为容器运行环境。Docker 的独特卖点在于，在创建用于启动和部署应用的独立环境时，它处理依赖关系、多种（编程）语言和编译问题的方式比较特别。就像物理容器可以通过船、卡车或火车运输一样，Docker 容器内的标准化意味着它可以有效地在任何平台上运行。

虽然和虚拟机有许多相似之处（如图 1-12 所示），但 Docker 能更好地支持多个应用程序共享同一底层操作系统。Docker 也非常快，可以在几秒钟内启动和停止应用。PostgreSQL、Java、Apache、elastic 和 mongoDB 都可以在 Docker 上运行。

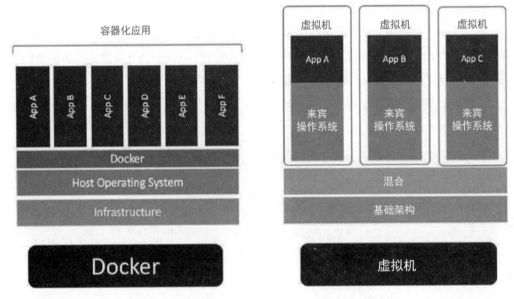

图 1-12　Docker 和虚拟机的对比（来源：Docker）

尽管我们在本书中不会使用它，但 Kubernetes（k8s）这个容器管理工具经常被用来编排 Docker 实例。作为一个开源平台，Kubernetes 最初是谷歌设计的，用于自动部署、管理和扩展容器中的应用程序。

动手实践 1-5　生产化 AI

在简单介绍容器和 Docker 之后，我们来到本章最后一个动手实践环节。

自动化 AI 流程：工具和技巧

本次练习的目标是熟悉云中的计算、存储和容器解决方案，并探索如何使用 Python 来使机器学习自动化，这通常是生产级 AI 解决方案的最终目标。

1. 注册 AWS Free Tier 并打开控制台：https://console.aws.amazon.com。

2. 探索 AWS 上的关键计算、存储和容器服务：

   https://aws.amazon.com/products/compute/

   https://aws.amazon.com/products/storage/

   https://aws.amazon.com/containers/services/

3. 现在前往 Google Colab 并运行下面的 Python 脚本，查看机器学习自动化的端到端示例。

4. 这个脚本使用 PyCaret 和内置的保险数据集来执行一系列的数据管道 / 特征变换，训练线性回归模型，并根据性能选择最优模型。本次动手实践将成为第 9 章中关于生产化 AI 的最后一个大型实验的起点。

5. 请注意，这个脚本使用了 PyCaret 库中内置的静态数据文件，但通常来讲，这种与大数据数据集有关的自动化会利用云存储和分布式计算来提升整体性能和数据安全性。

Python 代码如下：

```
# 只需要安装一次，运行后注释掉
# 注意，安装可能在结束时显示错误，但这并不影响后续的自动机器学习建模过程
%pip install pycaret

# 从 pycaret 仓库导入数据集
from pycaret.datasets import get_data
insurance = get_data('insurance')
#insurance.head()

# 注意，在运行以下代码时，请确保按回车键继续 / 接受
# 初始化环境
from pycaret.regression import *
r1 = setup(insurance, target = 'charges', session_id = 123,
          normalize = True,
          polynomial_features = True, trigonometry_features = True,
          feature_interaction=True,
          bin_numeric_features= ['age', 'bmi'])
```

```
# 训练一个线性回归模型
lr = create_model('lr')

# 保存转换管道和模型
# 注意要作为 pkl 文件保存在 /content 文件夹
# 注意，model_only=True 是参考以下网址后添加的：https://github.com/
pycaret/pycaret/issues/985
save_model(lr, model_name = 'insurance-ml', model_only=True)
```

小结

我们展示了如何使用 AWS 的存储和计算实例以及 PyCaret 来生产化 AI，希望能够让读者对本书之后的内容有个预期。现阶段的内容虽然较为基础，但我们的目标是让读者先大致了解一下关键的工具和技术。在后续章节中，我们将进一步讲解所有这些内容。

在下一章中，我们将从更高的层面出发，探讨 AI 解决方案的实施和以 DataOps 为中心的 AI 项目最佳交付实践。

第 2 章

AI 最佳实践和 DataOps

在第 1 章中，我们梳理了当下实现 AI 生产化的关键要点。在深入了解数据获取以及构建 AI 应用的技术和工具之前，建立一个成功的框架是非常重要的。

这个框架从"退后一步"和"自上而下"的理解开始，囊括 AI 更广泛的背景、关键干系人、商业/组织过程方法论、协作和干系人共识的重要性、适应性和可重用性以及交付高性能 AI 解决方案的最佳实践 DataOps。可以执行这个功能的最佳实践框架有许多，但在本书中，我们认为 DataOps 最适合实现当下工作环境中的持续改进文化。

本章侧重于初步了解 DataOps 的概念，而不是进行深入研究，在这个过程中，我们将了解 DataOps[①] 的基础（包括敏捷以及如何指导敏捷的开发和交付），了解团队和设计冲刺以及协作。

我们还将简单了解如何创建高效能文化、重用工件以及版本控制和代码自动化，包括使用 Jenkins 进行持续集成（continuous integration，CI）和持续部署（continuous deployment，CD），使用 Docker 进行容器化，使用 Selenium 进行测试自动化，使用 Nagios 进行监控。

在后续的章节中，我们在探索数据/分析/AI 项目的实际实现时，再汇总和实施最佳实践与 DataOps 技术，并对来自其他行业的项目进行调整。

---

① 同时可参见 https://dataopsmanifesto.org/en/。

2.1　DataOps 和 MLOps 入门

我们首先在本节中引入关键概念 DataOps 和 MLOps，它们是人工智能应用成功实现生产化的框架。

2.1.1　关于 DataOps

让我们先从基础知识开始：DataOps 并不是 DevOps。DevOps 侧重于软件开发，除此以外，数据分析（以及 AI）还需要对数据演变加以控制。

因为数据是数据分析师、数据科学家或 AI 工程师角色的基础货币，所以如果要生成有形的、有意义的结果和见解，数据治理和数据质量就显得尤为重要。除了克隆生产环境来开发应用程序或解决方案，底层基础设施还必须适应不断变化的数据之持续编排（continual orchestration）。

如来自 DataKitchen 的图 2-1 所示，DataOps 的实现贯穿整个数据管道，从多个数据源，通过集成、清洗和转换，再到供多个最终用户消费。DataOps 的背景是，如果没有有效的数据策略，那么分析和 AI 就会失败，89% 的企业在管理数据上都会遇到麻烦。[①]

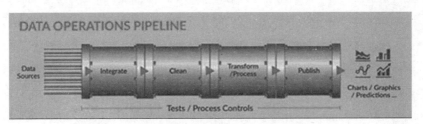

图 2-1　DataOps 数据管道（来源：DataKitchen）

2.1.2　数据工厂

DataOps 实际上是三个关键领域的融合：DevOps、敏捷和精益，[②] 旨在通过缩短创新和变更周期、降低生产中的错误率、通过自助服务提升协作和生产力等手段来优化数据管道并改善数据质量和可靠性（相关内容参见第 3 章）。在更细粒度的层面上，数据监控和测量、元数据、可扩展平台和版本控制也是确保数据管道解决方案符合组织目标的关键。

---

① 来源：Experian。
② 特别是统计过程控制（statistical process control，SPC）。

除了作为一个框架或方法论，DataOps 通常也是由 CIO/CDO 或组织 IT 部门来主导的一种文化。度量指标至关重要，无论是在个人贡献者的层面上，还是想要衡量项目在生产力和质量上的改善。

2.1.3　从 DataOps 到 MLOps：AI 的问题

那么 MLOps 呢？

即使有很好的数据策略，也只有不到一半（高德纳咨询公司：47％，DeepLearning. ai：22％）的机器学习模型被投入生产。[①]

我们知道，机器学习和 AI 不仅是代码，而是代码加上数据。代码开发通常在受控环境中进行（即 DevOps），而数据则具有高熵（high entropy），其演变是独立于底层代码的。

MLOps 是 Machine Learning Operationalization（机器学习运维一体化）的简称，并且在很大程度上依赖于 DataOps 的最佳实践和经验教训，但它侧重于优化机器学习（或深度学习[②]）模型的生产生命周期，而不是像 DataOps 那样比较通用的数据 / 分析或 AI 解决方案。

除了高熵数据，机器学习的真正挑战并不是构建模型。正如图 2-2 和图 2-3 所示，来自英伟达和 GCP 的 MLOps 过程图 / 格局，挑战在于如何整合机器学习系统。许多项目之所以实施得很糟糕，都是因为未能采用好的方法来覆盖整个系统：

- 不一致、繁琐（且脆弱）的部署
- 缺乏可复现性
- 由于训练和推导过程失衡而导致性能下降

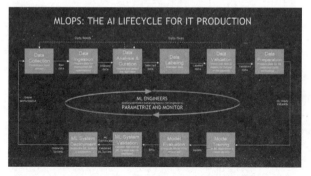

图 2-2　MLOps（来源：英伟达）

---

① 当然，有些可能是沙盒、概念验证（PoC）、原型或最简可行产品（MVP），目标很简单，可能是展示 / 测试一个想法和 / 或展示核心功能 / 用户体验。

② 即 DLOps。

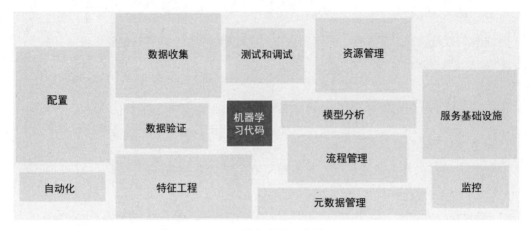

图 2-3　MLOps 核心流程（来源：GCP）

2.1.4　企业级 AI

正如我们将在后面章节中看到的那样，MLOps 和 DataOps 与有效地将 AI 嵌入组织整体战略中的"企业级 AI"密切相关。MLOps 和企业级 AI 的目标是设计一个目标／未来架构，实施一个强大的 AI 基础设施和企业数据中心，同时确保所有员工都对公司的有形 AI 资产有一致的了解并接受相关的培训。

企业级 AI 被 C 级管理层／董事会视为成功运营 AI 的最佳实践。MLOps 符合这一愿景，并且许多云厂商如今都提供 MLOps 作为内置解决方案，其他一些云厂商（例如 DataRobot）甚至采用 MLOps 作为整个业务模型或产品提供方式。

动手实践 2-1　GCP/BigQuery

云数据运营：Python 与 Bigquery

本练习的目标是在 Jupyter Notebook 中使用 Python 来初步了解 Google Cloud Platform 和 BigQuery，以帮助弥合独立数据科学与云端管理的 DataOps 或 MLOps 解决方案之间的知识空白。

1. 前往以下链接注册账号：

https://console.cloud.google.com

2. 激活免费试用，虽然需要填写信用卡信息，但它包含 300 美元的免费额度 [①]。

3. 在 https://console.cloud.google.com/projectselector2/home/dashboard 上创建一个项目。

4. 为了启用对 API 的身份验证，请设置一个服务账号：https://console.cloud.google.com/iam-admin/serviceaccounts?project=gcp-python-bigquery&supportedpurview=project

5. 获取 API 服务密钥并将下载的文件移动到自己的 Jupyter 文件目录。

6. 从下面的 Github 克隆 Jupyter 笔记本，并运行其中的内容，以了解 Python-BigQuery 接口的工作原理：

   https://github.com/bw-cetech/apress-2.1.git

动手实践 2-2　使用 Kafka 进行事件流处理

使用 Kafka 进行事件流处理

在实现数据运营目标中，与基于 Apache Kafka 的数据流架构的无缝集成变得越来越重要。我们将在第 3 章中更详细地介绍流处理和批处理数据。这里的实践将要介绍 Kafka 以及如何在大数据环境中使用它。

1. 在以下位置设置 Lenses 门户账户：

   https://portal.lenses.io/register/

2. 在完成电子邮件验证后，选择 Lenses Demo 并创建一个工作空间。

3. 选择 SQL Studio，然后选择 sea_vessel_position_reports，探索实时数据。运行以下查询代码以查看运动中的船只：

```
SELECT Speed, Latitude, Longitude
FROM sea_vessel_position_reports
run query
WHERE Speed > 10
```

在流式数据自动停止几分钟后，下载结果（文件可能相当大，大约 50 MB）。

4. 练习：在其他的一个数据集上运行不同的流式查询，例如 financial_tweets。

5. 按照该网址中的步骤操作：https://lenses.io/box/，完成以下所有步骤，了解如何设

[①] 谷歌声称，如果用户没有手动升级为付费账户，他们是不会收费的，但最好还是在 Google Console（上面的链接）跟踪一下使用情况，在 Billing | Overview 中可以检查 API 调用和免费试用的状态（剩余额度）。剩余免费试用额度显示在屏幕右下角。

置 Kafka 主题（topic），包括创建消费者（Consumer）和生产者（Producer），以及如何监控实时数据流。

a. 创建 Kafka 主题。

b. 创建数据管道。

c. 进行流处理。

d. 消费者监控。

e. 监控实时流。

2.2　敏捷开发

我们在上一节中看到，敏捷是 DataOps 的三个核心实践之一。本节将更深入地讨论敏捷在 AI 解决方案中的应用。

2.2.1　敏捷团队和协作

DataOps 旨在"解决分析中集中和自由分散之间的困境"。控制是不可或缺的，但在逼近着颠覆或被颠覆的数字化大环境中，取得领先地位的公司往往能够培养一种欢迎实验且以实验为基础的创新的文化。

如图 2-4 所示，作为 DataOps 的三个基石之一，敏捷开发和交付完全依赖于协作和适应性来平衡这些看似相互竞争的目标。

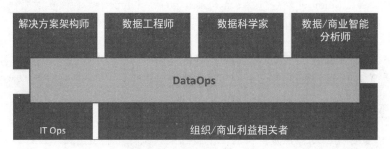

图 2-4　DataOps 团队（来源：Eckerson Group）

主要部分明显围绕着"人"这个角度展开。DataOps 在将各种干系人聚集在一个数据项目上，这些干系人的角色涵盖了业务 / 客户，如图 2-5 所示，定义业务需求的角色和传统角色：数据 / 解决方案架构师和数据工程师，还包括数据科学家、机器学习工程师以及构建和维护数据基础设施的 IT 运营人员。

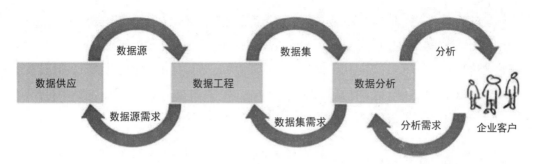

图 2-5　DataOps 交接（来源：medium.com）

2.2.2　开发 / 产品冲刺

在项目中对业务需求进行优先级排序时，可以使用 MoSCoW 等技术——即必须（must）具备此需求；应该（should）具备此需求；如果不影响其他任何事情的话，可以（could）添加的功能；希望（would）具备的特性 / 加入愿望清单。如图 2-6 所示，成功的数据项目通过冲刺（Sprint，也称"迭代"）来优先处理 bug 修复和功能，冲刺依次进行整个数据集成到清洗、转换和发布的流程，通常持续 2 ～ 4 周。

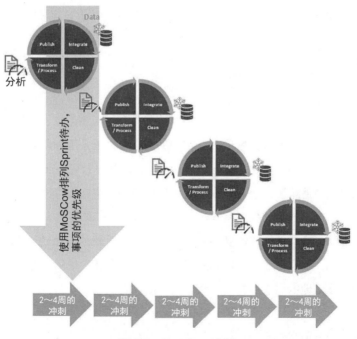

图 2-6　DataOps 冲刺

虽然明确定义的项目工作包应该能够使不同的团队流畅、敏捷地实现交接，但在开始阶段，团队通常会将组织的数据仓库和分析环境重新构建成一个微缩版的沙盒（原型）环境。以这种有限的开端作为起点，沙盒逐渐扩展为用于流程编排和敏捷测试阶段的实验室环境，并通过持续集成（CI[①]）进行代码更改。

最终的目标是通过生产线（production belt）来实现动态部署和监控。

2.2.3　敏捷的好处

DataOps 的测试和发布周期——从沙盒、扩展到部署——都是围绕着敏捷软件交付框架来设计的。数据和分析专家使用这种 DataOps 最佳实践来快速修复错误并实施功能请求，以重新部署到生产环境。最终的结果是实现"管理交付"，解决以下几个关键问题。

- 需求变更：增量式方法有助于发展集中化的数据存储库，并支持动态的分析需求。
- 计划延后：迭代、分步骤的方法缩短了总体交付时间。
- 提高灵活性：允许功能请求流水线进行持续流程改进，同时限制交付不相关的功能。
- 挽留用户：系统化、加速的问题解决过程意味着交付内容更符合用户的需求。

最终，持续（循环）改进过程应该能够带来更高质量的产品交付和更高的投资回报率。

2.2.4　适应性

尽管我们正确地优先考虑了人的视角，但敏捷和 DataOps 超越了优化团队和协作，还涉及应用和系统。适应性是至关重要的，特别是在当今许多人工智能应用程序以云计算为基础的前提下；适应性基本意味着业务逻辑、API 和微服务的可扩展性和重复使用性。

微服务已经流行起来了，尤其是在应用程序生态系统中，因为公司不再使用单个服务器上的独立代码，而是将应用程序用作一组较小、独立运行的组件。

如图 2-7 所示，微服务集成的底层架构促进了业务逻辑的一致性和安全重用、API 共享以及事件处理，从而实现了分散团队所有权、根据使用情况进行弹性扩展以及在运行时将运行更改独立于其他的微服务。

---

① 下面的小节将要探讨 CI/CD。

敏捷集成架构
颗粒度适当的开发，去中心比的自主权
以及去原生的基础架构

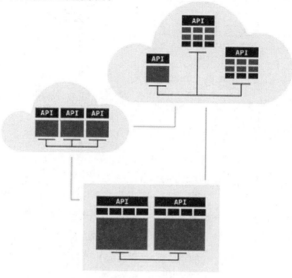

图 2-7　微服务敏捷架构（来源：IBM）

动手实践 2-3　React.js

为自己的 AI 应用程序进行前端开发

React.js 是用于构建美观用户界面的 JavaSript 库。本实践的目的是实现一个可以扩展到前端 AI 应用程序的简单 React 应用程序。[①]

1. 从以下链接下载并安装 Node.js 和 npm，两者都通过单个 Windows 安装程序来安装：

   https://nodejs.org/en/download/

2. 在本地硬盘上创建一个测试文件夹，举例来说，可以命名为"my-react-app"。

3. 在新建的文件夹中打开终端（在 Windows 资源管理器路径中键入 cmd 并按回车键），通过运行以下命令来安装 React 模板应用程序：

```
npm install -g create-react-app
```

---

① 我们将在第 7 章中使用同样的模板来构建一个全栈式的深度学习应用程序。

4. 使用以下命令构建应用程序：

```
npx create-react-app reactapp
```

5. 练习：尝试实现一些基本的前端更改。

    a. 更改 React 网页上显示的消息。

    b. （拓展练习）在旋转的（react.js）标志的右侧添加一个图标。

动手实践 2-4　Vue.js

使用 Vue.js 开发渐进式 AI Web 应用程序

作为构建 Web 应用程序的替代方案，Vue.js 可能更适用于前端规模较小、复杂性较低的 AI 应用程序。React 是一个库，而 Vue.js 是一个渐进式的 JavaScript 框架。在这里，我们要介绍如何设置和运行 Vue.js，并将其用作构建 AI 用户界面的模板。

1. 如果尚未安装的话，可以通过前面 React.js 动手实践中步骤 1 所给出的 URL 来安装 Node.js 和 npm：

https://nodejs.org/en/download/

2. 打开终端（使用以下命令检查已安装的 npm 版本：npm -v）。

3. 安装 vue-cli（Vue.js 的命令行支持）：

```
npm install -g @vue/cli
```

4. 重新启动终端并检查 vue-cli 版本：

```
vue --version
```

5. 导航到一个应用测试文件夹并新建一个项目，命名为"my-vue"：

```
vue create my-vue
```

6. 用箭头键选择 Babel 默认源到源编译器，用于浏览器可读的 .js、.html、.css 文件。

7. 进入项目文件夹：

```
cd myvue
```

8. 运行应用程序：

```
npm run serve
```

9. 最后在浏览器中导航到终端中显示的 URL（例如 http://localhost:8080），查看应用程序运行情况。

练习：尝试更新源代码，将"Welcome to Your Vue.js App"消息下方的所有文本删除，替换为指向 Replika 官网（https://replika.com/）的超链接截图。

2.3　代码存储库

任何合作开发人工智能解决方案的团队都需要齐心协力。代码存储库（code repository），也称"repo"，是确保开发人员和数据专家工作同步的关键协作工具之一。

2.3.1　关于 Git 和 GitHub

版本控制（或源代码控制），是跟踪和管理源代码变更的实践。近年来，版本控制系统（VCS），尤其是分布式版本控制系统（distributed version control system，DVCS），对数据运营团队越来越有价值。除了缩短开发时间和增加成功部署次数等 DevOps 的固有优势，来自约翰霍普金斯大学的 Covid 数据集等使用广泛的不断演变的数据集也越来越普遍地在分布式版本控制系统上进行维护。

虽然 Git[①] 是目前最受欢迎的 DVCS，但还有其他一些系统，比如 Beanstalk、Apache Subversion、AWS CodeCommit 和 BitBucket，它们用于与其他（通常是单个）CSP 供应商进行特定集成的项目。

除了可追溯性和文件更改历史（跟踪每个代码修改和每次数据集更改），Git 还简化了在开发过程中回滚到早期代码 / 数据状态的过程，并具有增强的分支和合并功能，这对于在特定应用程序组件或用户故事上工作的 DataOps 团队至关重要。

如图 2-8 所示，GitHub 的生态系统包括 Git（实质上是命令行后端）、GitHub（一个基于云的托管服务，让我们能够从一个中心位置管理 Git 存储库）以及 GitHub Desktop（可以使用图形界面与 GitHub 进行交互的桌面版本）。

---

① Git 最初于 2005 年由 Linux 操作系统内核的创建者开发。

GitHub 目前的用户包括全球数百万名软件开发人员和许多公司，2020 年 2 月之前存在的公共存储库已存档在 GitHub Arctic Code Vault 中（一个位于北极山脉永久冻土下 250 米处的长期存档库）。在 GitHub 上，复刻（forking）存储库或将公共 GitHub 存储库克隆（cloning）到本地目录是访问和开发现有源代码（或更新数据集）的主要方式。可以使用终端中的 git 命令或者更直观地使用 GitHub Desktop 来执行这两种操作。

图 2-8　GitHub 生态系统

2.3.2　版本控制

图 2-9 是 Git 对同一个 .py 文件的三个不同版本进行版本控制的示例。多个用户可以选择自己想使用的文件版本并独立进行更改，然后合并回单一的 Master 存储库。

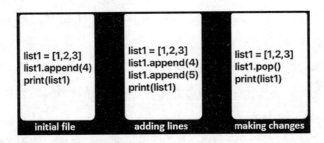

图 2-9　Git 中的版本控制（来源：www.freecodecamp.org）

2.3.3　分支和合并

简化的分支（branching）是 Git 成为目前使用最广泛的版本控制系统的主要原因之一。

图 2-10 表明，为了进一步开发代码，从 master 存储库分支出的一个 dev 开发分支。项目中的另外两个开发人员添加了功能请求。第一个开发人员进行了一些小更改，并将其代码更改合并到开发（dev）分支，而另一个开发人员继续开发自己的功能，并推迟了合并。

在开发（bug 修复和功能请求）完成之后，首先在 dev 分支上进行测试，最后再提交到 master 存储库。

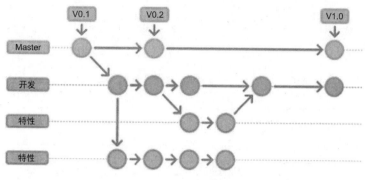

图 2-10　Git 中的开发分支

2.3.4　Git 工作流

Git 工作流将代码和数据变更放入存储库。有四个基本的层（layer），代码和数据可以通过这些层，这几个层分别是工作目录（通常是本地用户机器）、暂存区、本地存储库和远程存储库（通常在 GitHub 上）。

工作目录中的文件可能处于三种状态之一：已暂存、已修改和已提交。由于 Git 是一种分布式版本控制系统，而不是集中式系统，因此某些命令（比如提交）在每次操作时不需要与远程服务器进行通信。图 2-11、图 2-12 和图 2-13 展示了相应的工作流和 git 命令。

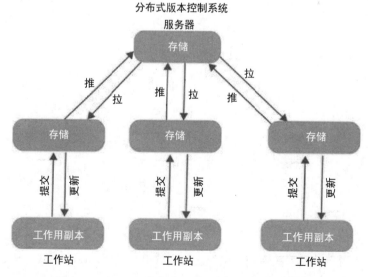

图 2-11　GitHub 分布式版本控制系统的提交过程

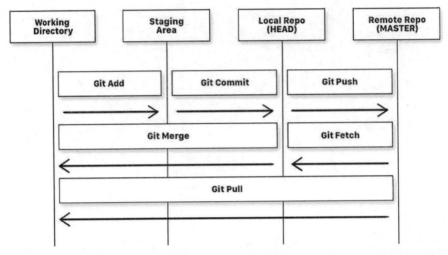

图 2-12　Git 工作流

命令	来源	目的地
git add	working directory	staging area
git commit	staging area	local repository
git push	local repository	remote repository (e.g. GitHub)
git fetch	remote repository (e.g. GitHub)	local repository
git merge	local repository	working directory
git pull (fetch and merge)	remote repository (e.g. GitHub)	local repository

图 2-13　Git 命令

动手实践 2-5　GitHub 和 Git

Git 的基础操作

如今，没有什么开发工作能够不借助于 GitHub。在本次实验中，让我们来看看如何设置 GitHub 账号、安装 Git 并创建一个新的 Git 存储库。

1. 设置 GitHub 账号：在 https://github.com/ 上进行注册。

2. 从 https://gitforwindows.org/ 安装 Git。

3. 在本地目录下新建一个测试文件夹，举例来说，可以命名为"git-intro"。

4. 通过右键单击文件夹并从弹出的上下文菜单中选择 Git Bash 或在测试文件夹中打开终端：

```
git config --global user.name "USER-NAME" # 注意，使用创建账号时使用的用户名
git config --global user.email "YOUR-EMAIL"
git config --global --list # 这是为了检查你刚刚提供的信息
```

5. GitHub 首选的身份验证方式是使用 SSH 验证。检查是否存在现有密钥，生成新的 SSH 密钥并将其添加到代理中。参考以下链接获取相关支持：

   https://docs.github.com/en/github/authenticating-to-github/connecting-to-github-with-ssh/checking-for-existing-ssh-keys

   https://docs.github.com/en/github/authenticating-to-github/connecting-to-github-with-ssh/generating-a-new-ssh-key-and-adding-it-to-the-ssh-agent

6. 将新的密钥添加到 GitHub 账号中。

7. 在 GitHub 上新建一个存储库。

8. 确保选中 SSH 按钮，并通过单击复制按钮来将屏幕上显示的 git add、commit 和 push 命令粘贴到 Git Bash（仍在本地文件夹中打开）或终端中。

9. 刷新存储库后，应该能够在 GitHub 存储库中看到一个 readMe.md 文件。

10. 练习：尝试将第 2 节（敏捷）中的 react.js 应用的源代码添加到本地存储库并推送到 GitHub。

11. 练习：把一个公共存储库克隆到不同的本地存储库（确保新建一个文件夹，并在该文件夹中运行克隆命令）。

注意：可以选择安装 GitHub Desktop（https://desktop.github.com/）并用它来替代 Git 完成本实验。

作为使用 GitHub Desktop 的额外练习，除了克隆到本地存储库以外，再试试将公共存储库复刻（fork）到自己的 GitHub 账号中。

动手实践 2-6　将应用部署到 GitHub Pages

将应用部署到 GitHub Pages

GitHub 的用处并不仅限于版本控制，本实验将展示如何将前面讨论敏捷时提到的 react 应用部署和托管到 GitHub Pages 中。

注意，本示例使用 Git 进行演示，但也可以按照此链接中的说明使用 GitHub Desktop 进行部署：https://pages.github.com/。

1. 按照上述动手实践 2-4 中的步骤进行操作。

2. 创建一个 Git 存储库。

3. 复制新存储库的 https 链接。

4. 将 react 应用目录初始化为本地（Git）存储库，然后完成以下步骤。

   a. 提交。

   b. 推送到远程。

5. 在 react 应用文件夹的 package.json 文件中进行如下修改。

   a. 在 json 文件顶部添加主页（homepage）："https://[你的 GitHub 用户名].github. io/[你的 GitHub 存储库名]"。

   b. 在 Scripts 下添加以下内容：

```
"predeploy": "npm run build",
"deploy": "gh-pages -d build"
```

6. 在终端中通过 cd 命令进入 react 应用文件夹。

7. 运行以下命令来安装 Github Pages 并部署应用：

```
npm install gh-pages –save-dev
git init
git remote add origin [https git repo url]
git add .
git commit –m "Deploy react to GitHub pages"
npm run deploy # 注意，如果在运行此命令时出现错误，请删除本地应用程序中的
node_modules.cache\gh-pages 文件夹，然后再次尝试
git push –u origin master
```

然后，在 https://[myusername].github.io/ 中打开应用程序，其中 [myusername] 是你的 GitHub 用户名，[my-app] 是你的存储库名称。

2.4 持续集成和持续交付（CI/CD）

在探索了 DataOps 的关键团队（敏捷）和协作（GitHub）这两方面之后，接下来将转向 CI/CD。CI/CD 的重点是引导、改进和加速 AI 解决方案的交付的方式来简化数据流程。

2.4.1　DataOps 中的 CI/CD

软件中持续集成和持续交付（或持续部署[①]）的目的是通过构建、测试和部署流程来实现自动化。这样做的目的实际上是使团队能够将软件更新的持续流动发布到生产环境中，以加快发布周期、降低成本并减少与开发相关的风险。

在 DataOps（相对于 DevOps）和 AI 的背景下，自动化的范围已经扩展到数据管道的编排上，其中涉及数据漂移和包括再训练过程在内的自动化建模。理论上来讲，这意味着每次对底层代码或基础设施进行更改并且发生数据变化时（或更现实地说，每次数据分布显著偏离时），自动化都会启动，然后应用程序被重新构建、测试并推送到生产环境。

2.4.2　Jenkins 简介

Jenkins 是一个开源的自动化服务器，它拥有数百个插件，并且是 DataOps 中主要的 CI/CD 工具之一。Expedia、Autodesk、UnitedHealth Group 和 Boeing 等公司将它用作持续交付流水线。

Jenkins 最初的目的是方便 Java 开发人员的自动化测试，但它现在也支持多种语言和多种代码的存储库。Jenkins 通过 Jenkinsfile 简化了持续集成或持续交付（CI/CD）环境的设置。它通过 Jenkinsfile 中的声明性编程（宏管理）模型定义可执行步骤的层次结构：流水线块 > 代理 > 阶段。

如图 2-14 所示，Jenkins 流水线实际上是一组按指定顺序触发彼此的作业（job）。举例来说，一个小型应用程序可能有三个作业：作业 1 "构建"、作业 2 "测试" 以及作业 3 "部署"。作业也可以同时执行，对于更复杂的流水线，则会使用 Jenkins Pipeline Project。其中，作业被编写为一个完整的脚本，并且整个部署流程通过流水线即代码（Pipeline as Code）进行管理。Jenkins 与 GitHub 自动化也支持持续集成。[②]

Blue Ocean 通过提供低代码界面和低点击（low-click）的功能开发流程，为设置 Jenkins 流水线提供更好的用户体验，省去了编写 Jenkinsfile 的需求。

---

① 持续交付（continuous delivery）和持续部署（continuous deployment）在目标上略有不同，持续部署侧重于最终结果，即实际的部署；而持续交付侧重于过程，即发布的步骤和发布策略。

② 通常，GitHub 上的手动流程都可以在 Jenkins CI/CD 中自动化，比如使用说明更新代码发布、向工作流程添加 git 标签和编译项目等。

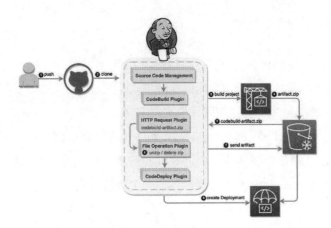

图 2-14　带有 GitHub 集成的 Jenkins 作业流水线

2.4.3　项目管理工具 Maven

如图 2-15 所示，Apache Maven 与 Jenkins 密切相关（Jenkins 使用 Maven 作为其构建工具），是一个项目管理工具，旨在跨软件生命周期工作（执行编译、测试、打包、安装和部署任务）集中管理项目构建，包括依赖关系、报告和文档。

一旦触发 Jenkins 构建，Maven 就会下载最新的代码更改和更新并对其进行打包和构建。与 Jenkins 类似，Maven 也可以使用多个插件，允许用户添加其他自定义任务，但它只进行持续交付，而不是持续集成（CI）。[①]

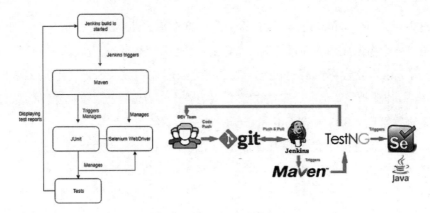

图 2-15　Maven 构建管理

---

① 所以不能进行集成以合并 GitHub 上的开发者代码。

2.4.4　容器化

在本节中，我们将探索容器化。

由于容器在多台机器和平台上标准化部署，它们自然而然地可以加速 DataOps 流程，特别是 CI/CD 流程。在 CI/CD 流程中，测试和调试过程与外部文件依赖关系相"隔离"。

容器化还有许多其他优点，它非常适用于构建强大的生产级 AI 解决方案，包括简化和加速开发、部署和应用程序配置过程，提升可移植性和服务器集成度以及可扩展性，以及提高生产力和联邦安全性。

Docker 和 Kubernetes

在本书中，我们将使用 Docker 作为主要的容器运行时环境。Docker 的独特卖点在于，在创建用于启动和部署应用的独立环境时，它处理依赖关系、多种编程语言和编译问题的方式比较特别。虽然和虚拟机有许多相似之处，如图 2-16 所示，但 Docker 能更好地支持多个应用程序共享同一底层操作系统。Docker 也非常快，可以在几秒钟内启动和停止应用。PostgreSQL、Java、Apache、elastic 和 mongoDB 都可以在 Docker 上运行。

尽管我们在本书中不会使用它，但 Kubernetes（k8s）这个容器管理工具，常常用来编排 Docker 实例。作为一个开源平台，Kubernetes 最初是由谷歌设计的，它被用于自动部署、管理和扩展容器中的应用程序。

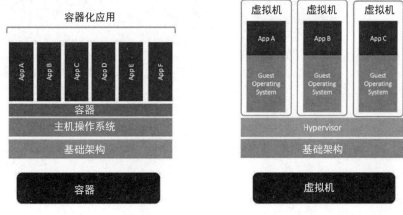

图 2-16　Docker 架构

动手实践 2-7 Play With Docker

既然我们已经介绍了容器和 Docker 在 CI/CD 环境中的使用，那么就来通过图 2-17 所示的 Play With Docker 了解如何使用容器化一个简单的应用程序吧。Play With Docker 提供 4 小时的免费试用。

1. 在 https://hub.docker.com/ 上注册 Docker 账号。

2. 注册并验证了电子邮件后，登录到 https://labs.play-with-docker.com/ 的 Play With Docker。

3. 屏幕打开后，选择 Add New Instance（添加新实例）。

4. Play With Docker 屏幕上会打开一个嵌入式终端。

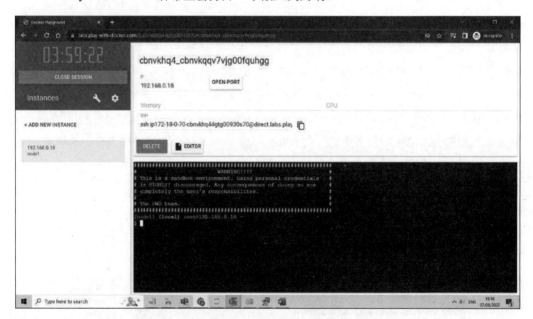

图 2-17　Play with Docker

5. 在 PWD（Play with Docker）终端窗口输入以下命令：

```
docker run -dp 80:80 docker/getting-started:pwd
```

这将启动一个容器，点击端口 80 打开它。

请注意，可以使用快捷键 Ctrl + Shift + V 将命令粘贴到 Docker 命令行界面（command line interface，CLI）中。

6. 该容器是 Docker 的入门教程。[①] 完成教程的第一部分 "Our Aapplication（我们的应用程序）"，该部分将介绍如何构建一个待办事项列表（To-do list）应用程序。请注意，在构建应用程序的容器镜像（创建 Dockerfile）时，请使用以下命令：

```
touch Dockerfile
```

7. 练习：完成教程的下一部分 "更新应用程序"，了解如何修改 Docker 化应用程序的消息和行为。

8. 练习：完成 "分享应用程序"，了解如何在 Docker Hub 上使用 Docker 注册表共享 Docker 镜像。

2.5　测试、性能评估和监控

本章最后，将介绍在数据 /MLOps 环境中，如何进行自动化测试、性能评估和应用程序监控。

2.5.1　Selenium 框架

Selenium 创建于 2004 年，是一个用于自动化测试网络应用程序的框架，可以跨不同的浏览器和平台进行测试，并且支持多种编程语言（如 Java、C# 和 Python）。与 DataOps 生态系统的许多组件一样，它是免费且开源的。

它符合组织的质量保证（QA）要求，并支持重要的 DataOps 单元测试过程[②]，包括数据管道和分析。单元测试完成后，就会开始进行持续集成，QA 测试人员可以创建测试用例和逻辑分组的测试套件，包括对传输中的数据和静态数据的测试。

如图 2-18 所示，在 Jenkins 中运行 Selenium 测试让用户能够在软件每次更改后运行测试，并在测试通过时将软件部署到新环境。Jenkins 还可以安排 Selenium 测试在特定时间运行，并保存执行历史和测试报告。

---

① 公共链接为 https://docs.docker.com/get-started。
② 旨在尽量减少质量保证测试阶段的缺陷数量。

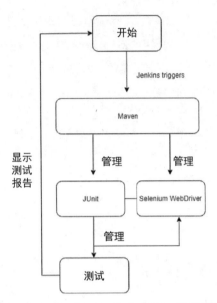

图 2-18 Jenkins、Maven 和 Selenium 的流程接口

2.5.2 TestNG 测试框架

Selenium 测试脚本是与 TestNG（Test Next Generation）一起使用的。TestNG 是一个测试框架，用于解决 Selenium Webdriver 中的报告缺失问题，它在执行后会生成默认的 HTML 报告。这些报告如图 2-19 所示，显示了有关测试用例（比如通过、跳过或失败）以及项目整体状态的信息。

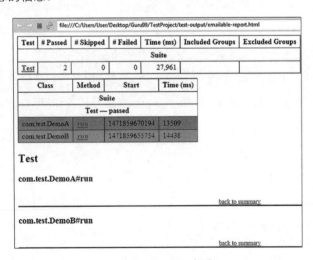

图 2-19 TestNG 报告

2.5.3　问题管理

问题管理（issue management）和问题追踪（issue tracking）允许项目经理、用户或开发人员记录和跟踪数据项目的问题进展，捕捉 bug、故障、功能请求和客户投诉。如图 2-20 所示，问题追踪的标准通常包括以下几点：

- 重要性级别
- 所分配的团队成员
- 进度指标

ACTIVITY COMPLETION

RELEASE ID	COMPLETED		ON-TIME	OVERDUE	LATE	UPCOMING
PR-3656		18%	21%	18%	2%	3%
PR-365-B		75%	54%	6%	26%	2%
PR-365-C		50%	12%	26%	3%	54%
PR-365-D		82%	34%	2%	54%	26%
PR-0009		65%	10%	10%	2%	10%
IR-24B		95%	8%	2%	54%	26%
PR-0343		7%	5%	54%	10%	76%
IR-24B		23%	15%	3%	26%	54%

图 2-20　软件交付发布——问题追踪（Plutora）

1. 工具 Jira

Jira 是最流行的问题（工单）跟踪和项目管理工具之一，不过也有其他一些被广泛使用的工具，比如 Trello、GitHub Boards 和 Monday。

Jira 由 Atlassian 开发，已经存在相当一段时间了（从 2002 年起），是一个敏捷项目管理和问题/缺陷跟踪工具。它具有易于使用的仪表板和无压力（stress-free）的项目管理功能，包括团队/用户故事和迭代监控、Scrum 和 Kanban 板、路线图以及团队绩效报告等敏捷交付功能。

2. 解决方案 ServiceNow

Jira 与 ServiceNow 集成，ServiceNow 是一种工作流自动化解决方案，可以把组织中的人员、功能和系统连接起来。ServiceNow 的独特卖点在于提升客户服务并使工作人员和员工更好地适应数字化环境。

图 2-21 显示了 ServiceNow 是如何自动化跨 CI/CD 流水线的变更请求工作流的。

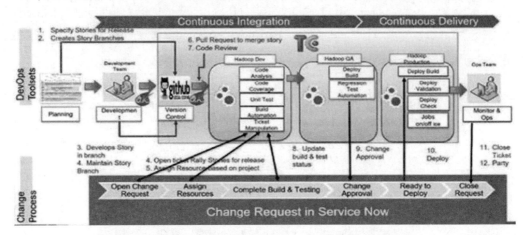

图 2-21   使用 ServiceNow 自动化跨 CI/CD 流水线的变更请求

如图 2-22 所示,除了自动化所带来的显而易见的生产力优势以外,ServiceNow 还通过 AIOps 帮助扩展 IT,它可以解释整个组织中的遥测(telemetry)数据,并使用机器学习进行异常检测(anomaly detection)等。

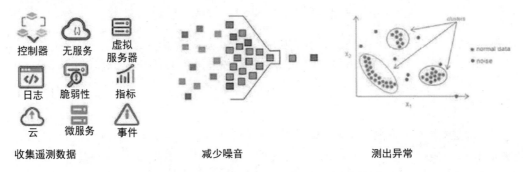

图 2-22   ServiceNow AIOps——遥测异常检测

2.5.4   监控和警报

一旦 AI 应用程序经过全面测试,并且实施了问题管理流程之后,重点就转向应用程序监控(monitoring)。这在 AI 中非常重要,因为数据的变化(数据漂移)很快会导致模型结果无效或降为次优(suboptimal)。

　　最终目标并不是监控本身，而是实现 AI 应用程序的可观察性（observability），即对数据流水线和数据的更深入的理解和监控。最佳系统在基础产品中内置了跟踪、警报和建议功能以及统计过程控制（statistical process control, SPC）不断监控和控制数据分析流水线。如果发生异常，分析团队将通过自动警报进行通知。

　　Nagios 如图 2-23 所示，是最受欢迎的应用程序监控工具之一，不过，Databand 的可观察性平台也逐渐在 DataOps 领域受到了关注。Databand 支持数据工程师排查流水线故障和数据质量问题，其目标是实现见解的细粒度、持久性、自动化、普遍性和及时性。

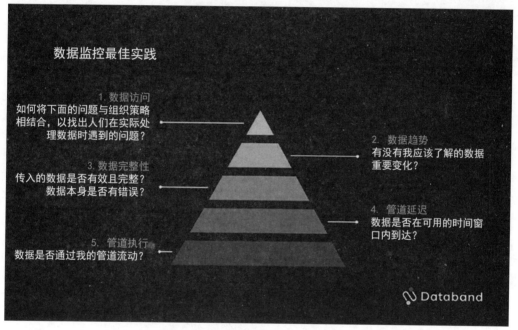

图 2-23　Databand 应用程序监控

Nagios

　　Nagios 监控整个 IT 基础架构，以确保系统、应用程序、服务和业务流程正常运行，并在出现故障时向技术人员发送警报。Nagios 比 Jira 推出得更早，首次发布于 1999 年。

　　Nagios 工具套件包括企业服务器和网络监控软件（Nagios XI）、集中日志管理、监控和分析（Nagios Log Server）、基础设施监控（Nagios Fusion）以及带宽利用率的 Netflow 分析（Nagios Network Analyzer）。

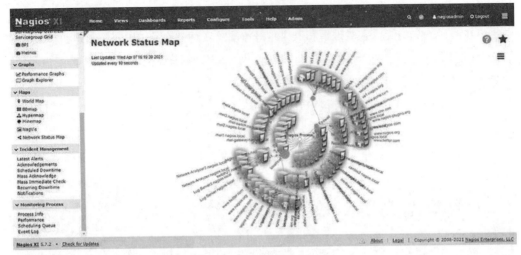

图 2-24　Nagios XI

动手实践 2-8　Jenkins CI/CD 和 Selenium 测试脚本

持续测试

接下来是本章的最后一个实践。本次实践侧重于 CI/CD 和测试，还介绍了如何在 Azure 上使用 Jenkins 以及运行 Selenium 测试脚本。作为一个练习，实践还包括了 Maven 的集成。

1. 访问 https://portal.azure.com/#cloudshell/，创建一个虚拟机。这也将创建一个存储资源，它每个月可能会产生一些小额费用。[①]

2. 将 CLI 设置切换为 Bash，并在步骤 3-9 中，按照 https://docs.microsoft.com/en-us/azure/developer/jenkins/configure-on-linux-vm 进行操作。

    注意：可能需要将 Azure 区域（az group create 命令中的引用）更换为更近的数据中心。

3. 按照前面链接中的第 4 步 Configure Jenkins（配置 Jenkins）来配置 Jenkins。

4. 继续进行第 5 步 Create Your First Job（创建第一个作业）。

    注意：项目主页可能需要一些时间（10 到 15 分钟）才能显示出来。

5. 继续进行第 6 步 Build the sample Java app（生成示例 Java 应用）。

---

① 请参见第 1 章中对云资源的使用和成本管理的重要说明。

6. 通过以下步骤进行 Selenium 脚本编写。

    a. 从 www.eclipse.org/ 下载 Eclipse。Eclipse 是一个流行的用于 Java 开发的工具。

    b. 按照链接 https://q-automations.com/2019/06/01/how-run-selenium-tests-in-jenkins-using-maven/ 中的步骤 1 到 7 进行操作。

    c. 对于上述第 8 步，将所有依赖项添加到项目标记中。

    d. 在第 9 步中，需要下载 TestNG 插件，可以从 https://marketplace.eclipse.org/content/testng-eclipse 下载，并将其拖放到 Eclipse 工作区中。[①]

    e. 完成步骤 10 到 13。

7. 练习：尝试将 Selenium 脚本推送到 GitHub。首先将源代码推送到 GitHub，然后从 Jenkins 连接到存储库。若想将 GitHub 集成到 Jenkins 中，请按照 www.blazemeter.com/blog/how-to-integrate-your-github-repository-to-your-jenkins-project 中的"配置 GitHub"和"配置 Jenkins"的步骤操作。

8. 练习：为了进行 Maven 集成，请尝试按照以下步骤在链接"https://qautomation.blog/2019/06/01/how-run-selenium-tests-in-jenkins-using-maven/"[②] 的"Integrating Your Test Into Jenkins（将你的测试集成到 Jenkins 中）"部分进行操作。

9. 练习：为了集成这三个工具：Jenkins、Maven 和 Selenium，请按照" https://q-automations.com/2019/06/01/how-run-selenium-tests-in-jenkins-using-maven/ " 中 Integrating Your Test Into Jenkins（将你的测试集成到 Jenkins 中）部分里的步骤 1～步骤 12 操作，并注意下面几点。

    a. 在第 6 步中，在 Root POM 中填入以下内容：C:\Users[你的用户名]\eclipse-workspace\Sseleniumscript\target。

    b. 在 Goals and Options（目标和选项）中输入以下内容：

```
Test-Dsurefire.suitXmlFiles="$TestSuite" -Dbrowser="$BROSWER"-DURL="$APP_URL"
```

    d. 在第 7 步中，你需要安装 htML publisher 插件。转到 Manage Jenkins |

---

① 确认并接受许可条款。如果出现真实性警告提示，请选择 OK 表示确定。重新启动 Eclipse。

② 注意：如果第 2 步中没有显示 Maven Project 选项，则转到 Manage Jenkins | Manage Plugin | Available 选项卡。在筛选框中输入"Maven plugin"，得到的搜索结果将是"Unleash Maven Plugin"，勾选启用复选框，单击"Download now and install after restart"进行下载和安装。在下一个屏幕中勾选复选框以重新启动 Jenkins，否则 Maven 项目将不会显示。如果看不到 Maven 项目的话，还可以参考以下链接中的内容：https://stackoverflow.com/questions/45205024/maven-project-option-is-not-showing-in-jenkins-under-new-item-section-latest。

Manage Plugins（管理插件），选择 Available（可用）选项卡，输入"htML publisher"，然后勾选复选框。

e. 下载并安装后，重新启动 Jenkins。

现在，在上述 q-automations 链接中的步骤 2 创建的作业的 Build settings（构建设置）选项卡（以及 Post Build Actions）下，应该可以找到发布 HTML 报告的选项了。

小结

通过完成与持续测试的工具和接口有关的最后一次动手实践，我们结束了以 DataOps 为主题的这一章。从敏捷开发，到代码存储库、CI/CD，再到测试和监控，我们重点关注的是如何理解干系人的关系、端到端过程、工具生态系统和集成等，以便为本书后面的 AI 解决方案搭建框架。

我们下一章将利用从 DataOps 中学到的知识，并将最佳实践应用于 AI 项目实施的最初（也许是最关键的）阶段之一：数据获取阶段。

第 3 章

AI 的数据获取

一直以来，在任何软件解决方案得到具体实施之前，都会进行全面的范围确定，获取人员或干系人、业务流程和工具或现有架构格局的相关需求。如今，任何灵活的 AI 项目都必须额外关注数据这一最重要的因素。因此，本章的目标是介绍最佳实践和正确的云数据架构和编排要求，以确保成功交付 AI 项目。

我们将从研究数据获取过程开始，检查所使用的数据类型以及计划 / 批处理数据和流式 / 事务数据所设计的方法和存储上的考虑因素有哪些差异。然后，查看可供 AI 工程师使用的云计算服务和 API。

接下来，继续研究 AI 的数据存储，从需求收集和创建数据字典的过程开始，然后转向处理 OLTP/OLAP 数据源的最佳实践以及可用的数据存储类型。

3.3 节涉及云服务和工具，用于流数据的获取和查询和分析 / 批处理数据的数据存储，旨在服务于下游的企业分析和 BI 团队。最后，作为收尾，我们将讨论如何编排所有这些数据、企业管理数据存储的策略、将数据导入机器学习和深度学习模型的过程以及 AI 项目中对数据整理和模型选择过程的全面自动化需求。

3.1 数据获取简介

那么，什么是数据获取？简单来说，它是一种导入数据的方式，但这个数据消费量巨大的时代，这个概念被重新定义了。在这个时代，丰富的数据集，最好是预标记的数据集，可以使组织在服务、产品和促销活动方面从竞争中脱颖而出。

更正式地说，数据获取是将数据从源移动到目的地并进行存储和进一步分析的过程。本章进一步阐明其定义。不过，在这里，我们首先了解一下当前的全球数据需求。

3.1.1 数据获取：当下的挑战

如今，源数据采用许多不同的格式，从关系型或 RDBMS SQL 类型的数据库，到非关系型或 NoSQL 数据存储，又从 CSV 和文本文件，到 API 连接或流式数据。适合大规模数据传输的新的可压缩格式也出现了，比如 Avro 和 Parquet。

IDC 预测，到 2025 年，全球数据将增长到 175 ZB（zettabyte），或者如果使用的是 PB（petabytes），那就是 1.75 亿 PB。为了便于读者理解这个数字有多大，这相当于 175 万亿个容量为 1 GB 的 USB 闪存。[①] 在这个大数据时代，数据的复杂性和多样性带来了根本性的挑战：无论数据源是什么，几乎总是需要在获取数据之后对其进行清洗和转换。

所有这些数据都需要一个愿景，最好是一个数据策略和一群数据专家，大多数公司如今都意识到数据有 3 个关键优先事项：

- 数据获取 / 下游处理的速度
- 合规性和安全性
- 成本

3.1.2 AI 阶梯

回顾我们之前失败的 AI 项目，一个最大的疏忽就是在项目开始时没有正确地定义数据策略。如果没有设计架构化解决方案，那么数据获取就是没有意义的。换句话说，没有信息架构（IA），就没有人工智能（AI）。

在更广泛的生态系统中，用于解决项目中的大数据差距的一个更好的工具是 IBM 的 AI 阶梯方法（如图 3-1 所示），它将数据获取的最佳实践作为一种加速企业 AI 之旅的手段。

---

① 来源：Eland Cables。

该方法旨在强调为何没有信息架构就没有人工智能，并着重于通过在多云环境中统一数据，来解放价值（这是 IBM 在 2022 年的核心竞争优势之一）。这种数据湖（Data Lake）风格的设置旨在产生以下 4 个关键的价值杠杆：

- 通过使数据简单且易于访问来收集数据，无论它位于何处
- 组织数据以创建适用于业务的分析基础
- 分析数据以建立和扩展可信赖且透明的 AI
- 将 AI 渗透到整个企业，并创建智能工作流程（CRPA）

我们将在接下来的章节中进一步讨论数据湖，但在此之前，我们将介绍 AI 数据获取的一些关键概念。

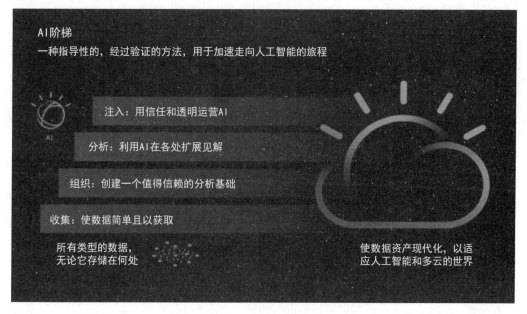

图 3-1　IBM 的 AI 阶梯

3.1.3　云架构 / 云堆栈

成功的 AI 项目需要端到端的云基础设施，正如我们在第 1 章中所看到的那样，存储和计算是 AI 项目中处理大数据的主要的云服务。

从架构的角度来看，存储、计算和数据获取是企业解决方案架构的基本面，旨在支持数据管道和下游分析过程。以 Xenonstack 的模型为例，大数据架构通常包含 6 个层级：

- 数据获取层：连接到数据源，对数据进行优先排序和分类
- 数据收集层：将数据传输到其他数据管道
- 数据处理层：处理、路由和分类数据
- 数据存储层：根据数据的大小处理存储
- 数据查询层：从存储层收集数据，用于主动分析处理
- 数据可视化层：将数据整合成高价值的展示格式

这些层级非常重要，因为从根本上来讲，它们定义了消费数据终端用户所关注的主要问题。

3.1.4   定期（OLAP）与流式（OLTP）数据

所有企业中的数据处理都可以简单地看作是定期（批处理）或聚合数据与实时（流式）处理事务数据的组合。传统上，这两种类型的数据被称为 OLAP（OnLine Analytical Processing，联机分析处理）和 OLTP（OnLine Transaction Processing，联机事务处理），其中主要目标要么是处理数据（OLTP），要么是分析数据（OLAP）。

聚合的批处理数据以固定的时间间隔导入并存储在数据仓库中，非常适用于日志报告或管理报告。另一方面，流处理是一种"用后即弃"的方法，即对时间敏感的数据进行近实时处理，然后丢弃大部分数据。如今，许多数据的超高速消费，尤其是通过移动 / 手持设备进行的消费，都是以流式数据的形式进行的，例如物联网传感器数据、股价变动和智能计量表信息。

最终，组织必须划分其数据需求和架构格局，决定将哪些数据作为批处理数据处理，哪些作为流式数据处理。图 3-2 中的简单示意图显示大多数组织如何通过将其推送到企业数据仓库来处理需要存储的流式数据。

目前，Lambda 架构和微批处理（micro-batching）是存储和处理批量数据和实时数据的重要概念。

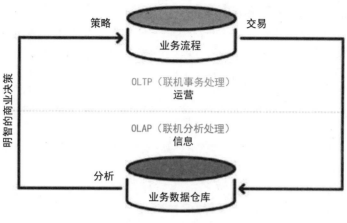

图 3-2　verticaltrail.com

3.1.5　API

目前，除了远程数据库和原始日志（raw log），连接到 OLTP 和 OLAP 数据的最常见方式是通过 API（Application Programming Interface，应用程序编程接口）进行连接。API 本质上允许两个应用程序相互通信的软件中介（software intermediary）。下面的示例显示了 Amazon API Gateway 的用法，它是 Amazon Web Services 的关键组件，可以通过 REST、HTTP 或 WebSocket API 和 AWS Kinesis 从网络获取流式数据并导入到 AI 应用程序中。

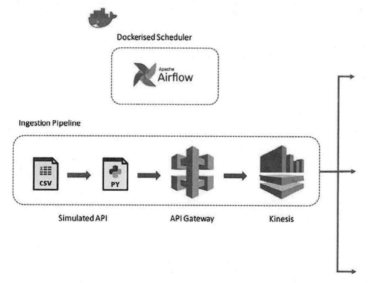

图 3-3　通过 AWS API Gateway REST API 进行数据获取

3.1.6　数据类型（结构化与非结构化）

批处理与流处理只是数据获取的一方面，目前，结构化与非结构化数据的区分可能更为重要（图 3-4），能否在数据策略中掌握两者，通常决定着敏捷业务能否迅速识别数据中的增值机会。

结构化数据（structured data）是存入数据存储之前已经预定义和格式化为特定结构的数据。结构化数据包含大多数企业用户从计算机诞生以来就非常熟悉的表格数据，比如 CSV 和 Excel 文件。

非结构化数据（unstructured data）是以原始的、未经处理的格式存储的数据，在使用之前通常不进行处理。如今，人们对非结构化数据的兴趣剧增，因为积累数据的速度更快了并且非结构化数据本身具有丰富的特征组合。PDF 文件和图像就是非结构化数据的例子。

非结构化数据	半结构化数据	结构化数据

非结构化数据：
The university has 5600 students.
John's ID is number 1, he is 18 years old and already holds a B.Sc. degree. David's ID is number 2, he is 31 years old and holds a Ph.D. degree. Robert's ID is number 3, he is 51 years old and also holds the same degree as David, a Ph.D. degree.

半结构化数据：
```
<University>
 <Student ID="1">
  <Name>John</Name>
  <Age>18</Age>
  <Degree>B.Sc.</Degree>
 </Student>
 <Student ID="2">
  <Name>David</Name>
  <Age>31</Age>
  <Degree>Ph.D. </Degree>
 </Student>
....
</University>
```

结构化数据：

ID	Name	Age	Degree
1	John	18	B.Sc.
2	David	31	Ph.D.
3	Robert	51	Ph.D.
4	Rick	26	M.Sc.
5	Michael	19	B.Sc.

图 3-4　非结构化、半结构化和结构化数据

3.1.7　文件类型

作为对数据获取的介绍的收尾，我们将进一步了解文件格式。在现代数据存储中，如何存储大数据是关键，任何解决方案架构师都需要考虑数据的底层格式、压缩方式以及如何利用分布式计算，并以最快、最优的方式对数据进行分区。

传统的文件格式（比如 .txt、.csv 和 .json）已经存在了数十年，因此我将假设读者对

这些格式已经很熟悉。随着集群（一组远程计算机）在大数据处理中的广泛应用，一些新的格式出现了，比如 avro、Parquet 和 Apache ORC、tr.gz 和 pickle 格式。

Apache Parquet 是 Apache Hadoop 生态系统中基于列的开源数据存储格式。作为一种二进制格式，它通过将重复的数据结构按列存储来实现更高的压缩率，Parquet 包含有关数据内容的元数据，例如列名、压缩 / 编码方式、数据类型和基本统计信息。像 Parquet、ORC 和 Hadoop RCFile 这样的压缩列式文件具有较低的存储需求，并且在执行查询的过程中具有优异的性能，可以快速读取数据（尽管写入速度较慢）。在本节的动手实践中，我们将进一步研究 Parquet 格式。

Avro 文件是一种基于行的二进制文件，其模式以字典（具体来说，是 JSON）格式存储。Avro 文件支持强大的模式演进（schema evolution），可以管理新增、遗漏和修改的字段。由于它们是基于行的，Avro 或 JSON 非常适用于 ETL（提取、转换和加载）过程中的存储层。

针对这些文件格式和 csv 还有 json 的特点，总结如图 3-5 所示。

属性	CSV	JSON	Parquet	Avro
列式存储	X	X	✓	X
可压缩	✓	✓	✓	✓
可分割	✓*	✓*	✓	✓
可读	✓	✓	X	X
复杂数据结构	X	✓	✓	✓
模式演变	X	X	✓	✓

图 3-5　大数据文件格式的特点（来源：luminousmen.com）

另外还有两种重要的格式，Pickle 和 HDF5[①]（Hierarchical Data Format version 5，层级数据格式第 5 版）。在 Python 中，它们通常用于存储训练模型。这两种格式的速度都很快，尤其是 Pickle，但缺点是会占用更多存储空间。HDF5 对于大型（异构）数据能够提供更好的支持，它将数据存储在类似目录 / 文件夹的分层结构中，并且可以像 Parquet 文件一样对重复数据进行压缩。

---

① .h5 和 .hdf5 这两个文件扩展名是一个意思。

动手实践 3-1　自动化数据获取

在简要介绍 AI 数据获取后，我们现在要开始与数据获取有关的第一个动手实践。

Python 数据获取：Met Office 天气数据

本练习的目标是通过在 Jupyter Notebook 中使用 Python，自动获取实时的半结构化天气数据，然后进行转换并提取温度数据 [①]，以用于预测。

1. 克隆以下 Github 存储库：

   https://github.com/bw-cetech/apress-3.1.git

2. 按照以下步骤运行代码。

   a. 导入 Python 库。

   b. 连接 MetOffice 数据。

   c. 进行"递归整理"以提取 D 到 D+7 天的温度预报（白天和夜间）。

   d. 整理并呈现一个 Pandas 数据框，显示预测气温。

动手实践 3-2　使用 Parquet 文件

在本节的前面，我们介绍了 Parquet 文件是如何使用列式格式进行数据压缩的。在本次实验中，我们将学习如何处理这些文件。

1. 克隆以下 Github 存储库：

   https://github.com/bw-cetech/apress-3.1b.git

2. 从以下链接下载美国疾病控制和预防中心（CDC）的数据集：

   https://catalog.data.gov/dataset/social-vulnerability-index-2018-united-states-tract

   注意：上述文件的大小为 201 MB，在良好的网络连接条件下，最多可能需要下载 10 分钟（参考配置：8 GB RAM 笔记本电脑以及大约 50 Mbps 的宽带下载速度）。

3. 在 Google Colab 中运行代码。

   a. 导入用于处理 Parquet 文件的库（例如 Apache Arrow 的 pyarrow 库）。

   b. 上传下载的 CDC 数据（由于文件较大，最多可能需要 30 分钟）。

   c. 进行基本操作（数据维度 / 行数 / 列数，数据类型和前五行等）。

---

① 基础数据指的是对目标变量产生影响或驱动作用的数据，例如消费者需求对基础能源价格的影响。

d. 挂载（mount）Google Drive，以便保存 Parquet 文件。

e. 将 Pandas 数据框转换为 Parquet 格式。压缩后的大小为 75 MB。注意，可以直接进行转换，不需要先将其转换为 Arrow 表格。

f. 读取 Parquet 文件。

g. 在 Parquet 数据上重复步骤以验证数据。

4. 练习：如图 3-6 所示最后尝试在 Microsoft Power BI 中打开 parquet 文件（获取数据 | Parquet | 连接 [①]）并显示以下树状图，以展示亚利桑那州各县的总面积，以平方英里为单位。

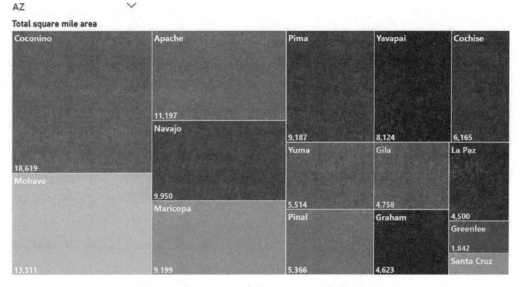

图 3-6　在 PowerBI 中展示 Parquet 数据可视化

3.2　用于 AI 的数据存储

数据存储对 AI 解决方案的数据获取是必需的，无论是暂时性的还是固定的。我们接下来将详细阐述在存储数据时需要考虑的重要因素，例如定义数据需求、需要哪种类型的数据存储、数据湖和数据仓库、OLAP 和 OLTP、ETL 和 ELT、SQL 和 NoSQL 以及弹性和可扩展性的概念。

---

① 请确保先从 Google Drive 下载文件，然后将下载文件的本地路径（不带引号）粘贴到下面的代码中。

3.2.1　数据存储：数据湖和数据仓库

数据存储指的是用于存储、管理和分发企业数据的存储库。通常，这指的是许多终端用户所依赖的生产数据库，例如 CRM 或 ERP 系统。

目前，在大多数企业中使用的主要数据存储有三种类型。

- 数据湖（data lake）：数据湖已经有大约 10 年的历史，对于大部分数据驱动型组织而言，数据湖越来越成为他们的首选系统。数据湖是一个单一的存储库，用于存储原始的多格式数据源，包括结构化和非结构化数据。数据湖在设计上更适合管理数据的 4 个 "v"：多样性（variety）、高速性（velocity）、规模性（volume）和准确性（veracity），并且通过不断刷新多个数据流来优化性能和拓扑。然而，数据湖也存在一些缺点，那就是数据目录化更加困难，并且在数据治理方面有所欠缺，数据源 / 模型有时难以处理，这导致了数据沼泽（data swamp）的说法。
- 数据仓库（data warehouse）：数据仓库是整洁有序的数据存储，通常被设计和利用为企业数据的单一事实来源（single source of truth）。它们通常与结构化数据类型相关联，并组织为模式（schema）。不过，现代数据仓库具有更多功能，包括存储非结构化格式的数据，并且数据可以按照现有数据湖上的视图模式进行组织。
- 数据集市（data mart）：数据集市通常是数据仓库的经过筛选和 / 或聚合的子集。数据集市促进了简单、有限条件的查询，并具有较小的模式，其中包含专注于更快的下游分析 / 商业智能的表格数据。

以上明显是"数据库"风格的数据存储，但请注意，组织中使用的所有文件系统 / 硬盘也是数据存储的例子，其中包含用于 AI 的其他丰富的数据集（例如图像、pdf 和列式格式 / 平面文件）。

湖仓

许多公司认识到，同时维护数据湖和数据仓库对满足特定组织需求的目标非常有好处。因此，作为一种将两者最佳特点结合起来的新型开放式架构，湖仓（Lakehouse）架构被引入了。一些例子包括 Databricks Lakehouse Platform、GCP BigLake 以及 Snowflake，它们都至少在某种程度上被视为数据湖仓。更有趣的是 Delta Lake[①] 这个开源项目，有了它，便可以在数据湖之上构建湖仓架构。

---

① 网址为 https://delta.io/。

　　企业的目标是拥有一个尽可能兼顾灵活性和高性能的数据存储系统，因此多个独立的数据湖、数据仓库和数据库似乎是最具生产力的解决方案，但成本开销和多个集成点会导致复杂性和延迟等。

　　湖仓的目的是使用类似于数据仓库的数据结构和数据管理功能，同时具备类似于数据湖的低成本存储选项，以此来避免这些问题。

3.2.2　确定项目数据需求的范围

　　尽管数据的来源通常是可以选择的，但在数字化时代，想要提升竞争力的企业需要直接从源头"挖掘"数据，传统的 ETL 方法已经难以满足这个需求了。

　　一般而言，数据获取的最佳实践如下：

- 挂载（mounting）数据源
- 从一手数据源获取，而不是通过中间件
- 寻找"原子级"数据，而不是聚合 / 汇总数据

　　除了确保企业能够直接连接到原始数据源，还应该使用 DataOps 或敏捷方法来确定基础业务 / 组织数据需求。一种做法是在数据字典中捕捉需求，这是一个很好的工具，用于捕捉范围，并随后提供低保真度（比如 MVP）和高保真度的 AI 解决方案。

　　一个结构良好的数据字典可以提供以下帮助：

- 使干系人达成一致，支持并认可项目
- 定义术语和数据类型
- 收集和分类对数据项目的成功至关重要的数据
- 对结构化和非结构化数据以及在线、离线和移动源的属性进行分类 / 映射
- 对用于数据连接的主键进行快速检查
- 隔离异常和数据流冲突
- 记录对新数据源的体验
- 持续进行数据维护

3.2.3　OLTP/OLAP：确定最佳方法

　　鉴于所有项目的数据需求都归结为 OLTP 和 OLAP 源，所以我们很想知道有没有最佳方法。OLTP 数据库一直通过 ETL 流程（后面的章节将对此进行详细介绍）捕获到 OLAP

系统中，但随着人们从源头获取数据的需求越来越多，通常需要访问原始数据，即访问数据湖而不是数据仓库。

一般而言，我们应该确定每个下游分析 / 商业智能或 AI 需求的排名前 3 到前 5 的业务优先事项，以确定如何存储和获取我们的数据：

- OLTP：如果速度 / 响应时间更重要
- OLAP：如果管理 / 战略见解更重要

3.2.4 ETL 与 ELT

如前所述，为了将数据从源头获取到数据仓库 / 数据库中，以前沿用的是 ETL（提取、转换和加载）过程。在许多情况下，由于其固有将数据转换为结构化、关系型数据库、固定模式格式的能力，这种方法仍然是首选，一旦完成数据转换，对预处理数据进行分析时就会更快、更直观。将数据存储从本地迁移到云端时，通常也更倾向于选择 ETL 方法。

然而，还有另一种选择。在一些情况下，它更贴合数据湖的底层设计，并且在支持数据科学和 AI 所需的关键数据挖掘和特征工程任务方面更加灵活。

在这种替换式 ELT（提取、加载和转换）过程中，数据在不经过转换的情况下被提取并直接加载到存储层。

由于已经能够查询已加载到数据库中的数据，因而 ELT 过程是向终端用户公开原始数据进行分析、商业智能或 AI 应用最快的途径。不过，通常还是需要进行一些轻量级转换，例如：

- 列选择（我们不需要整个数据源）
- 隐私保护：例如，某些字段可能需要过滤 / 哈希处理，例如个人身份信息（personally identifiable information，PII）
- 增量提取：仅上传新行并将变更纳入考虑的模式

在我们能够可视化数据之前（例如，在 BI 平台 /GUI 中），还需要进行大量复杂的转换逻辑：从清洗数据到删除重复的条目或过时的条目；将数据从一种格式转换为另一种格式；连接和聚合数据以及对数据进行整理和排序。因此，ELT 过程更适合用于探索性分析和数据科学，也就是当前（或可以存在）对源数据集有更深入（内部）的了解时。

ELT 过程是将数据加载到数据湖的首选方法，它是在数据湖还不存在的时候开发的，因此与直接访问原始数据的现代需求不太匹配。

为了将数据放入数据湖中，需要从源头提取数据（通过 API），云服务提供商或 EL 供应商通常会提供提取脚本。在本书后面对数据管道的介绍中，将更详细地介绍提取脚本。

3.2.5　SQL 与 NoSQL 数据库

前面这些概念是本小节的先修课。数据湖与数据仓库、OLTP 与 OLAP 以及 ETL 与 ELT 之间的关系与 SQL 和 NoSQL 数据库的结构和用例密切相关。

在大多数情况下，关系型或 SQL 数据库用于 OLAP 系统，并使用 SQL 查询来分析数据和提取见解。SQL 中能够合并多个数据源的简单且强大的 JOIN 子句一直非常受欢迎。

SQL 数据库有一种严格的、结构化的数据存储方式，通常包含两个或多个具有列和行的表格，更类似于数据仓库而不是数据湖。如今广泛用于支持 AI 项目的符合 ACID（原子性、一致性、隔离性和持久性）标准的 SQL 数据库包括 MS SQL Server、MySQL、Oracle、IBM DB2 和 PostgreSQL。

NoSQL，或称非关系型数据库，是在 2000 年代后期开发出来的，用于提升扩展性、提高查询速度并支持 DevOps 所需的频繁的应用程序更改。与具有固定行和列的表不同，NoSQL 数据库的特点是没有固定的模式，其结构基于键值对（JSON 文档）、节点和边（图形数据库）。除了在处理图像、文档文件和电子邮件等非结构化数据方面具有无模式（schema-less）的优势之外，NoSQL 非常适合具有大规模数据存储需求的分布式数据存储。常见的 NoSQL 数据库包括 MongoDB、Redis、Neo4j、Apache Cassandra 和 Apache HBase，所有现代数据湖和现代数据仓库都包含与 SQL 及 NoSQL 的连接器。图 3-7 对比了 SQL 和 NoSQL。

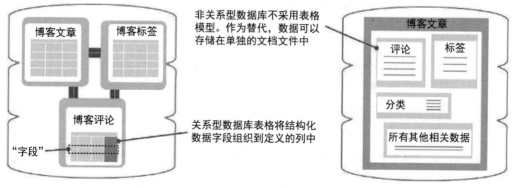

图 3-7　SQL 与 NoSQL 的对比（来源：Upwork）

3.2.6　弹性与可扩展性

本节最后一个概念涉及两个与云所用底层业务和组织驱动因素相关的重要概念，即弹性（elasticity）和可扩展性（scalability）。

弹性指的是根据当前工作负载动态提供必要资源的能力。

可扩展性指的是增加计算资源以支持静态需求和 / 或容纳更大的静态负载的能力：

- 向上扩展（scale up）：实际上指的是加强硬件
- 向外扩展（scale out）：添加额外"节点"（更多计算机或虚拟机）

这自然为那些（数据）成熟水平更高的公司带来了更复杂的能力度量，弹性扩展是根据应用程序流量模式的变化自动添加或删除计算或网络基础设施的能力。

如今，大多数云服务既具备弹性又具备可扩展性，但两者的成本模型存在很大差异，而将云服务提供商的能力与预测的（甚至实际的）AI 应用程序的使用量进行向上扩展或向外扩展的计算仍然缺乏透明性。

动手实践 3-3　**为 AI 进行数据存储**

既然我们已经了解了关键概念，那么就来看看 AWS 去上广泛使用的两种数据存储是如何支持 AI 项目的（图 3-8）。

AWS 数据管道

本次练习的目标是在 AWS 上创建一个 DynamoDB NoSQL 表，一个 S3（文件存储）输出桶以及一个 AWS 数据管道来将数据从 DynamoDB 转移到 S3。

1. 按照以下步骤查看如何在 AWS 上的不同数据存储之间传输数据。

　　a. 添加 DynamoDB NoSQL 表。

　　b. 创建 S3 存储桶。

　　c. 配置数据管道。

　　d. 启动具有多个 EC2 实例的集群。

　　e. 激活管道。

　　f. 导出 S3 数据。

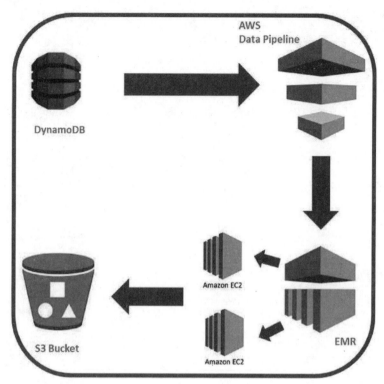

图 3-8　为 AI 进行数据存储（动手实践）：数据流

3.3　数据获取的云服务

在本节中，我们将介绍用于获取和查询流数据以及分析 / 批量数据存储的云服务和工具，以满足下游业务分析和 BI 团队的需求。

3.3.1　云端（SQL）数据仓库

目前有 4 个主要的云数据仓库得到了各大公司的广泛使用。

- Azure：SQL 数据仓库 /Synapse Analytics。基于 SQL Server 构建的 PB 级（百万亿字节级）大规模并行处理（massively parallel processing，MPP）分析数据仓库，它作为 Azure 云计算平台的一部分运行。

- AWS Redshift：用于使用标准 SQL 查询和连接艾字节级（1000*PB）的结构化和半结构化数据，跨数据仓库、操作数据库和数据湖进行操作。
- GCP BigQuer：无服务器、高度可扩展性且具有成本效益的多云数据仓库，支持 ANSI SQL，专为业务敏捷而设计。
- Snowflake Cloud Data Platform：2020 年最大的软件 IPO，Snowflake 是一种现代化无服务器 /SaaS 云数据平台，构建在 AWS 或 Azure 基础设施之上。它具有诸多优势，比如无需选择、安装、配置或管理硬件或软件，非常适合不想为设置、维护和支持内部服务器分配资源的组织。

其他值得留意的云数据仓库包括 IBM Db2（适用于机器学习），Oracle（适用于自动化），SAP（适用于传统 SAP 用户）和 Teradata Vantage（适用于 CSP 集成）。

3.3.2　数据湖存储

Microsoft Azure Data Lake Storage（ADLS），或称"Gen2"，被认为是大数据分析的下一代数据湖解决方案。它建立在 Azure Blob（Binary Large Object，二进制大型对象）存储之上，特别适用于包括流媒体视频和音频在内的大量非结构化数据，这些数据可以在组织的存储账户中进行容器化。

ADLS 是一个完全托管、具有弹性、可扩展和安全的文件系统，支持 HDFS 语义，并与 Apache Hadoop 生态系统配合使用。它也是 PowerBI Dataflows 的底层存储。

还有一个是 AWS Simple Storage Service（S3）。在 Amazon Web Services（AWS）中，S3 是构建 AWS 数据湖的首选存储服务。S3 具有安全、高度可扩展性和耐久性的特点，能够获取结构化和非结构化数据，并为下游分析对数据进行编录和索引。目前，S3 在许多分析项目和机器学习应用程序中被用作底层数据存储。当需要块存储（block storage）时，则会使用 Amazon Elastic Block Store（EBS），它类似于 Azure Blob 存储。

最后是 Google BigLake。BigLake 在 GCP 上推出，是一个新的跨平台数据存储引擎。

Hadoop

Apache Hadoop[①] 是一个允许在集群中分布式处理大型数据集的框架，本质上是使用计算机网络解决大数据问题的一组软件。

---

① 译注：相关权威书籍为《Hadoop 权威指南》（第 4 版）。

　　MapReduce 是 Hadoop 的基本编程模型，它是 Apache Hadoop 的核心，用于处理大量数据，它采用的是主从（Master/Slave）架构（图 3-9）。如图 3-10 所示，它执行的是映射任务（将数据拆分并映射到键值对格式）和归约任务（对映射输出进行混洗并组合成一组较小的键值对）。

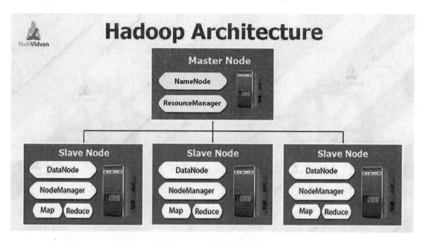

图 3-9　Hadoop 架构（元数据存储在 NameNode 中）

MapReduce 算法如图 3-10 所示。

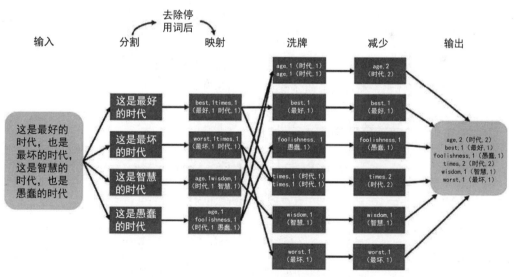

图 3-10　在 Hadoop 集群中进行 MapReduce（来源：guru99.com）

MapReduce 的并发能力使其在使用（云）集群中的多台计算机进行大规模数据分析时非常有价值。目前，大多数 CSP 都提供内置 Hadoop 大数据处理的服务，比如 AWS EMR，Azure HDInsight 和 GCP Cloud Dataproc。

3.3.3　流处理和流分析

上述云服务是许多企业用户首选的数据存储方式，但从一个数据存储中提取 / 获取数据到另一个数据存储或 AI 应用程序时，应该使用什么工具呢？

流处理，或称复杂事件处理，是查询连续数据流的过程。在理想情况下，数据流应该是实时的，但实际上，检测时间周期从几毫秒（原生流处理）到几秒（微批处理）不等。

我们的目标通常是从数据中获得尽可能接近于即时的见解，因为随着时间的推移，数据的价值会急速降低。以接收温度传感器发出的温度达到冰点时的警报为例，流处理需要确定以何种粒度读取（和传输）数据，例如毫秒或微秒。

许多处理流处理的工具都配备了扩展分析功能：流分析（stream analytics）。Apache 的工具套件中，Apache Storm、Sqoop、Spark、Flink 和 Apache Kafka，以及 Talend、Algorithmia 和 Upsolver 都是具备内置特性的流处理框架，AWS Kinesis 也是其中之一。在本书的动手实践中，我们将介绍其中的三个工具，包括用于大数据机器学习的 Apache Spark、用于流式股票价格数据的 AWS Kinesis 以及使用消息代理处理流数据并将流数据输入 AI 应用程序的 Apache Kafka。

无论是 Kafka 还是 Kinesis，现在的许多 AI 应用案例都依赖于实时流处理技术，包括算法交易、供应链优化、欺诈检测和体育比赛分析等领域。

动手实践 3-4　简单数据流

本节的第一个实验将介绍如何在最流行的工具之一 Microsoft Excel 中进行数据流处理。

使用 Microsoft Excel 和 Python 进行股票价格数据流处理

本实践的目标是利用 Microsoft Data Streamer（它是建立 PoC 最基础的方式之一），在使用 Python 爬取最新的科技股票价格后，建立一个用于 AI 应用程序的流处理 PoC（概念验证）。

1. 打开一个空白的 Excel 文件并选择以下选项，获取 Microsoft Data Streamer 的插件：

    a. "文件" | "选项"。

    b. 加载项。

    c. COM 加载项。

    d. 转到。

    e. 在 "COM 加载项" 对话框中勾选 "Microsoft Data Streamer for Excel" 复选框，然后单击 "确定"。

2. 从下面的 GitHub 存储库中下载实践需要用到的文件：

    https://github.com/bw-cetech/apress-3.3a

3. 按照以下步骤来对样本数据进行流处理：

    a. Data Streamer 选项卡 | 导入数据文件。

    b. 指向从 GitHub 下载的 df_eth.csv 文件。

    c. 在 Data In 工作表上选择单元格 B7:C22。

    d. 按下 Alt + F1 创建一个图表。图表将暂时是空白的。

    e. Data Streamer 选项卡 | 开始数据。

    应该能够在图表中以时间线的形式看到流处理的数据。

4. 练习：在 Jupyter Notebook 中使用下载的 Python 脚本 stockpricescraper.ipynb，导出从 2021 年 1 月到前一天的实时股票价格（可以自己选择要导出哪只科技股票）以及最新的以太坊收盘价。按照上述步骤对股票价格进行流处理。

动手实践 3-5　数据摄取云服务

在下一个实践中，我们还将介绍如何通过主要的数据摄取云服务进行流处理。

使用 Python 和 AWS Kinesis 进行流处理

本实践的目的是编写一个 Python 脚本，创建 AWS 中的访问密钥、IAM 策略和 IAM 用户，然后连接到 Kinesis 并流处理股票价格数据。

1. 创建一个新的（空白的）Python 脚本（例如，在 Jupyter Notebook 或 Google Colab 中），并添加示例笔记本中所示的 Python 库（boto3）：

    https://github.com/bw-cetech/apress-3.3

2. 按照以下链接中的步骤 1-4 来在 AWS 中创建访问密钥：

   https://docs.aws.amazon.com/IAM/latest/UserGuide/id_credentials_access-keys.html

3. 按照以下链接中的步骤 1 到 7 步创建 Kinesis 流：

   https://docs.aws.amazon.com/streams/latest/dev/tutorial-stock-data-kplkcl-create-stream.html

4. 按照以下链接的步骤创建一个 IAM 策略：

   https://docs.aws.amazon.com/streams/latest/dev/tutorial-stock-data-kplkcl-iam.html

5. 按照以下链接创建 IAM 用户：

   https://docs.aws.amazon.com/streams/latest/dev/tutorial-stock-data-kplkcl-iam.html

6. 在上面的示例 Python 笔记本中添加剩余的配置步骤以查看流数据。

7. 请尝试挑战下面的"拓展"练习。

   a）数据开始流式传输后，在 CloudWatch 中查看指标。

   b）尝试让 DynamoDB 消费数据。

   c）修改代码以获取 Yahoo / Quandl 上的实时股票价格数据。

3.4 数据管道编排：最佳实践

到目前为止，在本章的动手实践中，我们已经建立了与天气数据的实时连接，利用云工具（AWS Data Pipeline）将数据从源头推送到终点（从 DynamoDB 到一个 S3 桶），并通过 boto3（AWS）库在 Python 中观察了 Kinesis 的数据流。

作为本章的最后一个小节，将更深入地探讨数据流入和流出 AI 应用的最佳实践，并拓展这些动手实践，研究怎样才能更好地设计依赖于 OLTP 或 OLAP 数据或混合两者的 AI 解决方案。

3.4.1 存储考虑因素

在 AI 项目开始时，存储问题应该得到优先考虑。我们是使用一个简单的数据库或数据集市，还是需要（就像大多数企业项目那样）与数据仓库或数据湖进行集成？

成本总是很重要的，灵活性 / 敏捷性也很重要，特别是在涉及非结构化数据源的时候。在这两种情况下，数据湖通常都是首选，但数据仓库公司正在改善消费者的云体验，并使试用、购买和扩展数据仓库变得更加容易，几乎没有管理上的开销。

　　如果安全性需要得到优先考虑，那么 AI 项目可能会优先选择与具有成熟安全模型的传统数据仓库集成。数据仓库或许可以更好地支持机器学习和 AI——通常情况下，它们能比数据湖更快地读取最新的数据。数据仓库还减少了重复，通过模式叠加提高数据质量，与可重用的特性和功能相匹配，并且在预先自动化转换方面做得更好。

　　数据科学家 80% 的工作是数据预处理和整理，因此目标终端用户对方法有着极大的影响——如果研究和探索性数据分析更符合公司的愿景，那么数据湖将提供更广泛的数据挖掘范围；而如果自动化和解释性数据分析是关键，那么我们应该尽可能地将数据整合到规模较小的数据库或数据集市中。

3.4.2　数据获取计划

　　在确定数据存储方式之后，有效的数据获取应遵循以下流程：

- 对数据源进行优先级排序
- 对每个单独的文件进行验证
- 将数据项正确地导向目标位置

　　正如 3.2.2 节所述，记录数据获取的参数能够帮助我们更好地理解这个过程并进行持续的改进：

- 数据流速：源数据更新的频率是多少？
- 数据大小：每个相关数据源的存储大小是多少？
- 数据频率：我们需要以怎样的频率访问数据？我们可以进行批量 / 分析式上传，还是需要进行实时 / 流式上传？
- 数据格式：所有数据都是结构化 / 表格格式的吗？是否有半结构化（如 .json、.css 等）或者非结构化（如图像、音频、视频）的数据？

　　对上述内容进行深思熟虑可以引领我们构建出更高性能的数据获取过程和更易于访问的数据湖，类似于 Just Eat 公司（使用 Apache Airflow）通过数据获取、转换、学习、传出和编排周期那样。

1. 无服务器计算

　　AWS Lambda 是云中最受欢迎的无服务器组件之一。Lambda 的事件驱动且无服务器的计算架构使终端用户可以把更多时间集中在快速构建数据和分析管道上，因为它独立于基础设施管理，采用的定价模式是按使用付费。

虽然数据源存储和数据接受存储显然不能从这个过程中鼓励出来，但无服务器计算可以简化为数据获取配置的警报驱动事件，它往往十分复杂。

2. 日终程序

许多公司都有日终程序（end-of-day，EOD），银行和零售行业尤其如此。举例来说，发出账单和在商店关闭后对收银机进行对账，这些都是非常关键的运营工作流程。

典型的日终程序过程包括两点：（a）更新、核实和发布每日销售信息；（b）将原始交易聚合为有意义的商业数据。这里的自动化需求，加上作业调度和工作流自动化，都非常适合批处理和数据管道编排。这些自动化工作流程可能涉及其他（非每日安排）的批处理，比如季度或年度报告。

3. 机器学习和深度学习的数据导入

当前，许多 AI 实施项目的目标都是实现生产级 AI 模型，而通过日终批处理来自动化整个数据获取过程／数据管道有一些明显的优势：

- 收集数据
- 通过企业消息总线（enterprise message bus）发送数据
- 处理数据（例如，重新训练模型）以提供预计算的结果
- 为次日的操作提供指导

然而，上述过程并不能完全满足 ML/DL 应用的需求，因为特征和预测都是时间敏感的。举例来说，奈飞的推荐引擎、优步的到达时间估计、领英的"猜您认识"和爱彼迎的搜索引擎都需要实时的训练，或者至少是实时的推理（预测）。

ML/DL 的数据获取需要同时考虑到在线模型分析（实时操作决策）和离线数据发现（对历史聚合数据进行学习和分析），如图 3-11 所示。

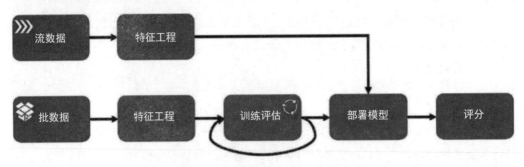

图 3-11　towardsdatascience.com

3.4.3　构建交付管道

那么，构建数据管道的最佳方式是什么呢？每个项目虽然各不相同，但我们可以在开始时尽最大的努力瞄准方向。

我们将通过把编排过程分解成一个文档化的方法来为本节和本章的收尾。

- 确定业务背景：在传统的分析架构中构建新的分析管道通常需要业务、数据工程、数据科学还有分析团队之间进行大量的协调，首先需要协商的是需求、模式、基础设施容量需求和工作负载管理。
- 定义具体问题：业务用户、数据科学家和分析师都在寻求易于使用、无障碍的自助方式来构建端到端的数据管道。因为不断变化的数据模式很难预先定义，且花费时间来协商如何分配生产能力既麻烦又低效。
- 寻找"无障碍"解决方案：例如，采用无服务器的数据湖架构可以在共享的基础设施上为公司内的所有数据使用者提供快速、自助式的数据接入和分析能力。
- 撰写详细的解决方案：可以将数据湖中心的分析架构视为一个由 6 个逻辑层组成的堆栈，每层都包含多个组件：
  - 获取层
  - 存储层，其中包括三个独立的区域，分别是原始数据区、清洗、管护（curated）
  - 目录和搜索层
  - 处理层
  - 消费层
  - 安全和治理层

因为没有一个万能的解决方案，所以下面列举几个例子来展示健壮的数据采集架构和管道如何更好地服务于 AI 和分析解决方案、提高解决方案的速度并对其进行扩展。

1. 示例：XenonStack

如图 3-12 所示，XenonStack 的大数据获取架构由 6 个主要层次组成：数据获取、数据收集、数据处理、数据存储、数据查询和数据可视化。

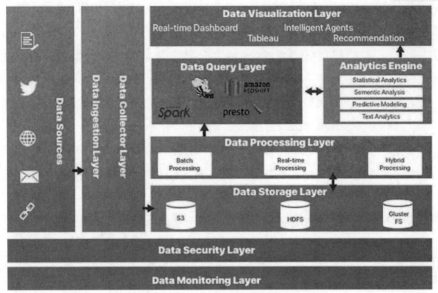

图 3-12   XenonStack 大数据获取架构

2. 示例：Red Hat/IBM

如图 3-13 所示，Red Hat 的数据获取管道结合了对象存储和 Kafka 流。

图 3-13   Red Hat 数据管道获取

3. 示例：AWS 无服务器架构

如图 3-14 所示，在 AWS 无服务器架构中，Lambda 是主要的（无服务器）组件，但它与 AWS Glue 接口，以用 Scala 或 Python 来运行大规模的工作负载。此外，还有一个更全面的 AWS 数据获取架构图，其中涉及更广泛的 AWS 资源配置（图 3-15）。

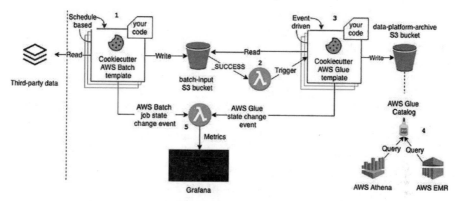

图 3-14　AWS 无服务器（Lambda）数据获取架构

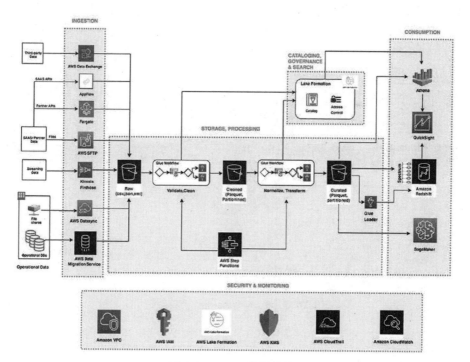

图 3-15　AWS 数据获取

4. 示例：Databricks 与 Apache Spark

图 3-16 这个 Databricks 的示例展示 Apache Kafka 和 Spark 是如何为流式分析以及 AI/BI 报告提供接口的。本章最后一个动手实践的主题是 Databricks 与 Apache Spark。

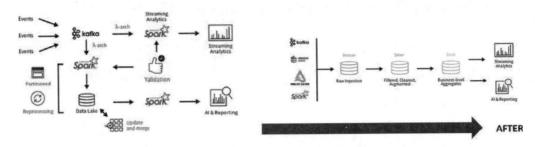

图 3-16   Databricks 与 Apache Spark

5. 示例：Snowflake 工作负载管理

最后，图 3-17 展示了 Snowflake 的架构设计，其目标是确保数据管道的性能与企业环境中的工作负载管理和资源竞争相一致。

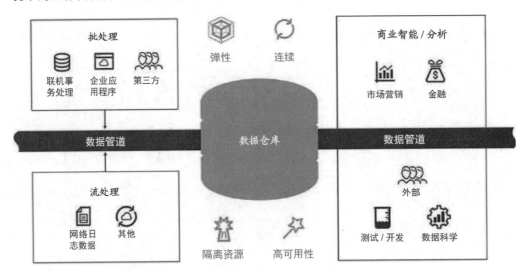

图 3-17   Snowflake 工作负载管理

> **动手实践 3-6　数据管道编排**

有了这些架构良好的数据管道作为参考，我们将在下面的最后一个动手实验中探索如何自己实现一个数据管道，并利用一个业界领先的大数据处理工具来扩展我们的 AI 解决方案。

使用 Apache Spark 的 Databricks

这个练习的目标是利用 Apache Spark[①] 的大数据处理能力，配合 fbprophet 运行区域和产品级别的预测，这种用例在跨国公司中很常见，星巴克目前就采用了这个方法。

1. 注册 Databricks：注册 Databricks 社区版（Databricks Community Edition，DCe），登录并创建一个集群。

2. 通过在浏览器中粘贴以下链接来导入笔记：https://databricks.com/wp-content/uploads/notebooks/fine-grained-demand-forecasting-spark-3.html，选择 Import Notebook（导入笔记本）并复制 URL。

3. 连接到集群并导入库。

4. 访问 www.kaggle.com/c/demand-forecasting-kernels-only/data 下载数据。向下滚动并选择 download all（全部下载）（需要接受 Kaggle 竞赛规则）并解压 train.csv 文件。

5. 将数据导入到 Databricks 文件系统（Databricks Filing System，DBFS）中，在 Databricks 控制台中启用管理员权限。

6. 按照说明，在笔记本中使用 fbprophet 运行基线预测。

7. 使用数据管道，利用 Apache Spark 将预测扩展到每家店和每个项目组合。

小结

以上最后一个动手实践为这一章画上了句号。在本章中，我们介绍了 AIaaS（人工智能即服务）背景下的数据获取，探讨了企业目前面临的挑战，即如何处理海量的可用数据、如何存储数据、如何使用云服务处理数据以及如何编排各种不同的数据源。理想情况下，这个过程可以通过一个无缝的、自动化的数据管道来完成。

① Apache Spark 是用（静态类型的）Scala 编写的，以便更快进行编译，但在本次动手实践中，我们要使用 Python。

在下一章中，我们将快速了解一下机器学习。由于读者应该已经熟悉了大多数核心概念，所以我们的主要目的是将机器学习用作深入了解深度学习（在后续章节中）的桥梁。不过，我们也将为成功实施机器学习制定最佳实践的路线图，其中将涵盖关键的数据整理、训练、测试、基准测试、实施和部署阶段。

第 4 章

云机器学习

从高德纳咨询公司发布的技术成熟度曲线中转变的角度来看，机器学习早已经过了"期望膨胀的峰值期"，然而，它仍然是目前大多数企业和组织使用的核心 AI 技术。

在进一步研究深度学习之前，我们将在本章中快速回顾云是如何应用机器学习的。正如第 1 章所述，我们期望读者对机器学习已经有了一定程度的了解，因此我们假定读者已经基本掌握监督学习和无监督学习的基本知识。

因此，本章是对机器学习机制的快速介绍，覆盖从数据导入到探索性数据分析（EDA）和数据整理（清洗、编码、归一化和缩放）以及模型训练过程的关键步骤。我们将研究无监督（聚类）技术和监督式分类和回归以及时间序列方法。随后，解释结果，并比较多种算法的性能。

我们将以推理过程和把模型部署到云端作为结尾。在下一章中更广泛地研究了神经网络和深度学习之后，我们将在第 6 章再次回顾机器学习，并重点关注对 AI 越来越重要的 NoLo code UIs（无代码 / 低代码用户界面）和 AutoML（自动化机器学习）工具的使用：Azure Machine Learning 和 IBM Cloud Pak for Data。

4.1　机器学习基础

正如第 1 章所提到的那样，机器学习可以使计算机从复杂数据中进行推理。下面给出几种主要类型的高层次定义，重点关注这些机器学习方法的内在差异：

- 监督式：在已知所需的目标或标签输出的数据点上进行训练
- 无监督：没有可用的标签输出，但机器学习被用来识别数据中的模式
- 半监督：首先对大量无标签数据进行无监督机器学习，然后对已标记数据进行监督式机器学习
- 强化学习：通过最大化奖励 / 分数来训练机器学习模型

4.2　监督式机器学习

在基本面上，有两种类型的机器学习：监督式机器学习和无监督机器学习（图 4-1）。强化学习有时被认为是第三种类型，尽管它也可以认为是无监督学习的一种。

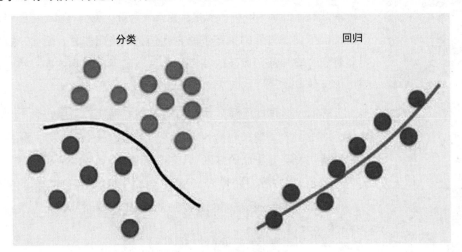

图 4-1　监督式分类与回归

4.2.1　分类和回归

区分监督式机器学习和无监督机器学习的是"已标记"或"基准真相"数据，也就是我们希望训练模型预测的特定目标字段或变量。

　　监督式机器学习有两种主要类型 ①：分类（classification）和回归（regression）。分类中的标签或目标变量是离散的（通常是二元的，但有时是多类的），但在监督式回归问题中，标签是连续的。监督式分类问题的目标是找到一个决策边界，将（训练／测试）数据集划分为单独的类，而监督式回归问题的目标是找到一个最佳拟合线——对于线性回归是一条直线，对于非线性回归则是一条曲线，如前面的图 4-1 所示。

　　一个关键的行业机器学习应用是使用分类技术来确定客户是否可能流失（或不流失），而预测客户收入是回归技术的一个例子。在这两种情况下，用于预估或预测目标变量的特征（feature）通常是客户属性，往往包含交易和人口统计信息，但也可以包含行为或态度数据，比如网页上停留的时间或参与社交媒体讨论时的情绪。

4.2.2　时间序列预测

　　如第 1 章所述，在预测中使用人工智能是目前的一个热门趋势。我们将在下一章中探讨神经网络和深度学习在时间序列预测中的具体应用，并在第 6 章中介绍 AutoAI 方法 ②，不过，还有很多机器学习应用可以扩展传统的回归技术，比如自回归（autoregression，AR）、移动平均（moving average，MA）、自回归移动平均（autoregressive moving average，ARMA）、自回归综合移动平均（autoregressive integrated moving average，ARIMA）和季节性自回归综合移动平均（seasonal autoregressive integrated moving-average，SARIMA）。

　　脸书（Facebook）的开源时间序列预测算法 fbprophet 尤其受欢迎。③ 该算法可以自动对具有非线性趋势、季节性和节假日效应的时间序列数据进行预测，并捕捉时间序列的四个关键组成部分：长期趋势、季节性变化、周期性变化和不规则变化。机器学习的实践中，往往不会只依靠一种方法，而是通常使用多种算法技术（比如 ARIMA，fbprophet 和 RNN）并进行比较，然后针对特定预测用例选择最终模型。

---

① 如果认为时间序列预测与回归不同的话，则是三种类型。我们将在下文单独讨论这个问题。
② 例如，IBM Cloud Pak for Data 中的 AutoAI 功能可以自动化时间序列预测。
③ 领英于 2021 年 5 月发布了开源 Python 预测库 Greykite，它可能具有速度和准确性方面的优势：
　　https://engineering.linkedin.com/blog/2021/greykite--a-flexible--intuitive--and-fast-forecasting-library。

动手实践 4-1　fbprophet 入门

预测建筑行业的需求

本次练习将在 Jupyter Notebook 中使用 Python，目标是将 fbprophet 作为预测的加速器进行介绍。在这个具体的案例中，我们将预测英国的季度性住房需求。不过，代码示例的适应性较高，可以轻松地替换为其他行业 / 产业的预测数据。

1. 克隆 Github 存储库：https://github.com/bw-cetech/apress-4.2.git。

2. 在 Colab 中运行笔记本，[①] 浏览代码示例。

3. 代码将执行以下操作。

　　a. 导入 fbprophet（现已更名为 prophet）。

　　b. 从英国国家统计局导入建筑数据。

　　c. 将数据处理为所需的格式（显示英国公共住房产出的季度时间序列）。

　　d. 从数据中获取 fbprophet 的预测组件。

　　e. 输出对未来 10 年的预测。

4. 练习（拓展）：重复练习以进行月度预测。

5. 练习（拓展）：自动化数据导入以读取最新数据（即获取最新季度的数据）。

4.3　无监督机器学习

无监督机器学习的目标是识别数据中隐藏的模式，特别是在没有已标记数据来指示我们的情况下。聚类是预测建模技术，但在这一节中，我们还将看到如何利用无监督机器学习来简化"大数据"数据集。

4.3.1　聚类

在无监督机器学习中，没有已标记数据或基准真相，因此在这种情况下，预测建模的目标是识别出底层数据中未见过的模式。这些模式被识别为聚类（clustering），通常跨越多个维度，其中簇内距离（一个聚类中的数据点之间的距离）被最小化，而簇间距离（分开的聚类之间的距离）被最大化。

---

① 在 Colab 中不需要安装 fbprophet。

由于无监督聚类具有在大数据集中（这些数据集可能包含成百上千，甚至更多的参数和特征）找到隐藏模式的固有能力，因此无监督聚类非常适合挖掘埋藏在 CRM 平台（或多个系统）中的客户数据，以及进行异常检测。给定特定数量的分组（聚类），无监督机器学习方法可以发现具有某种共性的客户群体（比如高消费，低到中等收入，居于特定区域等）。同样，在对数据进行无监督机器学习模型训练后，数据中的异常会以孤立的聚类的形式突显出来，如图 4-2 所示。

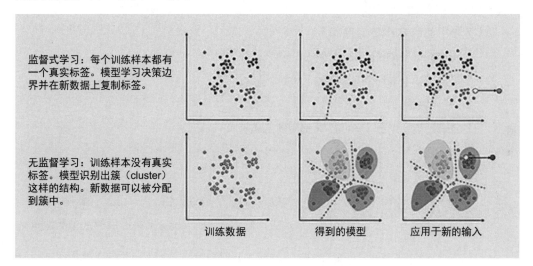

图 4-2　监督式和无监督机器学习的对比（来源：ResearchGate）

4.3.2　降维

降维（dimensionality reduction）也被认为是一种无监督技术。它的主要思想是使用机器学习算法来简化（减少）数据，基础特征通常会从几千个降到几十个。

数据降维的过程当然可以通过手动方式（通过删去不需要的特征）或通过算法自动进行。主要使用的无监督技术是主成分分析（principal component analysis），其中数据被折叠成在统计上类似于原始数据的形式。虽然这种方法可以大大减少数据集并提高运行时（runtime）和性能，但严格来说，它并不是一种常规意义上的机器学习建模技术，因为这种情况下的结果是另一个数据集，就算被压缩，也仍然是一个数据集，而不是一个训练好的模型。

动手实践 4-2　无监督机器学习（聚类）

应用于航空 LIDAR 点云数据集的 *K*- 均值算法

本次练习将在 Jupyter Notebook 中使用 Python，目标是将无监督机器学习技术（使用 *K*- 均值算法[①]）应用到一个 LIDAR 数据集上，其中，一个未标记的点云（point cloud）[②]代表一个机场航站楼。

1. 克隆下面的 Github 存储库：

   https://github.com/bw-cetech/apress-4.3.git

2. 逐步浏览 Jupyter 笔记本中的 Python 代码：

   a. 导入数据

   b. 快速选择点云——将数据压缩到二维空间

   c. 点云过滤

   d. *K*- 均值聚类实施

3. 练习：绘制一个肘部图（elbow plot）以比较不同的 *k* 值。*k*=2 是最优解吗？

4. 练习（拓展）：尝试将同样的技术应用到前面 GitHub 链接中提供的汽车数据集。

4.4　半监督机器学习

严格说来，半监督机器学习是被视为一种独立的技术，它本质上包含两个过程：无监督机器学习和监督式学习（分类或回归）。因此，半监督机器学习在训练时既会使用无标记数据，也会使用已标记数据——通常是大量的无标记数据和少量的已标记数据。

未标记数据的获取成本低且工作量较小，因此会使用大量的无监督数据。一旦标记数据的成本（经常涉及请主题专家进行注释）过高，以至于无法全部使用已标记数据来进行训练时，半监督学习就非常有用了。

基于以上原因，寻求扩大 AI 策略的企业和组织常常采用半监督机器学习。不过，一

---

① 和 *K*- 均值相比，对于特征丰富且倾向于具有大量分类变量（如依赖项、互联网服务类型、安全协议、流媒体、支付类型等）的 Telco 数据集，*K*- 模态更为实用。举例来说，可以参阅 https://medium.com/geekculture/the-k-modes-as-clustering-algorithm-for-categorical-data-type-bcde8f95efd7。

② 点云是空间中的一组数据点。

些应用只依赖于几张已标记的训练图片 [①] 就能够取得高性能，比如在（质量较低的）网络摄像头上识别人脸的应用。

4.5　机器学习的实施

掌握了关键概念之后，让我们看一下实施机器学习模型的过程。尽管机器学习从来不像我们希望的那样线性，但如下所示，该过程基本上开始于数据导入，然后进行探索性数据分析（EDA），接着是数据处理，其中涉及下面描述的一系列子过程，再然后是建模和性能基准测试，最后进行部署。

第 2 章和第 3 章已经探讨过设计思维、数据挖掘和数据导入。在接下来的小节中，我们将探索从 EDA 到性能基准测试的每一个子过程，而部署将安排在第 7 章中讨论。

图 4-3　机器学习过程

4.6　探索性数据分析

探索性数据分析（exploratory data analysis，EDA）通常是在导入数据源后进行，但在导入之前，也可以开展一些基础工作。主要的活动是理解数据，首先进行基本分析——例如查看数据集的大小（数据文件的数量，每个文件的行和列的数量等），查看顶部和底部的行、[②] 数据类型和高级统计信息。

在这个基本的 EDA 之后，第二个过程涉及进一步深入并检查缺失值的数量、每列中的特定值以及这些值的频率，等等。在处理较大的数据集（例如，有 20 以上的列）时，我们可能会查看特定的列 / 字段名，大致了解哪些字段 / 变量可能是好的预测因子，哪些可能是目标变量。

虽然最初只希望通过这些 EDA 任务来输出或显示关键指标，但我们最终会使用图形分析来将数据可视化。首先是单一特性的图表（例如，用于分布的直方图和用于异常值的箱形图），然后是多特性的图表，用于查看特性如何随目标变量的变化而变化（例如，通

---

① 因此，"半监督"在这里其实指的是部分标记，而不是"从无监督到监督式"的两步过程。
② Python 的 .head 方法和 .tail 方法。

过两两关系图（pairplot）) 或通过散点图等图表来进行多特性分析（例如，用于连续变量的皮尔逊相关系数或用于分类变量的斯皮尔曼等级相关系数 [①])。

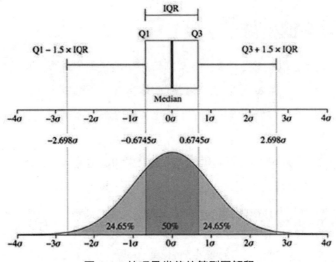

图 4-4   处理异常值的箱型图解释

4.7   数据整理

EDA 涉及对数据的被动观察， [②] 数据整理则致力于以某种方式主动改变数据。这里有一些子过程，如下面所述，它们是一系列步骤，尽管许多是迭代的，取决于数据集，可能有许多回溯到早期的子过程。

数据清洗（data cleaning）主要处理不完整的数据，也就是缺失的值，但除此以外，也可能有一些额外的任务，比如格式化或处理无效数据（比如负数年龄或工资）、不准确的数据（在数据源应用了错误的公式，例如利润）、删除重复项和处理异常值。处理缺失值时需要决定：（1）数据是否可以直接丢弃（例如，当某列中的缺失值少于 1% 时丢弃行，或者当稀疏度大于 97% 时丢弃列）；（2）替换为代理值：对于正态分布使用平均值，对于偏态分布用中位数，对于分类变量使用众数；（3）当需要更高的复杂性和更精细的性

---

① 相关性值的范围在 −1 到 1 之间，其绝对值决定了关系的强度。如果这个值是负数，则说明两个变量之间有反向的关系，即一个变量增加，另一个变量减少，反之亦然。斯皮尔曼等级相关性其实就是将数据的值转换为等级（或排名），然后再对这些等级进行皮尔逊相关性计算。

② 虽然是被动的，但良好的数据科学还包括在过程中随时记录发现，这在 Python 笔记本中通常使用注释或标记过程来完成。

能调整时使用插值。

数据清理还包括处理异常值。异常值在机器学习中可能会引起过拟合，但同样，异常值也对构建复杂的模型有着重要的作用。最终，在做出是否移除异常值的决定时，通常还会考虑到下文中的归一化和缩放技术。[①]

- 编码（encoding）：涉及将文本（字符串）数据转换为数字格式。大多数机器学习算法要求所有数据都为数值格式[②]。这可以通过两种方式来实现：当字段值有一个底层顺序时（例如，在电影评级中，好评为 2，中评为 1，差评为 0），使用序号编码（ordinal encoding）；当字段值没有固有的顺序时（例如，性别），就使用名目编码（nominal encoding）。名目编码通常称为独热编码（one hot encoding），因为转换后的数据看起来很像二元机器语言，其中在处理性别时，通常会创建两个列，一列代表女性（取值为 0 或 1），一列代表男性。[③]
- 归一化（normalization）：归一化是将字段/变量的偏态分布转换为正态分布的过程。对于右偏分布，通常使用对数转换，对于左偏分布，则使用幂转换。
- 标准化（缩放）：指的是将数据归入同一规模的过程。对正态分布的数据使用的处理方式与偏态分布的数据是不同的：在 Python 中，对于正态分布，使用 StandardScaler；对于偏态，使用 MinMaxScaler 或 RobustScaler）。

4.7.1　特征工程

特征工程（feature engineering）是一个选择在预测模型中使用哪些特征的过程（也就是在机器学习训练过程中），一些人认为它包含在数据整理当中。这个过程是高度迭代的，在机器学习的每次迭代训练过程之前和之后都会进行。

特征工程包括手动处理，例如删除无法在 ML 模型中成为合适的预测变量的变量（例如控制 ID）或添加新的派生特征（derived features），比如计算在客户最后一次购买后过去了几个月。

[①] 对于异常值，一个好的界定标准是任何超出 [−1.5 x 四分位距, 1.5 x 四分位距] 的值。然而，根据这个标准是否过宽或过窄，我们可能需要采用不同的方法。如果过宽，我们可以采用限制法，只关注落在 [第 5 百分位，第 95 百分位] 以外的值；如果过窄，我们可以考虑关注偏离平均值三个或更多标准差的值。另外，作为预处理，进行聚类也是一种可选的策略（具体可以参考前文中的无监督机器学习部分）。

[②] 分类和回归树（CART）方法是个例外，比如决策树和随机森林。

[③] 通常只需要实现一个列/字段，例如，对于"女性"，"男性"可以认为是"女性"这一列的补充。

特征工程通常也包括在探索性数据分析（EDA）期间查看相关性图的后处理。两两关系图（无论是皮尔逊或斯皮尔曼）告诉我们两件事：各个特征与目标变量的关联程度（因此也能判断出哪些特征可能是强预测变量）以及各个特征之间的关联程度。

至于后一种情况，需要小心避免多重共线性（multicollinearity），这是一种可能扭曲模型性能并产生模型偏差的变量依赖性。如果怀疑存在变量依赖性，可以计算连续变量的方差扩大因子（variable inflation factor，VIF），并对分类变量进行卡方检验（chi-square test）。

特征工程还包括一些自动化技术，比如 KBest（选择能够最好地解释目标变量方差的 K 个特征）或递归特征消除（recursive feature elimination，RFE），这种方法在拟合模型后逐渐消除特征，直到达到预定义的特征数量。

4.7.2 混洗和数据分割 / 拆分

像特征工程一样，混洗和将数据拆分为训练集和测试集也可以视为数据整理的一部分。我们通常将 70/80% 的数据用于训练，30/20% 的数据用于测试。这在 Python（sklearn 库）中使用 train_test_split 函数实现。默认情况下，数据会被混洗，使得行的选择 / 拆分是随机的（即防止非随机分配的行和可能出现的模型偏差）。

通常还会进一步随机化，以使非随机分配的概率几乎可以忽略不计。这种技术，K 折交叉验证，将训练集进一步划分为训练（子集）和验证集。

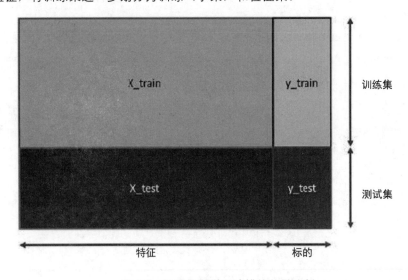

图 4-5 用于机器学习建模的数据分割

4.7.3　采样

在接下来的两节中，我们将探索算法过程和性能基准测试。由于它具有高度的迭代性，所以数据处理也包括许多通常在进行多次模型运行后才执行的任务。归一化和缩放两种这样的技术，如果只是要让模型"动起来"的话，这些技术并不总是必要的，有了稳定的模型过程后，往往用它们来进行微调。采样也是这样的技术，特别是应用于不平衡数据集的过采样或欠采样。

大多数数据集本质上都是不平衡的。[①] 以欺诈检测为例，与非欺诈交易的数量相比，欺诈交易的数量通常少得多。在网络安全中也是如此，要想在良性网络活动的海量数据中找到 DDoS 攻击，难度堪比大海捞针。

在处理不平衡数据时，随机欠采样（random undersampling）指的是只对多数类进行充分采样，使得多数类和少数类的样本数量大致相同。对于随机过采样（random oversampling），我们会合成数据（复制少数类的数据以达到相同的效果）。

欠采样或过采样往往是决定模型性能高低的关键，尽管欠采样有可能丢失对模型有价值的数据信息，而过采样可能会导致过拟合。

我们将在第 8 章中讨论欠采样的一个特定应用：SMOTE（synthetic minority oversampling technique，合成少数类过采样技术）。

动手实践 4-3　端到端整理

使用 Kaggle API 密钥进行信用风险建模准备

本练习将在 Google Colab 中使用 Python，目标是将 EDA 和数据清洗技术应用到一个常见的银行业务挑战，也就是检测和预测客户信贷风险。

1. 克隆 Github 存储库 https://github.com/bw-cetech/-apress-4.4.git。
2. 参考 Colab 中左侧目录的 toC，按照以下步骤操作。
   a. 导入库。
   b. 配置。
   c. 使用 Kaggle API 密钥直接连接到数据集。
   d. EDA。

[①] 或者，更糟糕的是特征偏差，指的是在数据集或建模过程中多个特征存在统计偏差。

e. 数据整理。

f. 特征选择。

3. 进入笔记本的建模部分，进行基线运行，然后在某些特定特征被缩放的场景下运行。

4. 练习：通过运行更多次并改变数据/增强特征工程的流程来尝试提高模型性能。

5. 练习：重复同样的操作，但这次在多个算法中并行运行。

4.8 算法建模

在将数据分割成训练和测试集（或训练、验证和测试集）之后，就准备好"拟合"模型了。算法技术接受训练数据并将算法拟合到模型中。[①] 模型经过训练后，就使用 sklearn 中的 .predict() 函数，将测试数据放入已训练好的算法中，以便对模型的预测/预测进行基准测试。

本书以实践为主，聚焦于构建 AI 应用，而不是对机器学习或深度学习算法机制的理论（并且往往不切实际[②]）讨论。话虽如此，本章以及其他章节中的许多实践都展示了如何应用基础的机器学习和深度学习算法，并有许多关于如何微调并在后续章节的最大化建模价值的最佳实践。

表 4-1 和表 4-2 总结了主流的机器学习算法及其优点和缺点。在下一节的动手实践中，会在三个不同的数据集上训练多个机器学习（以及一个深度学习）算法，并比较其性能。

表 4-1　监督式分类算法

算法名称	优点	缺点
朴素贝叶斯	基于类的条件概率的简单模型。易于实现	它假设所有特征都是独立的，而这种情况很少见
逻辑回归	直观，易于理解——输出是概率性的	在处理多重或非线性决策边界时表现不佳
CART/随机森林/梯度提升树/CatBoost1	能够学习非线性关系，对异常值鲁棒	如果未加约束（通过约束/使用集成来缓解），容易过拟合

---

① 在 k 折交叉验证的情况下，每一次迭代都要针对验证集进行测试，一共 k 次。
② 可以参见第 1 章对技术债的讨论。

（续表）

算法名称	优点	缺点
支持向量机	能够模拟非线性决策边界；在高维空间中对异常值相当稳健	内存消耗大，难以调优，不适合处理较大的数据集
多层神经网络（深度学习）	在分类音频、文本和图像数据时表现非常好	需要大量的数据来训练，并不适用于一般目的

表 4-2　监督式回归算法

算法名称	优点	缺点
线性回归	直观，易于理解	在处理非线性关系时表现不佳
Lasso、Ridge 和 Elastic-Net	正则化：惩罚过大的系数以避免过拟合	复杂的超参数调优
回归树（CART）/ 随机森林 / 梯度提升树 / XGBoost/LightGBM/ CatBoost	能够学习非线性关系，对异常值鲁棒健	如果未加约束（通过约束 / 使用集成来缓解），容易过拟合
K 近邻	简单的搜索最相似的训练观察的方法	内存消耗大，在处理高维数据时表现不佳
多层神经网络（深度学习）	可以学习极其复杂的模式，对高维数据有高效的学习能力，擅长计算机视觉和语音识别	计算量大，需要高度专业知识进行调优。不适合一般目的，因为需要大数据进行训练

　　如图 4-6 所示，对于无监督机器学习，K- 均值是主要的算法，但也有包括层次聚类在内的几种变体。神经网络（特别是自编码器[①]）也可以用于无监督机器学习或深度学习，而主成分分析（前面讨论过）本质上也是一种无监督机器学习算法。

---

① 第 5 章将讨论自编码器。

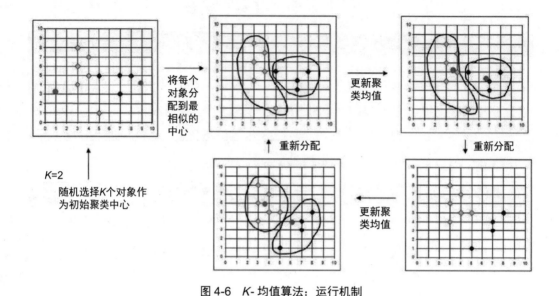

图 4-6   K- 均值算法：运行机制

4.9   性能基准测试

构建一个 AI 应用需要不断的训练和测试，而知道如何对性能进行基准测试和使用哪些度量却是关键的开销。将模型输出和基线进行比较总是不失为一个好主意。

对于监督式分类模型，这可能是一个随机为测试集中的每个数据点分配类别的模型，或者是一个使用所有可用特征的模型（除了与运行时错误相关的数据清洗——例如删除缺失值，对文本数据进行编码等——之外，所有特征都保持原状），后者本质上是一个没有进行"特征工程"的模型。对于监督式回归模型，则常常使用持续性预测（persistence forecast）作为基线，其中的预测只是"持续"（即，重复）测试集中的数据模式，例如，前一天、前 7 天或前一年等。与分类模型一样，运行一个包含所有特征的基线模型是个好主意，以便与后续更精细的特征工程的运行进行比较。

以上基线对于让监督式机器学习启动并运行很有用，但在进行 5 到 10 次模型迭代后，就需要更精细的方法了。如表 4-3 和图 4-7 所示，有许多度量可以用来判断模型的表现。

无监督学习没有已标记数据，所以对照基线进行基准测试是没有意义的。不过，在这里，可以使用诸如簇内平方和这样的度量来了解模型输出的数据簇中的数据是多么紧密地聚集在一起的。

表 4-3　机器学习性能指标

指标 / 基准	描述	机器学习类型
准确率	分类器正确分类的比例是多少？	监督式分类
召回率	正确预测的真阳性案例的比例：TP/(TP+FN)	监督式分类
精确率	正确预测的比例：TP/(TP+FP)	监督式分类
F 值	真阳性率（召回率）和精确率的加权平均值：2 * 召回率 * 精确率 /（召回率 + 精确度）	监督式分类
混淆矩阵	与实际结果相比，正确和错误预测的数量	监督式分类
分类报告	显示模型的精确率、召回率、F1 和支持分数	监督式分类
ROC 曲线 /AUC	灵敏度和特异度之间的权衡	监督式分类
均方根误差 （RMSE）	预测值和实际值之间的平均误差的平方根	监督式回归
R2 （决定系数）	对模型预测值和实际值的匹配程度的度量	监督式回归
方差	由于过拟合而对小变化过于敏感所导致的误差	监督式回归

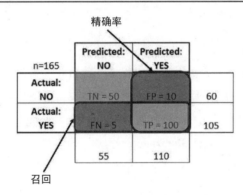

图 4-7　混淆矩阵，召回率 = 100 / (100 + 5) = 0.95，精确率 = 100 / (100 + 10) = 0.91

4.9.1　持续改进

持续改进自然是性能基准测试的一部分，我们不能只依赖静态指标和盲法试验（blind trial）来改善结果。我们应该采用最佳实践，确保能够随着时间的推移超越模型性能的容忍度。

几乎在所有情况下，我们都需要首先回到数据上，批判性地审视用于关键数据清洗任务的方法，比如为缺失值插入代理值。在我们从另一个特征中移除缺失数据时，是否丢失了太多有价值的（其他）特征信息？仅用平均值替换缺失值是否合适？等等。关于信息损失和 / 或模型偏差的一些类似问题，延伸到前面讲过的不平衡数据集的采样方法。

数据的问题进一步扩展到数据获取过程。虽然数据更多并不总是意味着结果更好，但更大的样本在统计上更有可能产生更好的性能。更多的数据也不一定意味着更多的记录或数据行。新的特征往往从现有特征派生出来（比如"自上次购买以来的天数""购买频率"等），并且可能会产生巨大的影响。

无论采取何种粒度的方法，都应该在详尽地重新审查数据之后，才考虑进行进一步的算法测试（并行或其他方式）和超参数调优。

虽然前面的重点是持续改进模型的训练和测试结果，但模型的弹性（resiliency）也是需要考虑的。当下看来很优秀的模型可能下一个月就不再适用了。在最后一章中，我们将探讨数据漂移以及如何通过自动化再训练来缓解这个问题。

动手实践 4-4　机器学习分类器

SKLEARN 回顾

Scikit-learn（或 sklearn）是进行简单的预测性分析和建模的首选。在本次实践中，我们将使用 scikit-learn 的机器学习算法对三个不同的数据集进行比较。

Sklearn 不仅是入门级的 ML，摩根大通、Spotify 和 booking.com 等知名企业还将它广泛用于生产。它基于 NumPy、SciPy 和 matplotlib 构建，除了机器学习的主要算法过程，它还附带一些内置的数据集、预处理、特征工程和模型选择函数及方法。

1. 克隆 python 笔记本，请访问 https://github.com/bw-cetech/apress-4.9.git。
2. 按照笔记本中的描述操作。
   a. 导入三个虚拟数据集。
   b. 缩放。
   c. 并行运行，并将数据拟合到十种不同的算法。
3. 可视化比较各个算法是如何拟合训练数据的。
4. 最后，尝试以下练习。
   a . 提取模型得分（屏幕上显示的原始值列表）。
   b. 只针对 make_circles 数据集隔离多层感知器（multilayer perceptron，MLp）。将其和输入数据绘制在一起，然后在屏幕上放大显示。

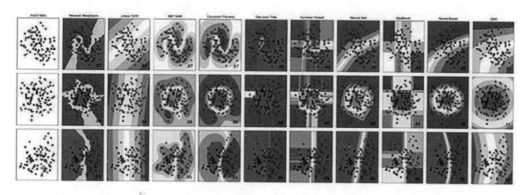

图 4-8　在三种不同数据集上对比十种机器学习算法

4.10　模型选择、部署和推理

前面提到的这些性能指标是初始和最终模型选择的基础。模型选择是一个通常使用自动化技术（比如贝叶斯优化和 AutoML/AutoAI）进行的过程，这是与 AutoAI 有关的第 6 章的主题，到时候再讨论。

机器学习（以及深度学习）的部署是我们将在第 7 章和第 9 章重点讨论的内容，本质上，这是一个将模型部署到生产环境的过程。过程中会对新数据进行推理（inference），即通过模型处理新数据以获取预测结果。

在本章的最后一次动手实践中，我们将进行推理，本质上，其本质与算法建模部分描述的测试预测步骤并无不同。唯一的区别是，这里是将新数据输入到已经训练过的模型中，而不是从测试集中提取样本数据点。

动手实践 4-5　推理

Azure 机器学习：推理 API 测试

本练习的目标是在 Jupyter Notebook 中使用 Python 来完成以下任务。

1. 在 Azure Machine Learning Studio 中，按照以下链接提供的步骤来训练和评估一个机器学习模型，以预测收入是否超过或低于 5 万美元：

   https://gallery.azure.ai/Experiment/3fe213e3ae6244c5ac84a73e1b451dc4

2. 接着，按照以下步骤设置网页服务并执行一个简单的推理测试。

a. 确保模型已经运行，然后设置网页服务。

b. 选择预测性网页服务（推荐）。

c. 运行。

d. 部署网页服务。

e. 点击 reQueSt/ 旁边的 TEST（蓝色按钮）进行简单测试。

f. 用一些默认值（年龄 =12，收入 =45）做展示，客户被预测为"LOW INCOME"（在屏幕底部用小字显示）。

g. 练习：在部署 Web 服务并使用 Consume 下显示的配置设置后，在 MS Excel 中添加 Aazure ML 插件，输入样本数据，然后从 Excel 调用 API。

4.11　强化学习

强化学习涉及实时机器学习（或深度学习），其中包含一个代理 / 环境机制，根据环境对模型的实时反馈（模型的准确率）来对模型的迭代进行奖励或惩罚。

算法主要由以下三部分组成，其目标是通过试错来发现哪些行动能在一定时间内最大化预期奖励：

- 代理（学习者或决策者）
- 环境（代理与之交互的所有内容）
- 行动（代理能做的事情）

尽管本书主要集中于主流商业和组织的应用，但值得一提的是，强化学习的进步总是会引发媒体的大量炒作。本质上，强化学习是驱动谷歌的搜索引擎、自动驾驶车辆、机器人和游戏等工业级应用的基本技术。

小结

强化学习究竟属于机器学习还是深度学习，这可能是个有争议的话题，但现今，巨大的技能差距意味着大多数公司的 AI 应用主要集中于在更常规的机器学习解决方案中建立内部能力。

深度学习代表着组织 AI 成熟度的提升。现在，我们已经完成了这一章对机器学习的快速介绍。在下一章中，我们将讨论云数据驱动的神经网络是如何成为主流的以及它们在深度学习解决方案中有哪些具体的应用。

第 5 章

神经网络与深度学习

在旗舰级或网红人工智能应用中，深度学习以及至关重要的人工神经网络（artificial neural networks，ANN）的使用和预测能力是这些应用的核心。

这一章将探讨神经网络如何消费大量数据以实现操作并最终实现令人叹为观止的复杂预测。

更具体地说，阅读本章的主要收获将是知道如何开始 AI 学习之旅，从了解历史背景，到探索从机器学习到深度学习的企业 / 用户旅程，再到生产化深度学习所需的底层大数据 / 云架构。为了实现这个目标，我们将讨论相关的随机过程理论以及它与神经网络的关系以及用于深度学习的不同类型的神经网络。我们将探索深度学习模式的生命周期，学习如何根据大数据建模和推断，同时还要探讨模型训练和测试过程中的关键诊断工具以及为提升性能可以使用的诸多手段，比如激活函数、池化层和 dropout（随机失活）等。

总的来说，我们的最终目标是了解如何建立正确的（使用了最佳实践的）人工神经网络架构、数据管道和深度学习的基础设施。我们将在本书的其余部分和动手实践中介绍许多 AI 工具，但本章的主要关注点是 TensorFlow、Keras 和 PyTorch。

5.1　深度学习简介

首先要介绍关键概念、历史里程碑、AI 的技术成熟度曲线以及支撑深度学习的神经网络架构。

5.1.1　什么是深度学习

在深入研究神经网络的具体内容之前，我们应该解释一下这些常常被误解的用于解决复杂问题的算法结构与深度学习这个相对较新的概念有何关系。

如今的共识是，深度学习本质上基于人工神经网络，是机器学习的一个子领域，而这两者都是人工智能的子领域。因此，像机器学习一样，深度学习是指让机器自动执行（预测）任务，只不过它底层算法更为复杂且高度非线性。深度这个名字来自于神经网络中的隐藏层，大部分优化和收敛过程都发生于此。

神经网络的发展历史可以追溯到 20 世纪 50 年代，但直至今日，我们才有了足够快的计算机和足够优秀的数据处理能力，能够真正地训练大型神经网络。正是这一点，再加上其固有的性能精密性，使得神经网络作为一种工具在全球的企业和组织中深受欢迎，他们试图从中找到增长收入和优化成本的机会。深度学习的潜力几乎是无限的，正如谷歌大脑[①] 的联合创始人吴恩达所证实的那样，传统算法在处理大规模数据时存在性能限制，而深度学习的性能却会随着训练数据量的增加而持续提高（图 5-1）。

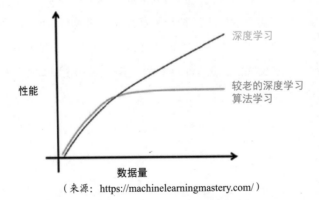

为什么要选择深度学习

（来源：https://machinelearningmastery.com/）

图 5-1　数据科学计数如何随数据量进行扩展

---

① 译注：谷歌大脑是谷歌在人工智能领域中开发的一款模拟人脑的软件，具有自学功能。它有 9 个基础方向研究和 6 个具体领域成果。

目前，媒体所热议的大多数"热门"AI 应用都是基于深度学习的解决方案：从无人驾驶汽车（自动驾驶车辆）到搜索引擎、计算机视觉／图像识别、聊天机器人和投资组合优化与预测。

5.1.2　为什么现在是深度学习的时代

虽然大多数人认为 20 世纪 50 年代是深度学习发展历程的关键里程碑（因为现代计算机诞生于那个时候），但实际上，在过去的 20 到 25 年间，深度学习的潜能才真正爆发出来。这在很大程度上得益于半导体技术的迅速发展，为个人电脑和笔记本电脑提供了强大的处理能力。以下是这一时期的一些关键节点。大众之所以普遍认为深度学习是数字化企业和组织的关键差异化因素，正是因为这些事件起到了巨大的贡献。

- 1997 年，IBM 的深蓝（Deep Blue）在国际象棋比赛中击败加里·卡斯帕罗夫。
- 2011 年，IBM 开发的沃森（Watson）在智力竞赛节目《危险边缘》中获胜。
- 2012 年，ImageNet 竞赛——AlexNet 深度神经网络在视觉对象识别中显著降低了错误率。
- 2015 年，Facebook 将深度学习技术 DeepFace 投入运营，自动标记和识别用户在照片中的身份。
- 2016 年，谷歌 DeepMind 算法阿尔法狗掌握了复杂的围棋算法，并击败了李世石，后者是世界上最优秀的职业围棋选手之一。

这些事件受到媒体的广泛报道。同时，行业深度学习解决方案的可扩展性不断提高，这些因素共同导致雪球效应，推动了深度学习的商用普及。

5.1.3　AI 与深度学习的炒作周期

虽然前面提到的深度学习的重大里程碑为希望通过采用深度学习技术和解决方案获得投资回报的公司开了绿灯，但整个 AI 领域仍然有较大的泡沫和炒作，如图 5.2 所示的高德纳咨询公司所发布的技术成熟度曲线所示。

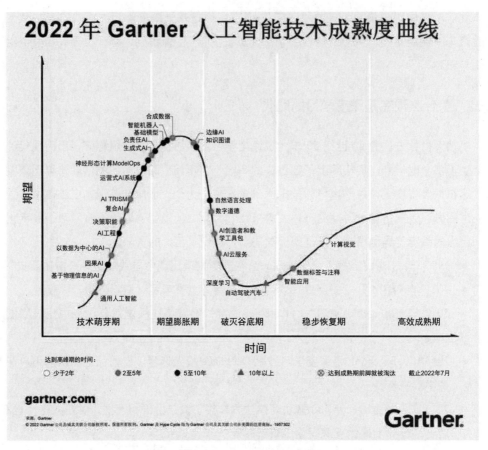

图 5-2 高德纳咨询公司所发布的 AI 技术成熟度曲线

这种炒作部分源于无知,部分源于科幻小说。在工作环境中,AI 意味着增强(Augmented)智能,而不是人工智能。人工智能往往被误解为电影中的通用型人工智能以及各种可怕的灾难性前景。[1]

如今,人们通常认为真正的增强智能已经发挥其潜能,为企业和组织带来了实质性的利益,这受到了新冠疫情所带来的数字化加速的推动,例如:

- 疫情期间的聊天机器人支持
- 将深度学习应用于医疗诊断
- 用于测量社交距离的计算机视觉
- 用于衡量重新开放经济的影响的机器学习建模

---

[1] 没有人真的想看到那种情况发生,尽管世界各地的研究实验室可能正在进行相关的研究。

进入 2022 年后，关注点转向疫情后 AI 和深度学习的民主化，曾经积累了许多技术债且知识专业又小众的项目，逐渐在更广泛的关键干系人生态系统（所有员工和客户）中获得了支持和理解。同样，AI 的工业化也成为重点的议题，推动着 AI 解决方案的可复用性、可扩展性和安全性的发展。[①]

5.1.4　高级架构

如前所述，深度学习拓展了机器学习的能力，使它能够使用神经网络来解决庞大复杂的大数据业务问题。为了加速内部计算，计算重载（computational overload）通常通过集群或图形处理单元（GPU）上的并行处理来实现。

如我们将在本章后面看到的那样，繁重的计算是人工神经网络（ANN）中进行的。这些 ANN 受到人类大脑结构和功能的启发，是深度学习的基础。一个简单的图解表示如下：

- 两个隐藏层，每层有四个节点（或神经元）
- 四个输入
- 一个输出

如图 5-3 所示，大部分人工神经网络（ANN）以及深度学习模型的架构都能追溯到这种基本的结构。为了理解这些 ANN 的实际运作方式以及如何利用它们进行预测，我们接下来将要进行本章的第一个动手实践。

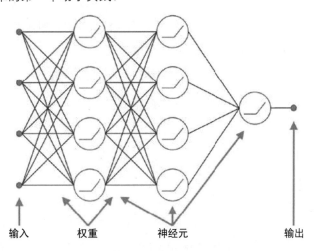

输入　　　　权重　　　　神经元　　　　输出

图 5-3　典型的 ANN 架构

---

① 这两个趋势是以 AI 应用程序开发为主题的第 7 章的核心内容。

动手实践 5-1　TensorFlow Playground

如今，深度学习离不开 TensorFlow。TensorFlow 是谷歌所开发的开源 AI 库。我们将在后面详细介绍这个工具以及其代码本身（通过 Keras、Python 的 TensorFlow 接口），但我们首先将从宏观的角度出发，看看在使用这个工具训练人工神经网络（也就是深度学习模型）时到底发生了什么。

深度学习可视化

本次实践的目标是熟悉人工神经网络，了解如何导入数据以及如何训练它来预测输出。

1. 访问 https://playground.tensorflow.org。
2. 注意屏幕左侧的数据配置，有四个样本数据集可供选择，每个数据集由一组 x_1 和 x_2 坐标定义。
3. 神经网络从左到右的架构显示在中央，这就是特征（数据集中 x_1 和 x_2 坐标的变换）通过网络的隐藏层和输出层的过程。
4. 顶部显示了一些超参数（用于微调建模过程），我们将在本章后面讨论它们。
5. 注意问题类型被设置 classification（分类），我们的目的是预测数据属于蓝色还是橙色组。
6. 尝试用第一个（同心圆形状的）数据集，尝试更改特征的数量、隐藏层的数量以及每层神经元的数量，观察模型收敛（损失接近于 0）的速度。可以发现，拥有的隐藏层和神经元越多，收敛速度就越快。
7. 练习：尝试在最复杂/非线性的（螺旋形状的）数据集上训练模型，看看需要多长时间（多少个 epoch）才能把损失降到 0.05 以下。
8. 拓展练习：找到一个适合的配置，能在 500 个 epoch 内使损失降到 0.01 以下。

5.2　随机过程

在进一步研究当下实际进行行业应用的各种神经网络类型之前，我们首先需要探索一些基本的概率论，了解在 ANN 中进行的一些错综复杂的过程。

5.2.1 生成式模型与判别式模型

理解深度学习模型如何工作的关键概念之一是区分生成式模型（generative model）和判别式模型（discriminative model）。

判别式模型和生成式模型都被应用于执行机器学习和深度学习。区别在于，判别式模型基于条件概率 $p(y|x)$ 进行预测，寻找类别间的决策边界，并用于监督式学习，而生成式模型则通过显式建模每个类的实际分布，根据联合概率分布 $p(x, y)$ 来预测条件概率，并用于无监督特征学习。

为了理解这个概念，考虑要将一种语言分类为两种语言的情况。我们可以利用语言模型中的差异（判别式）来将其分为两类，也可以学习每种语言（生成式）。

因为神经网络试图探索哪些输入特征（x）会对应到输出结果（y），并在输入之间进行区分，所以它们使用的是判别式模型。

5.2.2 随机游走

理解神经网络的另一个重要概念是随机游走（random walk）。

随机游走是一种随机过程，描述一个由一系列随机步骤组成的路径。假设一个人每次到十字路口时都要扔两次硬币来决定是要前进、后退、左转还是右转，那么我们可以将二维随机游走可视化：

- 正面，正面——前进
- 正面，反面——右转
- 反面，正面——左转
- 反面，反面——后退

我们很快将在本节的动手实践中创建一个这样的二维随机游走。

这里有一个重点是，随机游走的每一步结果都有相等的概率。随机游走对图像分割等应用而言非常重要，在图像分割中，随机游走用于确定与每个像素相关联的标签（即"物体"或"背景"）。它们也被用于采样大规模的网上数据，比如社交网络。

5.2.3 马尔可夫链和马尔可夫过程

马尔可夫链是一种描述可能事件序列的随机模型，其中每个事件的概率都只依赖于前一个事件的状态。

马尔可夫链的定义特性是，无论该过程是如何到达其当前状态的，它可能的未来状态都是固定的。实际上，马尔可夫链是没有记忆的，过程未来状态的条件分布只取决于当前状态，而与过去的状态完全无关。

为了帮助理解，请考虑另一个与赌博有关的例子——在一系列独立公正的硬币投掷的结果上下注：

- 如果是正面，他/她就赢得一美元
- 如果是反面，他/她就输掉一美元

停止的准则为如他/她赢到的钱达到 N 美元或者如他/她的钱包空了。

作为马尔可夫过程而被建模的系统衍生出了隐马尔可夫模型（hidden Markov model，HMM），一种类似于神经网络/深度学习中隐藏层/状态的统计模型。

若想了解它们的工作机理以及如何将它们应用于现实世界中的情况，请查看马尔可夫链实时图解：https://setosa.io/ev/markov-chains/。

5.2.4　其他随机过程：鞅

鞅（martingale）的概念在时间序列分析、量化金融、算法交易和赌博行业中至关重要。

鞅最初是 18 世纪法国的一种赌博策略，赌徒在投掷硬币时，若结果为正面，则赢得赌注；若为反面，则输掉赌注，并在每次输掉赌注后加倍下注。其背后的理念是，如果一个赌徒的财富和可用资源是无限的，那么最终翻到正面的概率就接近于 1。

深度学习模型，特别是循环神经网络的统计能力，与以鞅理论为基础的 ARMA/ARIMA 时间序列模型有相似之处。

动手实践 5-2　用 Python 实现随机游走

神经网络基础：随机理论

本次实践将在 Jupyter Notebook 中使用 Python，目标是实现二维随机游走。

1. 访问 https://github.com/bw-cetech/apress-5.2.git，克隆 github 存储库。
2. 浏览代码示例。

　　a. 导入 Python 库。

　　b. 定义随机游走的步数并创建列表来记录结果。

c. 尝试通过 for 循环和 4 个 if 语句创建一个二维随机游走（图 5-4）。

d. 根据随机游走的结果绘制图表，并观察产生的分形。

e. *n* 作为拓展练习，请尝试实现三维随机游走。

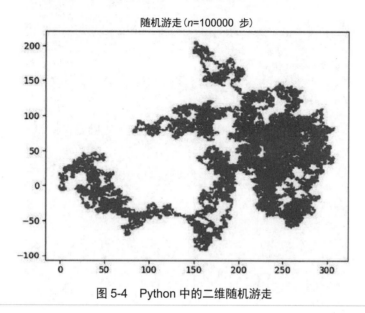

图 5-4　Python 中的二维随机游走

5.3　神经网络简介

让我们把之前探讨的概率论相关知识应用于神经网络，这也是我们主要的关注点。在本节中，我们将更深入地了解神经网络的构成以及不同类型的神经网络及其区别。

5.3.1　人工神经网络

如图 5-5 所示，人工神经网络（artificial neural network，ANN）是受生物启发的网络，能够从基础数据中提取分层的抽象特征。本质上，人工神经网络是用来解决预测问题的任何类型的神经网络的通用名称，它由输入层、隐藏层和输出层组成，接受各种数据点作为输入，通过网络处理来这些数据并输出一些数值。当前所有主流 AI 应用，包括语音识别、图像识别、机器翻译和预测，都使用了某种类型的人工神经网络。

我们将看到，在深度学习中使用的 ANN 架构和算法种类繁多。我们将在下文中介绍一些主要的架构，首先是从最基本的人工神经网络架构——简单感知器（Simple

Perceptron）和多层感知器（Multilayer Perceptron），然后介绍卷积神经网络和循环神经网络，它们目前是语音和图像识别、机器翻译和预测等 AI 应用中两种主要的类型。

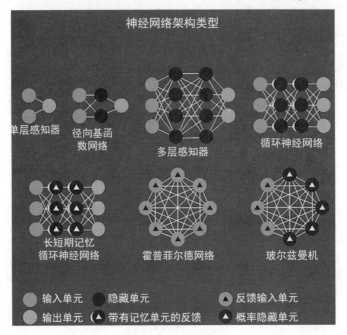

图 5-5　ANN 的类型

5.3.2　简单感知器

简单（或单层）感知器是所有人工神经网络的基础。本质上，它是人类大脑中的生物神经元的简化模型。

我们大脑中的神经元从其他神经元处接收多个输入，根据这些输入，神经元要么触发，要么不触发。如图 5-6 所示，简单感知器简单得多。它是一个单独的神经元，它接收多个输入并学习一个线性函数以产生输出。激活函数（海维赛德阶跃函数）会帮助简单感知器分类二元输出（激活或者不激活）。

如果在多层网络中构建这些感知器并使每个神经元能够使用来自前一层的输入和神经元学习非线性函数，我们将得到一个更接近于大脑的多层感知器（MLP）。

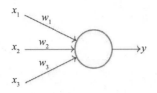

图 5-6　简单感知器

5.3.3　多层感知器

从形式上讲，多层感知器（或 MLP）是一类前馈人工神经网络，它本质上是一个连接多个层神经网络，并且这些链接在有向图（或有向无环图）中进行。由于它具有多个隐藏的神经元层，所以多层感知器是一种深度神经网络。机器学习模型和深度学习模型的区别就在于这些隐藏层。

如图 5-7 所示，方向性源于前向传递（forward pass）机制，其中输入数据被馈入网络，通过节点（神经元）只向一个方向（即，从左到右）传递，直到达到输出层。

与简单的感知器不同，多层感知器中的每个节点（除了输入节点以外），都有一个非线性激活函数，通常是 sigmoid，tanh 或 ReLU。

MLP 的前馈（feedforward）性质不应与另一个在前向传播后发生的重要过程——反向传播（backpropagation）——相混淆。反向传播是一种监督式学习算法，用于在前向传播后更新网络中的权重（基于预测和实际标签数据之间的误差）。

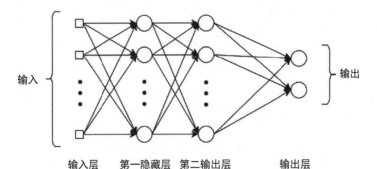

输入　　　　　　　　　　　　　　　　　　　　　　　输出

输入层　　第一隐藏层　第二输出层　　　　输出层

图 5-7　作为前馈人工神经网络的一个类别的多层感知器

5.3.4　卷积神经网络

多层感知器接受向量输入，尽管它们能够处理更复杂的问题，例如图像分类（图像像素可以被转化为一个长向量，然后被用作输入数据），但它们自身并不足以应对当前工作环境中的绝大多数预测挑战。

特别是对于图像分类问题，自 2012 年 ImageNet 大赛提出的改进以来，卷积神经网络（convolutional neural network，CNN）已经成为首选方法，其中，图像数据以张量而不是向量的形式输入。

这些 CNN 是专门为处理需要学习空间关系的二维图像数据而设计的神经网络模型。

与神经网络的权重数量迅速变得无法管理的 MLP 不同（因为它们是全连接的），CNN 会利用卷积和诸如池化和 dropout 之类的技术来减少权重数量。

卷积是一种将两个信号组合形成第三个信号的数学方式，在神经网络中，这是一个简单的过程，将一个滤波器（即一组权重）应用到输入上，已得到一个激活。CNN 之所以很受欢迎，是因为它们在模型训练过程中能够自动并行学习大量滤波器，从而从输入数据中提取层次模式（比如在复合图像中识别出人或建筑）。

在整个 CNN 网络都依赖于数个卷积层，这些层反复地对输入数据应用相同的滤波器，从而生成一个活动特征图（feature map），其中显示图像中检测到的特征的位置以及强度（图 5-8）。

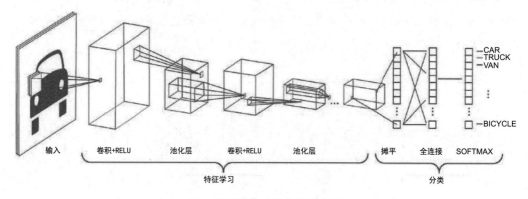

5-8　用于图像分类的示例 CNN

5.3.5　循环神经网络

卷积神经网络是图像分类的人工神经网络首选，而循环神经网络（recurrent neural network，RNN）则常用于序数或时间问题，包括自然语言处理、语言翻译、语音识别和预测。

与 CNN 等前馈网络一样，RNN 利用输入 / 训练数据进行学习，其中节点之间的连接形成一个有向图，但是在这里，这个有向图是沿着时间序列排列的。这使得 RNN 能够解决前馈网络在处理序列数据时的固有弱点，也就是必须按照顺序输入。

因此，RNN 的特点是它们的记忆，因为它们从先前的输入中获取信息，并用这些信息来影响当前的输入层和输出。隐藏状态（hidden state）用来从序列中的一个输入项将相关信息带到其他项。换句话说，如图 5-6 所示，循环神经网络的输出依赖于序列中的先前元素。

循环神经网络是 Alexa、Siri、语音搜索和谷歌翻译等流行应用背后的 ANN 架构。高精度的工业级的循环神经网络（RNN）也在预测方面也越来越能够超越传统方法了，尤其是专门设计的长短期记忆网络（long short-term memory network，LSTM）。

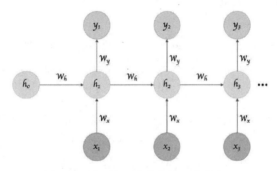

图 5-9 循环神经网络中的"隐状态"

5.3.6 长短期记忆网络

如图 5-10 所示，长短期记忆网络（LSTM）是一种能够在序列预测问题中学习顺序依赖性的循环神经网络。[①]与更普遍的循环神经网络不同，LSTM 能够存储过去的重要信息，并遗忘不重要的信息。

长短期记忆网络的内部门实际上使得 LSTM 能够比普通的 RNN 学习更长期的依赖关系。在存在大于 5 到 10 个离散时间步的时间滞后时，标准 RNN 就无法学习了，而 LSTM 则可以通过强制产生常数误差流来学习跨越超过 1 000 个离散时间步的最小时间滞后。

LSTM 常用于（时间序列）预测，但也用于语音识别和翻译，因为它们能够学习更复杂的语法关系。

---

① 门控循环单元（gated recurrent unit，GRU）也具有这个特点，但与 LSTM 的三个门（输入、输出、遗忘）相比，它较为简单（有两个门：重置和更新）。GRU 使用的内存通常更少，可能比 LSTM 更快，但在处理较长序列时准确率较低。

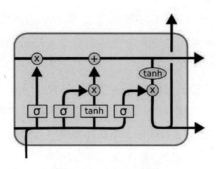

图 5-10　LSTM 架构

5.3.7　其他类型的神经网络

卷积神经网络和循环神经网络被用作深度学习架构,用于对监督式学习问题进行训练,即我们拥有预标记数据的情况(例如分类的图像或用于预测的日终股票价格)。这是我们在本节末尾的第一个动手实践的重点。

在进行下一步之前,我们将快速浏览一下通常用于解决无监督深度学习问题的其他架构。这些包括受限玻尔兹曼机(RBM)、深度信念网络(DBN)和深度玻尔兹曼机(DBM)以及自编码器、变分自编码器和生成对抗网络。自编码器在本节的第二个动手实践中有所涉及。

1. 受限玻尔兹曼机

受限玻尔兹曼机(restricted boltzmann machine,RBM)是生成式的、随机的两层人工神经网络,它们学习一组输入的概率分布。如图 5-11 所示,只有两种类型的神经元,隐藏神经元(图中的 h)和可见神经元(图中的 v),所有这些神经元都相互连接。它没有输出节点。

玻尔兹曼机的输入节点之间可以相互连接,而受限玻尔兹曼机则是一种特殊类型,其可视层和隐藏层之间的连接是受限制的。这样的设计使得我们可以使用基于梯度的对比散度算法来进行更高效的训练。

总的来说,受限玻尔兹曼机(RBM)现在使用得相对较少,因为计算概率所需要的时间明显超过了反向传播算法。人们更倾向于使用生成对抗网络(GAN)或变分自编码器,这两种方法将在下文中进行讨论。

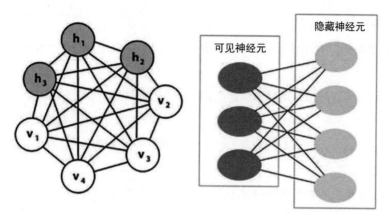

图 5-11　玻尔兹曼机与受限玻尔兹曼机的对比

2. 深度信念网络

如果把受限玻尔兹曼机堆叠在一起，然后使用梯度下降和反向传播进行微调，我们就得到了一个深度信念网络（deep belief network，DBN）。本质上，深度信念网络由叠加的 RBM 层组成，其中最顶部的两层间存在无向连接，而较低的层则存在有向连接（图 5-12）。

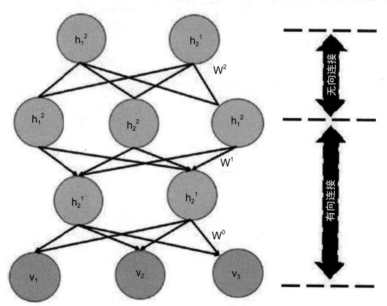

图 5-12　深度信念网络（DBN）

3. 深度玻尔兹曼机

深度玻尔兹曼机（DBM）是一个具有多层隐藏随机变量的无向概率图模型，如图 5-13 所示。

和深度信念网络一样，深度玻尔兹曼机也能在诸如物体或语音识别任务中学习输入的复杂且抽象的内部表示。然而，与深度信念网络不同的是，深度玻尔兹曼机的训练和推理过程是双向进行的，即自下而上和自上而下，因而使得深度玻尔兹曼机能够更好地解释输入数据／特征。

深度玻尔兹曼机的学习过程可能相当慢，限制了它的性能潜力和功能。

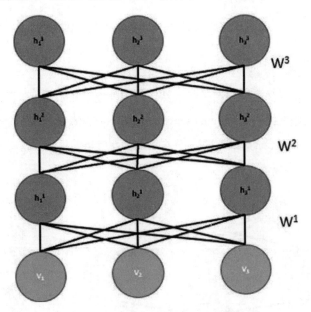

图 5-13   深度玻尔兹曼机（DBM）示例

4. 自编码器

自编码器神经网络是一种前馈神经网络。具体来说，它是一种无监督学习算法，该算法应用反向传播，并将目标值设置为与输入相等。自编码器是 OpenAI 激动人心的 DALL-E 生成型 AI 模型的一个组成部分，我们将在第 8 章的动手实践中深入了解它。

自编码器将输入压缩到较低维度的编码中，然后从这种表征中重构输出。在结构上，它们包括三个组件：编码器、代码和解码器。编码器压缩输入并生成编码，然后解码器根据编码重构输入，如图 5-14 所示。

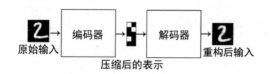

图 5-14　使用自编码器重构的图像（来源：keras.io）

变分自编码器（variational auto encoder，VAE）是自编码器的改进版。像自编码器一样，它们是无监督人工神经网络，能够学习如何有效地压缩和编码数据。它和自编码器的不同之处在于编码器的输出。自编码器（AE）输出一个向量，而 VAE 为每个输入输出概率分布的参数。

5. 生成对抗网络

生成对抗网络（generative adversarial network，GAN），是深度伪造背后用到的技术。它们创建合成图像并使用生成模型自动发现 / 学习输入数据中的规律 / 模式。

GAN 模型用于生成 / 输出与原始数据集对比起来具有可信度的全新示例。

虽然它们采用无监督式学习，但建立生成对抗网络的部分过程被框定为一个监督式深度学习问题（图 5-15）。底层的生成器和判别器这两个子模型会一起进行训练，其中生成器生成一批样本，然后将这些样本与真实数据集一起传递给判别器进行分类。由于判别器模型在训练过程中依赖真实数据集，所以训练过程以监督式损失为基准。这两个模型（生成器和判别器）在一个零和（zero-sum）以及对抗博弈中一起训练。

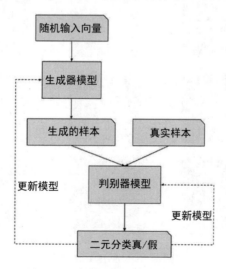

图 5-15　生成对抗网络：建模过程

动手实践 5-3   简单的深度学习解决方案——MNIST

初探深度学习建模过程

MNIST（modified national institute of standards and technology）手写数字数据集是计算机视觉和深度学习中使用的标准数据集。

如图 5-16 所示，由 60 000 个 28×28 像素的手写数字灰度图像组成（数字在 0 到 9 之间），是学习和练习如何开发、评估和使用用于图像分类的卷积深度学习神经网络的良好基础。

因此，本次实践的目标是在 Python 中实现一个卷积神经网络（使用 Google Colab）来正确识别（分类）手写数字。

1. 访问 https://github.com/bw-cetech/apress-5.3.git 克隆下面的 GitHub 存储库。

2. 将笔记本导入到 Google Colab。Colab 对 TensorFlow 有更好的支持（无须安装），因此运行笔记本更容易。

3. 查看右边面板上的目录表，其中显示了从数据导入到 EDA、数据整理、建立和运行神经网络以及性能基准测试等各部分的建模过程。

4. 尝试在浏览笔记本的过程中先完成练习，然后再查看解决方案。

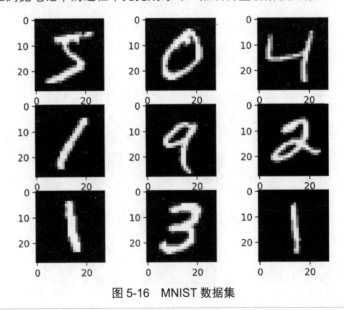

图 5-16   MNIST 数据集

动手实践 5-4　Keras 中的自编码器

无监督深度学习

我们在本节的后续实验中将探索如何使用 MNIST Fashion 数据集进行无监督深度学习。我们的想法是利用图 5-17 所示的自编码器的编码器、编码和解码器结构有效"重构"给定类别（在这个实践中是服装，但代码可以轻松适应其他图像集）的特定图像。

1. 访问 https://github.com/bw-cetech/apress-5.3b.git，克隆下面的 Github 存储库。

2. 在 Colab 中导入并运行笔记本。

3. 运行笔记本并完成内置练习。

    a. 执行。

    b. 归一化图像数据。

    c. 为了使模型更具泛化性，为图像添加噪声。

    d. 构建和配置模型。

    e. 使用训练的自编码器减少图像噪声并重构图像。

4. 将 Colab GPU 的运行时与正常（CPU）的运行时进行比较。

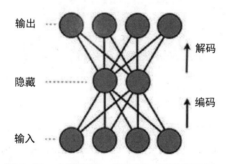

图 5-17　自编码器：编码器 - 解码器模型

5.4　深度学习工具

在讨论如何在 Python 中实现人工神经网络之前，让我们看一下支持深度学习所需要的一些主要的库和工具。

5.4.1　用于深度学习的工具

简单看一下最新的 TIOBE 编程社区指数，可以看出，Python 的热度持续高涨，截至 2022 年 6 月，它仍然是排名第一的软件编程语言。

作为机器学习和深度学习的首选编程语言，投资于与所有主要深度学习库和 API 的关键整合是发展路径的核心，同时，Python 在数据挖掘方面还具有强大的功能和特性，尤其是 Pandas。

鉴于本书的主题是用 Python 进行 AI 编程，并且我们已经完成了几个与 Python 有关的动手实践，所以我们将假设读者已经对这门语言有一定的了解。本节的其余部分将介绍我们需要的一些开源工具，这些工具可以帮助我们构建具有卷积层或循环的神经网络并简化深度学习过程。

5.4.2　TensorFlow

TensorFlow 是许多行业专家和研究人员的首选工具，它是一个由谷歌开发并于 2015 年开源的端到端深度学习框架。

尽管 TensorFlow 提供了详尽的文档、培训支持、可扩展的生产和部署选项、多个抽象层，以及对不同平台（如 Ubuntu、Android 和 iOS）的支持，但 TensorFlow 是一种复杂的低级编程语言，对数据科学家来说，单独使用 TensorFlow 进行编程可能并不非常直观。

过去的 5 到 10 年，对 TensorFlow 的发展的重视使其在研究、灵活性和速度上的取得显著的改进，如今已经促使许多公认的大品牌和公司采纳了它，包括爱彼迎、可口可乐、通用电气和推特。

TensorFlow 不再只是一种低级语言。在 2019 年发布的最新主要版本（TensorFlow 2.0）中，谷歌 提高了其与 Python 运行时环境的集成度。如今，TensorFlow 的生态系统包括 Python、JavaScript（TensorFlow.js）和移动开发（TensorFlow Lite）以及用于机器学习生产线 / 部署的 TensorFlow Extended（TFX）、用于模型和结果可视化的 TensorBoard 以及用于预训练模型的 TensorFlow Hub。

有多种方式和集成开发环境可以安装和导入 TensorFlow，但在这本书中，将使用我们认为最简单的方法——Google Colab。由于其与创建者的关联，Colab 上加强了对用户工作流程和 TensorFlow 的支持，我们可以简单地将 TensorFlow 作为一个库导入，而无需安装代码。Colab 还提供了 GPU 支持，这对于加速、扩展和生产化深度学习模型至关重要。

5.4.3　Keras

Keras 由麻省理工学院开发并于 2015 年开源，旨在解决在使用 TensorFlow、Theano 和 CNTK[①] 等不太友好的后端语言进行深度学习模型训练和推理的难题，其中后两者现在已经被弃用。

Keras 是一个高级、模块化和可扩展的 API，它用 Python 编写，专注于快速实验。它是 TensorFlow 2 的高级 API，也是 Kaggle 上排名前五的团队最常用的深度学习框架。

它的拖放式编程方式保持了与 TensorFlow 的后端连接，能够加速深度学习模型的设计、拟合、评估和使用，使得我们可以通过寥寥数行代码进行预测。

在 TensorFlow 上实现 Keras API 的实际方法是通过 tf.keras，这在 Python 中设置起来也很简单：

```
import numpy as np
import tensorflow as tf
from tf import keras
```

Keras 的核心数据结构是层和模型，其中最简单的模型类型是序列模型（sequential model），它是层的线性堆叠。在本章接下来的部分，我们将更深入地探讨这些层以及如何在 Keras 中实施深度学习模型。

5.4.4　PyTorch

PyTorch 是本书要介绍的最后一个主要的深度学习工具，主要应用于自然语言处理的深度学习。[②]

PyTorch 由 Facebook 的 AI 研究团队开发，并于 2017 年在 GitHub 上开源。PyTorch 声称自己简单易用，灵活，且具有动态计算图带来的高效内存使用。PyTorch 的速度更快，且具有出色的调试支持，然而，对于它是否易用，可能需要持保留态度，毕竟是一种

[①] 也称为"Microsoft Cognitive Toolkit"。
[②] 第 10 章将进一步介绍自然语言处理的相关问题。

低级语言。虽然与像 Keras 这样更简单的深度学习框架的 PyTorch 集成尚未实现,但是像 PyTorch Lightning 这样的轻量级封装为 PyTorch 提供了高级接口,它可能在未来几年中成为一个替代选项。

在本书作者看来,在 Windows 上使用 Jupyter Noteboo 实现 PyTorch 更为简单。我们将通过一次性 shell 命令(直接在 Jupyter notebook 的一个单元格中输入)安装 PyTorch:

```
%pip install torch
```

在注释掉上述 Python 代码行后,就可以通过运行以下示例 PyTorch 代码来验证安装了:

```
import torch
x = torch.rand(5, 3) print(x)
```

如果成功了,应该能在屏幕上显示随机张量的输出。

5.4.5　其他重要的深度学习工具

当然,TensorFlow(与 Keras 配合使用)和 PyTorch 并不是当今唯一一个深度学习框架。还有许多其他的工具,它们在特定的使用案例中可能会产生更好的结果或性能。

举例来说,Eclipse Deeplearning4J(也称为 DL4J)是一组旨在支持基于 Java 虚拟机(Java Virtual Machine,JVM)的深度学习应用程序所有需求的项目。

在 Python 库方面,Theano(由蒙特利尔大学开发)和 Microsoft Cognitive Toolkit(CNTK)[①] 都有过辉煌的时期,不过它们现在已经被弃用,由加州大学伯克利分校开发的 Caffe 仍在使用中,特别是在图像分类 / 分割方面。Caffe 在 NVIDIA GPU 集成方面的表现非常优秀,尽管调试有些困难。

来自庞大的 Apache 工具集生态系统的 MXNet 为深度学习提供了多语言支持和高级 API 支持。

Apache Spark

MXNet 普遍认为是一种深度学习工具,而 Apache Spark 是一个流行的用于大数据处理的统一分析引擎,它内置流处理、SQL、机器学习、深度学习和图形处理的模块。

由于 Apache Spark 在处理大数据方面具有天然的可扩展性,并且其内置的编程接口能

---

① 微软现在主要的人工智能工具是 Azure Machine Learning 和 Azure Cognitive Services。我们将在第 6 章中展开更详细的讨论。相关参考书为《机器学习与人工智能实战》和《跨平台机器学习》,清华大学出版社 2023 年出版发行。

够支持整个集群的隐式数据并行处理（因而非常适合对大型数据集进行分布式训练），并且具有容错能力，数据科学家们已经开始利用 Apache Spark 来加速深度学习的生产化进程。

有许多 API 可以简化在 Python 中实现和使用 Apache Spark 的过程，包括 PySpark（Apache Spark 实际上的 Python API）和 SparkTorch（用于在 Apache Spark 上运行 PyTorch 模型）。

Apache Spark 可能是在实现深度学习产品化方面最重要的其他工具之一，它将是本书下一章实践部分的焦点。

5.5　深度学习和实现的框架

在介绍了用于深度学习的主要 Python 集成工具之后，我们接下来将转向本章的主要关注点：如何实现深度学习模型。

5.5.1　张量

TensorFlow 和 PyTorch 都使用张量（tensor），所以在了解如何在深度学习模型中构建和使用它们之前，理解这个重要的数据结构很有帮助。

如图 5-18 所示，张量实际上是一种具有统一数据类型的多维数组。它们与 numpy 数组类似，但是像标准的 Python 元组（tuple）一样不可变（immutable）。张量可以存储在 GPU 内存中，而不仅仅是标准的 CPU 内存中，从而优化了深度学习的使用。

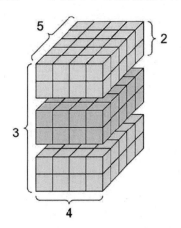

图 5-18　形状为 [3，2，4，5] 的四阶张量

5.5.2　TensorFlow 的关键概念

TensorFlow 2.0 默认使用即刻执行（eager execution）来立即评估操作，因此在代码中遇到张量的计算时，它就会立刻进行计算。和命令式编程的概念类似，即刻执行 Python 来执行逐步操作，然后结果立即返回给 Python。

TensorFlow 的另一种执行方法是静态图执行（graph execution），其中，张量计算作为一个数据流图 tf.Graph 通过 tf.operations 图节点执行。

因为这本书主要讨论如何使用 Python 来实现 AI 应用，所以我们将重点关注 TensorFlow 中的即刻执行而非静态图执行。一般来说，最佳实践是在即刻执行模式下开发和调试，然后使用 TensorFlow 的 tf.function 装饰（decorate）/ 生产化，该功能将常规 Python 代码转换为可调用的 TensorFlow graph 函数，它通常具有更好的性能。

TensorFlow 还利用各种执行流程来执行深度学习过程中的多个 / 并发任务。

- tf.data：这个 API 使复用复杂输入管道成为可能，例如，从多个文件中聚合数据，对图像应用随机"噪声"，并批量处理随机图像以进行训练。
- TFX Pipelines：这个工具可以扩展到端到端的 MLOps（输入➤训练➤部署➤跟踪）。

5.5.3　深度学习建模生命周期

接下来，我们将进入初始实现阶段，一旦进行数据导入、用 numpy 进行向量化、构建模型、运行模型的过程，我们就知道，必须先将数据转化为张量，然后再使用 TensorFlow 即刻执行进行实验、即时可视化结果并进行调试。否则，建模将会失败。

为了将代码（和故障排除）追溯到底层过程，我们可以把深度学习建模生命周期看作 5 个明确的阶段（图 5-19）：

- 定义模型
- 编译模型
- 拟合模型
- 模型评估
- 预测 / 推理

这些阶段可以进一步划分为与 Keras/TensorFlow 操作大致相关的子过程，并通过一行 Python 代码进行定义。

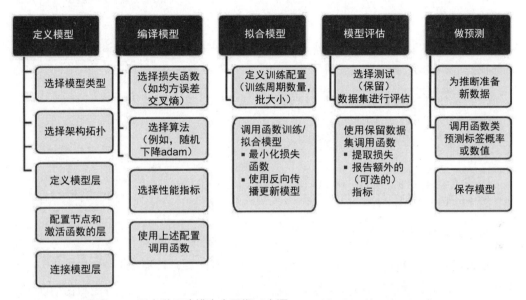

图 5-19　深度学习建模生命周期（来源：machinelearningmastery）

以下是与上述深度学习阶段对照的示例代码：

```
# 定义模型
model = ...
# 编译模型
opt = SGD(learning_rate=0.01, momentum=0.9)
model.compile(optimizer=opt, loss='binary_crossentropy')
# 拟合模型
model.fit(X, y, epochs=100, batch_size=32, verbose=0)
# 评估模型
loss = model.evaluate(X, y, verbose=0)
# 进行预测
yhat = model.predict(X)
```

5.5.4　顺序和函数模型 API

在上述过程和 Python 代码中，要想构建一个模型，首先需要给出定义。在 Keras API（tf.keras）中，实际上有两种主要的方式可以做到这一点：序列模型（sequential model）和函数模型（functional model）。

1. 序列模型 API

作为最简单的方法，序列模型在每层都只有一个输入张量和一个输出张量的神经网络中工作。

为了在 Python 中实现序列模型，我们将使用 model.add() 方法，以线性方式一层一层地向模型中添加层，如下面的代码所示。

示例：使用序列 API 定义的模型

```
from tensorflow.keras import Sequential
from tensorflow.keras.layers import Dense
# 定义模型
model = Sequential()
model.add(Dense(10, input_shape=(8,)))
model.add(Dense(1))
```

2. 函数模型 API

Keras 的函数 API 比顺序 API 更复杂，但也更灵活。在函数模型中，我们不是以线性方式添加层，而是使用一个模型对象指定输入和输出层，并将一个层的所有输出明确地连接到另一个层的输入（每个连接都要指定）。

示例：使用函数 API 定义的模型

```
from tensorflow.keras import Model
from tensorflow.keras import Input
from tensorflow.keras.layers import Dense
# 定义层
x_in = Input(shape=(8,))
x = Dense(10)(x_in)
x_out = Dense(1)(x)
# 定义模型
model = Model(inputs=x_in, outputs=x_out)
```

5.5.5 实现卷积神经网络

前面讲述了通用的深度学习实现过程，但举个例子，当我们需要专门构建一个用于图像分类的卷积神经网络时,过程又是怎样的呢？机器学习和深度学习的建模是高度迭代的,构建一个高效能的卷积神经网络是非常困难的。

正如我们将在本节后面的动手实践中看到的，需要采取循序渐进的过程，同时为

EDA 和数据整理预留一定程度的迭代，这是让模型运行起来并且性能达到可接受的标准（例如，fbeta > 0.9）的关键。

在导入数据并进行了基本的探索性数据分析之后，对于 CNN，有一些特定于数据整理和模型设置的需求，如下所示，其中还涵盖一些技术性的子过程，本章的下一节中将详细说明。

1. 预处理和分割

    a）将图像转换为数据矩阵 / 张量

    b）将数据集分割为训练集和测试集

    c）将张量数据格式转换为浮点数并进行缩放

2. 构建网络

    a）为卷积基（convolutional base）初始化滤波器（卷积层和池化层 [①]）

    b）定义激活函数以计算梯度 / 启用反向传播

    c）更新密集层的权重

3. 编译网络

    a）合并前向和后向操作并构建神经网络

剩下的步骤大部分与上面展示的深度学习生命周期中的通用过程相符，从训练网络到对测试集的评估（检查诸如损失、准确率、混淆矩阵和分类报告等指标）。通常会反复进行训练和评估，直到达到我们的目标性能，在这个过程中，常常会通过添加 dropout 来解决过拟合的问题。

典型的 Keras 卷积神经网络实现：

```
model = models.Sequential()
model.add(layers.Conv2D(32, (3, 3), activation='relu', input_shape=(32, 32, 3)))
model.add(layers.MaxPooling2D((2, 2)))
model.add(layers.Conv2D(64, (3, 3), activation='relu'))
model.add(layers.MaxPooling2D((2, 2)))
model.add(layers.Conv2D(64, (3, 3), activation='relu'))

model.add(layers.Flatten())
model.add(layers.Dense(64, activation='relu'))
model.add(layers.Dense(10))
model.compile(optimizer='adam',
          loss=tf.keras.losses.SparseCategoricalCrossentropy(from_logit
```

① 下一节将进一步提到池化层的相关内容。

```
     s=True), metrics=['accuracy'])
history = model.fit(train_images, train_labels, epochs=10,
validation_data=(test_images,test_labels))
```

5.5.6　实现循环神经网络

在 Keras 中，我们可以利用三种类型的循环神经网络层：

`keras.layers.SimpleRNN`

这是最基础的版本，本质上是一个全连接的 RNN，其中上一时间步的输出需要传递给下一个时间步，如图 5-20 所示。

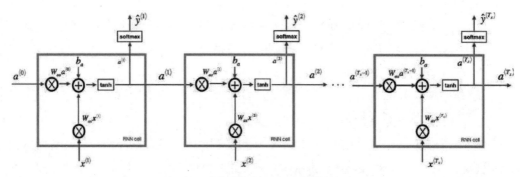

图 5-20　循环神经网络——简单的 RNN

`keras.layers.GRU`

门控循环单元（GRU）是旨在解决标准 RNN 中的梯度消失问题的门控机制。通过更新门（update gate）和重置门（reset gate），GRU 会在信息传递到输出之前对其进行审查，从而避免了在简单的 RNN 中出现的梯度减小和权重不灵活（不变）的问题。我们将在本章的 5.6 节中进一步讨论梯度消失的问题。

使用 GRU 和 SimpleRNN 层的 Keras RNN 实现示例：

```
model = keras.Sequential()
model.add(layers.Embedding(input_dim=1000, output_dim=64))
# GRU 的输出将是形状为（batch_size, timesteps, 256）的 3D 张量
model.add(layers.GRU(256, return_sequences=True))
# SimpleRNN 的输出将是形状为（batch_size, 128）的 2D 张量
model.add(layers.SimpleRNN(128))
model.add(layers.Dense(10))
```

```
model.summary()
keras.layers.LSTM
```

正如我们在 5.3 节中所了解的那样，LSTM 通常有助于实现具有长期效应的更优预测。
这种网络中的记忆是通过三个将隐状态持久化的门来实现的：

- 输入门（input gate）向单元状态添加信息
- 遗忘门（forget gate）删除模型不再需要的信息
- 输出门（output gate）选择要显示为输出的信息

图 5-21 的基础 LSTM 的实现示例如下：

```
model = Sequential()
model.add(LSTM(50, activation='relu', input_shape=(n_steps, n_features)))
model.add(Dense(1)) # 单个隐藏层的 LSTM 单元
model.compile(optimizer='adam', loss='mse')
```

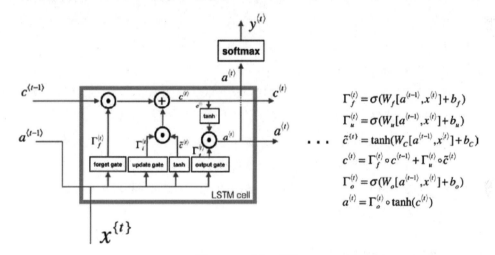

$$\Gamma_f^{\langle t \rangle} = \sigma(W_f[a^{\langle t-1 \rangle}, x^{\langle t \rangle}] + b_f)$$
$$\Gamma_u^{\langle t \rangle} = \sigma(W_u[a^{\langle t-1 \rangle}, x^{\langle t \rangle}] + b_u)$$
$$\tilde{c}^{\langle t \rangle} = \tanh(W_c[a^{\langle t-1 \rangle}, x^{\langle t \rangle}] + b_c)$$
$$c^{\langle t \rangle} = \Gamma_f^{\langle t \rangle} \circ c^{\langle t-1 \rangle} + \Gamma_u^{\langle t \rangle} \circ \tilde{c}^{\langle t \rangle}$$
$$\Gamma_o^{\langle t \rangle} = \sigma(W_o[a^{\langle t-1 \rangle}, x^{\langle t \rangle}] + b_o)$$
$$a^{\langle t \rangle} = \Gamma_o^{\langle t \rangle} \circ \tanh(c^{\langle t \rangle})$$

图 5-21　LSTM 架构

用于时间序列的 LSTM 实现

我们很快将在本节的动手实践 5-2 中构建一个 LSTM，但在此之前，需要先明确用
LSTM（或任何 RNN）进行时间序列预测时使用的数据的整理过程。

在时间序列预测中，先前的时间步实际上了成为深度学习过程的特征，目标则是当前
的（训练）或下一个（推理）时间步。如果我们打算预测未来的（例如）60 个时间步，
那么提供给 LSTM 的每一行数据都需要包括从当前时间步开始向前推 60 个时间步的历史

数据。这在下表中显示，其中标记为 Time Step（时间步）的列实际上是我们的目标变量，其他列是特征集。

5.5.7　神经网络：术语

在下一节中，我们将详细讨论在调优神经网络中涉及的一些更技术性的建模概念。我们在下面提供了一个摘要，介绍了可以用来构建和运行模型并实现满意性能的主要手段。

- epoch：对整个数据集的一次遍历。epoch 的数量是遍历训练集的次数。
- 学习率（learning rate）：通过梯度下降训练模型时使用的标量（scalar）。学习率决定了权重在每次迭代中变化的速度。
- 激活函数（activation function）：给定一组输入后节点／神经元的输出，该输出随后被用作下一个节点的输入，其示例包括 ReLU、tanh、sigmoid 和线性激活函数，等等。
- 正则化（regularization）：一种改变学习算法以防止过拟合的技术（和超参数）。正则化率也被用于指定正则化的速度。
- 批大小（batch size）：在单次迭代中运行的数据的小的、随机选择的子集。1 个 epoch（遍历整个训练集）等于批大小乘以迭代／步骤的数量。
- 隐藏层（hidden layer）：位于输入层和输出层之间的一层，神经元接收加权输入并使用激活函数产生输出。
- 损失函数（或成本函数）：输出层给出的预测与实际（基准真相）偏离了多少？神经网络的目标是最小化这个值。

5.5.8　计算多层神经网络的输出

本节的最后一部分，我们将提供一些关于神经网络内部计算流程的推导。如图 5-22 所示，我们要描述如何计算多层神经网络的输出 $\hat{y}$。

针对具有 m 个特征的输入 X：

- m 个特征有 m 个权重（w_1，w_2，$\cdots$，w_m）
- 我们可以取输入和权重集的点积，然后加上偏置项（bias）：

$$z = w_1 x_1 + w_2 x_2 + \cdots w_n x_n + \text{bias}$$

- z 随后被输入到激活函数中，以获取隐藏输出 h：（h_1，h_2，$\cdots$，h_n）

- 隐藏层有 n 个神经元
- n 个神经元有 n 个权重 (w_1, w_2, $\cdots$, w_n)

这给了我们一个最终的输出 y_hat = $h_1w_1 + h_2w_2 + \cdots + h_nw_n$

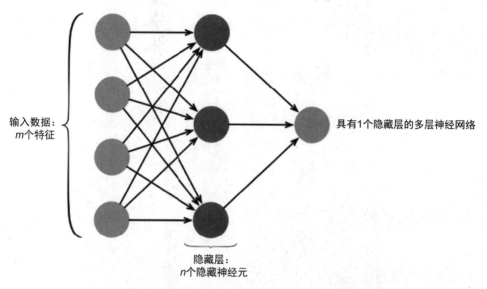

输入数据：
m个特征

具有1个隐藏层的多层神经网络

隐藏层：
n个隐藏神经元

图 5-22　多层神经网络：我们如何根据输入数据获取输出

动手实践 5-5　使用 Keras 和 TensorFlow 构建卷积神经网络

德国交通信号灯图像分类

在这个实践中，我们将在 Keras 和 TensorFlow 中构建与训练一个卷积神经网络，以解决预测（复杂图像的多类分类）问题。

1. 访问 https://github.com/bw-cetech/apress-5.5.git，克隆下面的 github 存储库。
2. 将笔记本导入到 Google Colab。Colab 对 TensorFlow 提供了更好的支持（无需安装！），所以运行笔记本显得更方便。
3. 看一下右边面板上的目录，其中有建模过程的每个部分的链接。
4. 运行这个笔记本。从 kaggle 导入代码，执行 eda，进行模型预处理 / 图像整理，使用迁移学习（transfer learning）来构建和运行 CNN，最后进行推理。

5. 作为本次实践一部分，完成练习，然后在 markdown 部分 2nd Run - early stopping Criteria（第二轮运行——提前停止标准）处停下来（我们将在下一节中进一步讨论）。

图 5-23   图像分类——德国的交通标志

循环神经网络，时间序列预测

用单变量 RNN 进行股价预测

我们的任务是构建和训练一个用于股价（单变量）预测的 LSTM，其中，预测的股价仅依赖于先前的时间步 [①]。

1. 访问 https://github.com/bw-cetech/apress-5.5b.git，克隆以下 github 存储库。

2. 将笔记本导入到 Google Colab 中。

3. 运行笔记本。按照说明将数据上传到一个（临时的）Colab 文件夹中，并导入数据，执行 EDA 和数据整理，以将股价数据转换成用 RNN 进行预测所需的格式。

---

① 多变量预测涉及目标变量（股价）依赖于多个其他变量，如宏观经济因素、天气和先前的时间步骤。

4. 作为实践的一部分，完成练习。

5. 练习：用不同的批大小重新训练模型，并比较（均方根）误差。

6. 练习：用不同的激活函数（tanh）重新训练模型，并比较测试结果，tanh 通常能够比 ReLU 更好地调节递归神经网络的输出。

7. 拓展练习：完成在"实时股价场景"下注释出的练习，调整 TATA 单变量预测，以进行实时股价预测。按步骤操作，导入领先科技股（例如，苹果或特斯拉）自 2021 年 1 月至前一天的最新股价，并对未来 30 个时间步长进行预测。

5.6　深度学习模型调优

本章的最后一节将介绍我们可以用来构建可信的深度学习模型的诸多性能增强手段。

5.6.1　激活函数

正如前面几节所讨论的那样，神经元使用激活函数从加权输入信号中产生输出信号（图 5-24）。所以实际上，激活函数是一个简单的映射，它将神经网络中的加权输入求和并通过激活（或传递）函数得到神经元的输出。

"激活"这个属于与神经元被激活的阈值以及相应输出信号的强度有关。简单感知器中使用的海维赛德阶跃函数就是一个简单的阶跃激活函数，如果求和输入超过 1，那么神经元就会输出 1 的值。

如图 5-25 所示，我们在实践中使用的 4 种主要非线性激活函数提供了更丰富的功能。

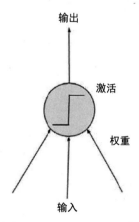

图 5-24　激活 / 转移函数架构（显示的是海维赛德阶跃函数）

1.（Logistic）Sigmoid 函数

Sigmoid 激活函数具有标志性的 S 形曲线，用于二元分类问题。实数输入被挤压 / 映射到 0 到 1 的范围内，代表特定二元输出的概率。

2. 双曲正切函数（tanh）

tanh（发音为"tanch"）也是一个 S 形曲线，只不过它重新调整了 logistic sigmoid 函数。tanh 函数的输出范围是 –1 到 1。因为 tanh 的梯度比 sigmoid 强，所以在激活函数方面，tanh 通常优于 sigmoid。

3. 修正线性单元（ReLU）

tanh 和 sigmoid 都容易出现饱和（saturation）或梯度消失的情况。因此，深度学习模型中最常用的激活函数是更简单的修正线性单元（ReLU）。ReLU 通过更简单的数学运算加速了随机梯度下降的收敛（在下一节中介绍），对于负值返回 0，对于正值则返回 x。

为了防止 ReLU 激活导致神经元死亡（即神经元变得不活跃，对任何输入都输出 0），有时会使用一种变体，即 Leaky ReLU。Leaky ReLU 的斜率不是平的，而是对负值有一个小斜率（作为超参数设置[①]）。需要指出的是，Leaky ReLU 并不总是优于 ReLU。如果使用 ReLU 激活的模型表现良好，那么就不需要换成 Leaky ReLU。

4. Softmax

如图 5-25 所示，Softmax 激活函数（或归一化指数函数）是多类分类问题的特例，其中存在离散的（非二元）输出，比如大多数图像分类问题（例如，图像是否为人、建筑、车辆、道路等）。Softmax 将 logits（神经网络中的最后一层）转化为总和为 1 的概率。

---

① 在开始训练前预先定义好，而不是在训练中学习。

图 5-25　激活函数：形状和公式

5.6.2　梯度下降和反向传播

梯度下降是训练神经网络的主要过程（图 5-26）。它本质上是通过更新神经网络中的权重来最小化损失（或成本函数）的方法。[①]

大部分大数据问题都会使用随机梯度下降（stochastic gradient descent，SGD）。不是在每次迭代中使用整个数据集，而是使用数据的样本。

---

① 详见对损失函数的相关介绍。

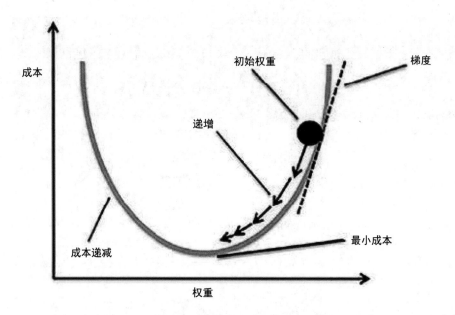

图 5-26　用于最小化神经网络的损失的梯度下降过程

接下来进行的是前向传播[①]。在这个过程中，输入数据通过网络进行转换，通过隐藏层激活神经元，最终产生一个输出值。然后，这个输出与期望（实际）的输出进行比较，并计算出一个误差值。

5.6.3　反向传播

反向传播（back propagation）是指上述误差被逐层传播回神经网络，同时权重根据它们对误差的影响程度而更新。

这个过程会反复调整权重，以最小化实际输出和期望输出之间的差异，并且会对训练数据中的所有行/样本重复这个过程（一个 epoch）。一般会对神经网络进行多个 epoch 的训练，上限通常为 100。

5.6.4　其他优化算法

在实践中，随机梯度下降可能会陷入局部最小值（local minima）或者收敛速度过慢的问题，所以会使用更复杂的变体来提高模型性能。

---

① 网络训练完毕后，也会使用前向传播过程进行推理，以便对新的数据进行预测。

具有动量的随机梯度下降

如我们在上一节中看到的那样，随机梯度下降解决了梯度下降在内测方面的巨大缺点（需要加载整个数据集来计算损失导数）。具有动量（momentum）的随机梯度下降是原始随机梯度下降算法的改进版本，能够以正确的方式帮助加速梯度向量，从而加速收敛。

AdaGrad、Adadelta 和 RMSProp

随机梯度下降需要手动调整网络的学习率，这可能耗时又繁琐。下面三种算法能够更有效地更新网络权重。

AdaGrad，或称自适应梯度算法（adaptive gradient algorithm），是另一种随机优化方法，它试图通过让学习率适应网络参数（权重）来解决这个问题。

另一方面，Adadelta 则使用指数移动平均（exponentially moving average）学习率，以免 AdaGrad 中可能出现的学习率过低/收敛慢的情况。

均方根传播（root mean square prop，RMSProp）就像 Adadelta，解决了 AdaGrad 中学习率急剧下降的问题，只不过它同时还会通过指数衰减平均的平方梯度来除以学习率。

Adam

Adam（源于 adaptive moment estimation，自适应矩估计）在深度学习中通常被选为优化算法。为了更快地收敛（使用这种算法的话，能够在几分钟、几天或几个月内取得高质量的结果），Adam 既使用动量来加速随机梯度下降过程，也使用自适应学习率来减小训练阶段的学习率。

Adam 结合 AdaGrad 和 RMSProp 算法的最佳性质来处理在嘈杂问题上的稀疏梯度。

5.6.5　损失函数

在深入探讨如何提高深度学习性能的最佳实践之前，让我们先来更深入地了解一下神经网络中的损失函数或成本函数的概念。

在深度学习中，最小化损失函数相当于最小化训练误差或者降低神经网络/权重校准过程的成本。

最常见的三种损失函数是用于二元分类的二元交叉熵（binary cross entropy）、用于多类分类的稀疏类别交叉熵（sparse categorical cross entropy）和用于回归的均方误差（mean squared error，mse）。但就像深度学习中所有的事物一样，损失函数还存在几种变体，在某些条件下可以提供更好的结果（表 5-1）。

表 5-1　几种损失函数的对比

损失函数	类型	描述	优点	缺点
平方误差（L2）损失 /均方误差（MSE）	回归	预测值与实际值之间差的平方	通过对其进行平方来惩罚过大的误差	对异常值不稳健
绝对误差损失 /平均绝对误差（MAE）	回归	预测值与实际值之间的距离	与 MSE 相比，对异常值更稳健	对较大误差的惩罚可能不充分
Huber 损失	回归	将 MSE 和 MAE 结合到一起——如果是小误差，使用平方，否则使用线性	与 MSE 相比，对异常值更稳健	收敛速度较慢
二元交叉熵	二元分类	使用对数损失（log-loss）和 Sigmoid 函数	非常适合二元分类模型	Sigmoid 函数可能会饱和并消除梯度
铰链损失	二元分类	主要与支持向量机（SVM）一起使用	对错误的预测以及低置信度的正确预测进行惩罚	仅适用于 SVM 模型
多类交叉熵损失 /分类交叉熵	多类分类	二元交叉熵损失的泛化	与独热编码的目标变量配合使用效果很好	每个样本应有多个类别或使用软概率（soft probability）标记
稀疏分类交叉熵	多类分类	稀疏目标变量分类版本的分类交叉熵	通过使用单个整数表示类别，减少了内存和计算开销	仅适用于互斥的类别
KL 散度损失	多类交叉熵损失	衡量一个概率分布与另一个分布的差异	基于概率	比起多类分类，更常用于近似复杂函数

5.6.6　提高深度学习性能

前面所讲述的深度学习模型内部的工作有助于我们理解它背后的运作原理，并明白用于改进结果的选项在某种程度上都是实验性的，与我们面对的特定数据集以及企业或组织问题有关。

不过，如果我们打算提高神经网络的性能，该从哪里开始呢？我们应该采取最佳实践，几乎总是从审查底层数据开始做起（并以此结束）。[①]

1. 数据审查。

　　a. 创造更多数据

　　b. 重新调整数据规模

　　c. 转换数据

　　d. 特征选择

2. 囊括更复杂的算法。

3. 调整超参数。

4. 尝试算法集成。

5. 获取更多数据。

除了这些实现更高模型性能的核心原则之外，还应该把定期重构内置于模型的维护中，以确保代码尽可能地高效，且 Python 库和函数没有被弃用。

5.6.7　深度学习最佳实践：超参数

前面这些高层次的步骤非常有用，但在数据审查过程结束后，具体能够使用哪些超参数来调整和校准模型输出呢？下面将把这些超参数分为两类：网络调整和过程调整。[②]

1. 网络调整

更深的网络 / 更多的层 / 更多的神经元

添加更多的隐藏层 / 为每层添加更多神经元，这意味着我们为模型添加更多的参数来让模型能够拟合更复杂的函数。

2. 激活函数

如前所述，在 CNN 中，ReLU 通常用于解决 Sigmoid（二元分类）或 Softmax（多类分类）在外层出现的梯度消失问题。在 RNN 中，则通常会使用 tanh 来解决梯度消失问题，因为它的二阶导数可以在变为零之前保持一段较长的区间。

---

① 来源：machinelearningmastery.com。
② 可以参考 TensorFlow Playground（动手实践），看看这些杠杆是如何配置的。

3. 神经网络集成

就像随机森林是决策树模型的增强版本，以防机器学习中的过拟合一样，我们可以在深度学习中使用集成方法——不同的神经网络，不同的模型配置，然而却都要防止同样的问题。不过，这需要以训练和维护多个模型的计算成本为代价。一个更好的方法是使用下面介绍的 dropout。

4. 批归一化

深度神经网络的训练过程也对初始随机权重和学习算法的配置敏感。通过对层输入的归一化（batch normalization，批标准化），可以帮助使人工神经网络通过重新中心化和重新调整数据的方法变得更快、更稳定。

5. 池化

CNN 中的多个卷积层可以非常有效地在外层学习低级特征（如线条）和高阶特征（如形状或特定物体）。

然而，这些特征图是严格与输入中的特征的精确位置相对应的。这种不灵活性可能导致即便是对图像进行微小的改变，如裁剪、旋转、平移等，都会产生不同的特征图，从而使模型对新数据的泛化能力下降。

池化（使用池化层实现）用来对 CNN 中的卷积层进行降采样，并避免对精确／精细的图像特征过度拟合。这种仅保留重要结构元素的输入信号的低分辨率版本类似于机器学习中决策树剪枝的效果。

6. 图像增强

图像数据增强用于人工扩大卷积神经网络的训练数据集的大小。它背后的思路是，用更多数据进行训练意味着可以得到一个更加强大的模型。我们可以通过 Keras 中的 ImageDataGenerator 类来生成数批增强图像，实现这个目标的方式有很多，如图 5-27 所示：

- 图像的随机旋转
- 在图像中移动对象
- 剪切（沿着轴线扭曲）
- 翻转图像（例如，上下颠倒）

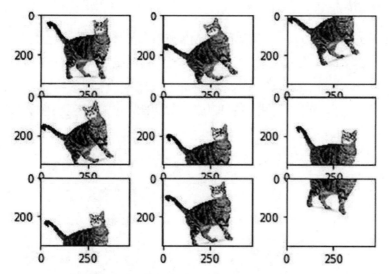

图 5-27　Keras 中的图像增强用于通过旋转、偏移或扭曲原图的方式来增强图像数据集

7. 过程调整

epoch 的数量和批大小

增加 epoch（对整个训练集的完全抽样）通常会提高性能，但这是有上限的。如果在训练的精确率提升的同时，验证（测试）的精确率却开始下降，那么就应该为 epoch 设定一个上限，否则，我们就是在过度拟合模型。我们可以通过实施早停（early stopping）标准，而不是仅仅依靠试错，以免将 epoch 的数量设置得过高而防止对训练集的过拟合。

我们的批大小，即一次前向传播中使用的输入数据样本的大小，也是我们可以调整的一个参数。批大小过大可能会对泛化产生负面影响，也就是说，由于我们在训练过程中减少了梯度下降的随机性，网络的测试精确率可能会降低。对于较大的数据集（例如，超过 10 000 张图片），一个经验法则是首先使用默认值 32，如果模型欠拟合或训练时间过长，再增加到 64、128 和 256。

学习率

学习率是一个超参数，用于影响梯度下降过程的速度。设置得过高可能意味着算法会在没有达到局部最小值的情况下反弹，设置得过低则可能导致收敛需要花更多时间。

正则化

正则化（regularization）是一种通用技术，用来修改学习算法，使得模型能够更好地泛化，避免过拟合（图 5-28）。在机器学习中，正则化会惩罚特征系数，而在深度学习中，正则化会惩罚节点/神经元的权重矩阵（weight matricx）。

正则化系数（一个超参数）控制着正则化，如果这个正则化系数过高，以至于一些权重矩阵几乎等于 0，那么我们就会得到欠拟合的模型。L_1 和 L_2 是最基本的正则化类型，它们通过添加另一个被称为正则化项的项来更新通用成本函数：

$$成本函数 = 损失 + 正则化项$$

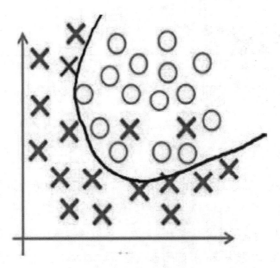

图 5-28　合适的模型拟合

dropout

深度学习神经网络在数据集相对较小时容易出现过拟合。dropout（随机失活）是一种计算成本低而且有效的正则化方法，用于减少过拟合并改善泛化误差（图 5-29）。实际上，dropout 在训练过程中随机丢弃节点（神经元），以此来在单个模型中模拟大量不同的网络架构。[1]

设置 dropout 的一个好的起点是 20%，如果对模型的影响很小，则可以增加到例如 50%。设定得过高的话，会导致模型出现欠拟合。

---

[1] 节点可能是数据样本中的输入变量，也可能是前一层的激活函数的输出。

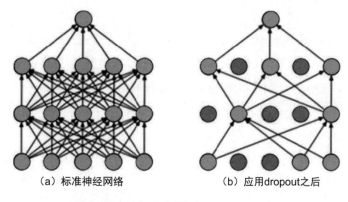

（a）标准神经网络 （b）应用dropout之后

图 5-29 dropout 图例（medium.com）

早停

我们应该在验证数据集的性能开始下降时停止训练（图 5-30），例如，在遇到以下几种情况时就可以停止训练：

- 在指定数量的 epoch 内，度量指标没有变化
- 度量指标的绝对变化
- 在给定数量的 epoch 内观察到的性能下降
- 在给定数量的 epoch 内度量指标的平均变化

这在 Keras 中使用 EarlyStopping 函数实现。以下示例在 epoch 中监视并寻求最小化验证损失：

```
EarlyStopping(monitor='val_loss', mode='min')
```

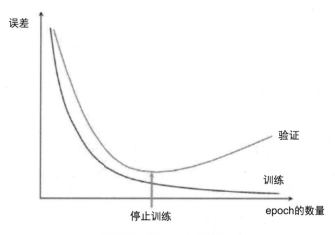

图 5-30 Keras 中的早停

迁移学习

迁移学习（transfer learning）实际上是深度学习模型的一个加速器，本质上是将一个预训练模型用作另一个（不同但有关联的）模型的起点。迁移学习在深度学习领域很受欢迎，因为它可以减少从头开始开发神经网络模型所需的计算量。有许多研究模型经常被用于迁移学习，比如：

- 牛津大学的 VGG 模型
- 谷歌的 Inception 模型
- 微软的 ResNet 模型

另外请参见 https://github.com/BVLC/caffe/wiki/Model-Zoo。

在前面的迁移学习动手实践（用 Keras 和 TensorFlow 构建卷积神经网络）中，我们使用了 VGG 模型。

小结

前面对神经网络和过程调整的讲解显然是十分复杂的。我们描述的最佳实践往往相当模糊，而且可用的选项范围 / 需要配置的设置可能也很难确定，特别是在需要相对快速得到结果的时候。但是，只要我们采用结构化的方法并持续地监控性能，总是可能快速搞定的，而且，精益求精往往会得到更丰厚的回报。

我们可能已经来到本章的末尾。下一章将探讨如何将深度学习的最佳实践与训练（和测试）自动化相结合，以帮助加快机器学习和深度学习模型的调优过程。在此之前，我们将用两个深度学习模型调优实践来为本章收尾。

动手实践 5-7　Softmax

使用 Softmax 激活 Logit

这个简单的动手实践旨在帮助大家了解 Softmax 激活函数（图 5-31）如何处理最后一层神经网络并将输出转化为总和为 1 的概率。

1. 访问 https://github.com/bw-cetech/apress-5.6.git，克隆 Github 存储库。
2. 在 Jupyter Notebook 中运行 Python 代码，看看 Softmax 是如何计算的。

3. 作为拓展练习，请尝试创建一个 Python 函数来存储 Softmax 激活函数，然后调用该函数。

图 5-31　Softmax 激活函数

动手实践 5-8　早停

在深度学习中避免过拟合

在本次动手实践中，我们将继续使用前面用过的德国交通指示灯图像分类数据集，以查看早停标准对模型性能的影响。

1. 继续使用之前的笔记本（参见前面的动手实践：使用 Keras 和 TensorFlow 构建卷积神经网络）。

2. 从"第二次运行——早停标准"开始，运行笔记本的其余部分。

3. 作为动手实践的一部分，完成练习。

第 6 章

AutoML、AutoAI 与 NoLo UI

目前为止，在相对较短的时间内，全球各地的组织在机器学习和深度学习的实施方面已经取得了令人瞩目的增长。然而，这种增长并不总是能转化为商业上的成功。在零售行业中，机器学习和深度学习的采用率低得令人失望（英国的采用率仅为 11.5%[①]），而纵观所有行业，也仅有超过 50% 的原型成功进入生产环境。[②] 许多解决方案在操作上都陷入筒仓，需要依靠博士水平的统计学家来解读全是硬核代码的技术性模型。

与此同时，人们在训练过程中过度依赖虚拟或合成的数据集，或者缺少与 Python 笔记本（例如 Jupyter 和 Colab 等）中进行的训练和测试的接口，甚至更糟糕的是，这些接口出现了故障。这些设计不良的应用程序欠下的技术债开始为组织造成负担。

如图 6-1 所示，AutoML[③] 和 AutoAI 这类工具的使用日益增多，它们更适合企业级部署：从全自动导入数据，到界面编排，再到机器 / 深度学习和部署。更重要的是，这些工具不仅更易于使用，还因其内置用户友好的 NoLo 图形用户界面和嵌入式数据可追踪和审计功能，使得来自各个部门的多方干系人都能够理解它们。

---

① 网址为 https://assets.publishing.service.gov.uk/government/uploads/system/uploads/attachment_data/file/1045381/AI_Activity_in_UK_Businesses_Report__Capital_Economics_and_DCMS__January_2022__Web_accessible_.pdf。若想查看高德纳咨询公司的数据，请参见 www.gartner.co.uk/en/newsroom/press-releases/2020-10-19-gartner-identifies-the-top-strategic-technology-trends-for-2021。
② 网址为 www.gartner.co.uk/en/newsroom/press-releases/2020-10-19-gartner-identifies-the-top-strategic-technology-trends-for-2021。
③ 据 Businesswire 预测，全球 AutoML 市场预计将以 43% 的年复合增长率（CAGR）发展，并在 2027 年超过 50 亿美元。

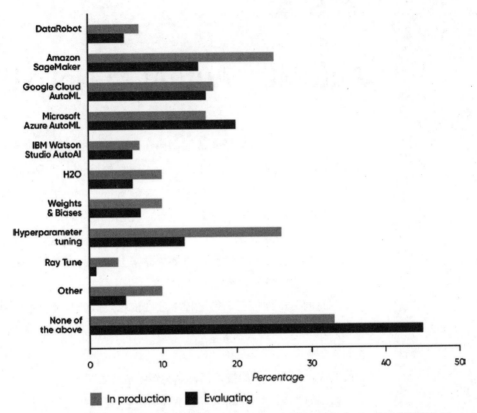

图 6-1　AutoML 工具的使用（来源：O'Reilly 所发布的 2022 年 AI 采用企业报告）

　　AutoML/AI 工具和 NoLo（或称"无 / 低代码"）应用程序的使用和协作正在发生改变，[①] 这与此同时，许多企业正在从"基于规则"的机器人流程自动化（robotic process automation，RPA）转向融入 AI"语境"的增强型认知机器人流程自动化（cognitive robotic process automation，CRPA）。

　　这种趋势在聊天机器人的发展中尤其明显，智能虚拟代理（intelligent virtual agent，IVA）或"对话型"聊天机器人已经取代了传统的基于规则的聊天机器人，这种趋势也明显地体现在一系列增强工具的广泛应用中，比如基于 PowerBI 的 Microsoft Power Automate 工具，基于光学字符识别（OCR）的自然语言处理 / 文本分析技术，以及特定领域的增强，比如在医疗行业中，基于病人筛查（RPA）的人工智能 X 光诊断技术。

---

① 或称 LCNC，Low-Code/No-Code（低代码 / 无代码）平台。尽管其预计的复合年增长率约为 23%，低于 AutoML，但低代码开发平台的市场规模更大，预计到 2030 年将达到 350 亿美元（数据来源：Grand View Research, Inc）。

这种商业转型的驱动力实质上是对一种"雇主的梦想"——民主化的工具——的追求，那些工具广受欢迎、高度直观、协作性强且能为组织预测未来的复杂结果。因此，本章的目标是帮助读者踏上实现这一目标的道路，培养生产思维，以交付企业级、全面集成、全栈的 AI 应用和解决方案。

首先，我们将回顾端到端的机器学习过程，并介绍作为 AutoML 的基础的贝叶斯优化（Bayesian optimization）。然后，我们将深入研究 Python 模型自动化库。最后，我们将重点关注快速增长的自动 AI 工具生态系统。我们的动手实践难以做到全面涵盖，因此我将重点介绍一些最领先的优秀 NoLo 工具，包括用于 AutoML 和 AutoAI 的 IBM Cloud Pak for Data、Azure Machine Learning 和 Google Teachable Machines。

6.1 机器学习：过程回顾

我们从回顾数据管道编排和端到端机器学习过程开始。作为当前大多数内置 AutoML 功能的基础——几乎所有的 AutoAI 工具都以下面列出的一系列步骤为核心——这个基础将为本章剩余部分提供参考，从重要的贝叶斯优化和推断到动手实践中涉及的自动 Python 建模库和 AutoML/AutoAI 工具。

实际上，AutoML 也做不到包罗万象，但如图 6-2 所示，我们可以将这些步骤分为建模前（premodeling）和建模后（postmodeling）这两个过程。从原始数据导入开始，AutoML/AutoAI 依赖于高效的数据管道编排，经历建模前后的这些步骤，一直到超参数调优和最终的算法选择。目前，领先的 AutoAI 产品甚至包括"再训练"过程的自动化，其中会对"数据漂移"进行监控并在底层数据集出现统计学意义上的显著偏差时触发新的训练过程。[①]

建模前
- 原始数据导入
  静态（批量）文件多个
  SQL查询
  通过Python库的已认证
  API
- 数据整理
  识别 + 处理缺失值
  编码
- 数据划分
  识别目标变量洗牌和分割训练/验证/测试或k折

建模后
- 特征工程
  降维
  归一化（规模在0和1之间）
  标准化（规模为均值0，标准差1）
- 模型调优
  性能基准测试
  超参数调优/网格搜索
  算法选择
- 重新训练
  数据漂移

图 6-2 机器学习中的自动化过程

---

① 另外请参见第 9 章中的 9.2.5 节。

正如我们之后将看到的那样，[①] 上述自动化过程通常可以归纳为建立和评估候选模型流水线的 4 个核心过程[②]：

- 数据预处理
- 自动化模型预选择
- 自动化特征工程
- 超参数优化

6.2　全局搜索算法

尽管在 AutoML 和 AutoAI 中，上述许多过程都可以并且已经自动化，然而一旦导入数据，模型训练过程实际上就会使用全局搜索算法来优化看似无限的特征和特征权重组合[③]，其中两种方法是随机采样和网格搜索，它们从参数 / 特征的搜索空间中更均匀地抽取样本。这两种情况下的目标都是最小化成本或目标函数，通常是实际预测和模型输出之间的差异 / 增量"得分"。

6.2.1　贝叶斯优化和推断

然而，随机采样和网格搜索都有其限制，它们都不利用前一个样本的结果来指导 / 改进下一次迭代的采样。如今，一种更好 / 更复杂的方法[④]是使用贝叶斯优化。在这种方法中，调优算法（tuning algorithm）根据前一次迭代的得分优化每次迭代中的参数选择，也就是说，贝叶斯优化适应性地采样更可能为最优的数据，而贝叶斯推断则是推断结果 / 得分。

在幕后，贝叶斯优化意图找到一个代理函数（surrogate function），该函数优化数据、特征、算法和超参数，以便近似于目标函数。[⑤] 通常，代理函数使用像随机森林或高斯过程回归这样的监督回归技术来总结目标函数的条件概率。对于后者，需要一个核函数来控制目标函数的形状，默认情况下使用的是径向基函数（RBF），但不同的数据集的性能可能需要使用不同的核函数。

---

① 参见下文中 IBM Cloud Pak for Data 的 AutoAI。
② 举例来说，可以参见 https://dataplatform.cloud.ibm.com/docs/content/wsj/analyze-data/autoai-overview.html。
③ 或称"变量搜索空间"。同时请参见 https://machinelearningmastery.com/what-is-bayesian-optimization。
④ 尽管超出了本书的讨论范围，但计算密集型的遗传算法也越来越多地得到了应用
⑤ 目标函数是非凸的（nonconvex）、非线性的、有噪声的并且计算成本高，因此需要用替代函数来模仿。

贝叶斯优化在处理少于 20 个维度 / 特征的问题时效果最佳，因此对于大型数据集，应首先进行主成分分析等降维技术。

动手实践 6-1 **贝叶斯推断**

搜索优化性能基准测试

这个实践的目标是比较机器学习模型使用随机采样、网格搜索和贝叶斯优化时的性能差异。

1. 访问 https://github.com/bw-cetech/apress-6.2.git，克隆下面的 GitHub 存储库。
2. 按照笔记本的步骤导入数据集（也包含在上述存储库中），设置数据整理管道，然后使用上述三种技术搜索预测心率信号的最优模型参数。
3. 练习：尝试为这三种技术绘制平均测试分数（AUC）图表。
4. 拓展练习：导入一个更大的 IoT 或零售数据集，更新数据整理管道和建模假设，并查看平均得分，了解贝叶斯推断是如何超越其他技术的。

6.3 基于 Python 的自动化库

贝叶斯优化是 AutoML 和 AutoAI 中用于概率搜索底层（代理）模型可用参数的多维空间的主要技术。

虽然这些工具显然没有我们稍后要介绍的 NoLo 代码工具那样易用和易于非程序员访问，但现在我们先要介绍一些可用于 AutoAI 的 Python 库。

6.3.1 PyCaret

尽管需要 Python 的使用经验，但由于具备机器学习模型训练的加速方法，PyCaret 被媒体宣传为低代码机器学习工具。它的独特卖点在于使机器学习变得民主化，正如图 6-3 中的训练异常检测数据集的示例所示，它只需要最少量的端到端编码。

```
 1 # load dataset
 2 import pandas as pd
 3 data = pd.read_csv('data.csv')
 4
 5 # init setup
 6 from pycaret.anomaly import *
 7 s = setup(data, normalize = True)
 8
 9 # train isolation forest model
10 iforest = create_model('iforest')
11
12 # assign anomaly labels on training data
13 iforest_results = assign_model(iforest)
14
15 # assign anomaly labels on new data
16 new_data = pd.read_csv('new_data.csv')
17 predictions = predict_model(iforest, data = new_data)
18
19 # save iforest pipeline
20 save_model(iforest, 'iforest_pipeline')
```

图 6-3　PyCaret 被应用于异常检测

在最后一章，我们将在部署到 Azure 的保险费用计算器的拓展动手实践中探索如何使用 PyCaret。

6.3.2　auto-sklearn

auto-sklearn 自动化 scikit-learn 的数据科学库，以确定用于监督式分类和回归数据集的有效机器学习管道。

面向企业的机器学习会优先考虑数据团队的效率和生产力以及更便于非数据科学家使用，但像 PyCaret 一样，它仍然涉及 Python 编码。Auto-sklearn 内置预处理和数据清洗、特征选择 / 工程、算法选择、超参数优化、基准 / 性能度量以及后处理。

Auto-sklearn 的一个变体是 Hyperopt-Sklearn，它使用 Hyperopt[①] 来描述 sklearn 预处理和分类模块的可能配置的搜索空间。

6.3.3　Auto-WEKA

Auto-WEKA 实际上是一个 Java 应用，它基于新西兰怀卡托大学 WEKA[②] 机器学习构建，用于算法选择和超参数优化。pyautoweka 是 Python 装饰器。

---

① 分布式异步超参数优化，一个用于贝叶斯优化的开源 Python 库。请参见 https://hyperopt.github.io/hyperopt/。

② Waikato Environment for Knowledge Analysis（Waikato 环境知识分析）。

与 auto-sklearn 相反，Auto-WEKA 同步选择学习算法并配置超参数，旨在帮助不具备专业背景的用户更有效地确定适用于应用程序的 ML 算法和超参数设置以及提高性能。

6.3.4　TPOT

TPOT（Tree-based Pipeline Optimization Tool，基于树的流程优化工具）使用基于树的结构 / 遗传编程（genetic programming）来优化机器学习流程，被设计为在数小时内对大型数据集进行训练。如图 6-4 所示，TPOT API 支持监督式分类和回归，进行数据整理和 PCA。然后，进行迭代训练、测试和递归特征消除，以找到分数最高的流程。

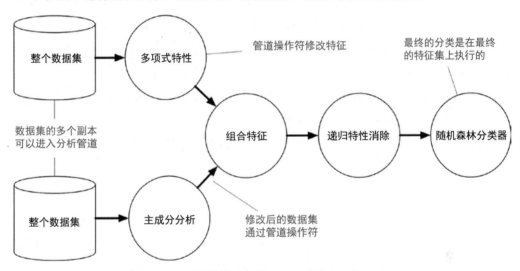

图 6-4　TPOT 操作（来源：towardsdatascience）

用于 pipeline_optimizer 变量的 generations 参数是运行流程优化过程的迭代次数。尽管一个不错的流程（和 ML 模型），可以相对快速地获得，但为了确保获得最佳的性能流程，还是需要多次迭代，特别是对于大型数据集。

动手实践 6-2   用 TPOT 进行 Python 自动化

AutoML 遗传编程

本次动手实践的目标是使用 TPOT 优化在合成分类问题上找到表现最好的流程和算法。代码示例还显示了如何在 Python 中自动化直连、解压和读取网络数据集。

1. 访问 https://github.com/bw-cetech/apress-6.3.git，克隆以下 Github 存储库。

2. 逐步浏览笔记本以直接从 UCI 网站读取数据集、解压文件并导入较小的 csv 数据集。

3. 进行基本的 EDA，数据整理，数据分割并配置 K 折交叉验证（步骤 2，3 和 4）。

4. 运行 TPOT 优化步骤，并观察几分钟后开始出现的流程 / 模型分数。整个过程应该不超过 30 分钟。

5. 练习：流程是以准确率评分的。通过对例如召回率，精确率或 fbeta 的评分，来检查模型类别的分离情况是否良好（即，模型不仅仅是在预测一个单一类别）。

6. 练习：进行更复杂的数据整理，例如，对名义分类变量进行独热编码、改进特征选择和 / 或进行缩放。

7. 打开导出的流程文件 tpot_best_model.py 并观察表现最好的算法和与之关联的超参数。

8. 拓展练习：用更大的银行数据集替换数据。通过在 Colab 上使用 GPU 加速器执行来加快运行时，并比较流程性能的改变。

6.4   AutoAI 工具和平台

现在我们来到本章最主要的小节。在本节中，我们要了解几个用于 AutoAI 的重要 NoLo 工具。[①] 本小节的目标是让读者了解这些工具是如何用其简单性、高度可视化、可转译和协作方面的独特卖点来赢得企业领导者的认可，并被 AI 工程师和数据科学家所广泛采用于切合 / 实现覆盖整个公司的业务目标。

这一小节将以几个动手实践收尾，这些实践涵盖这些工具在特定的 AI 用例中的操作。

---

① 我们将涵盖 5 个主要的 AutoAI/AutoML 平台。还有一些工具超出了本书的讨论范围，但非常值得了解，包括 c3、DataRobot、Peltarion、Ludwig 和 KNIME。随着这些工具的出现，生态系统正在变得越来越分散。

6.4.1　IBM Cloud Pak for Data

作为一个带有数据编织（data fabric）架构的数据和 AI 平台，IBM Cloud Pak for Data 实际上将多个传统工具（包括 Watson Studio, Decision Optimization, and Watson Assistant）集成到一个平台解决方案并在其上添加了 AutoAI。

该产品的数据编织支持意味着该产品支持多个 API 进入分布在多云环境（无论是 IBM Cloud、AWS、Azure 还是 GCP）中的结构化和非结构化数据源。这为产品的独特卖点奠定了基础——IBM 声称数据编织架构让数据访问速度提升到了原来的 8 倍，同时，ETL 请求的减少可以使生产力提高 25% ~ 65%。它还为数据治理带来了好处：产品内置的智能数据消除了手动编目的需求，节省成本 2 700 万美元。

AutoAI 是一个图形工具，它先前构建在 Watson Studio 中，后者自动化了 AI 过程，也就是分析数据、发现数据转换、算法和设置对特定预测性建模问题最有效的参数等过程。[①] 如图 6-5 所示，这种自动化基本上符合前面描述的 4 个核心 AI 自动化过程。

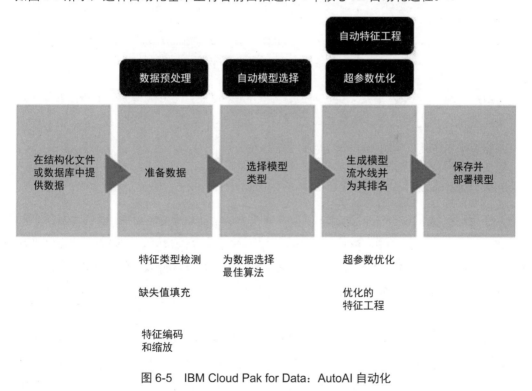

图 6-5　IBM Cloud Pak for Data：AutoAI 自动化

---

① 与 IBM 用于监控模型 / 数据漂移和重新训练的最佳实践 ModelOps 相结合。

如图 6-6 所示，AutoAI 将其底层自动化的结果作为模型的候选流程展示出来，并排列在排行榜中供终端用户选择。

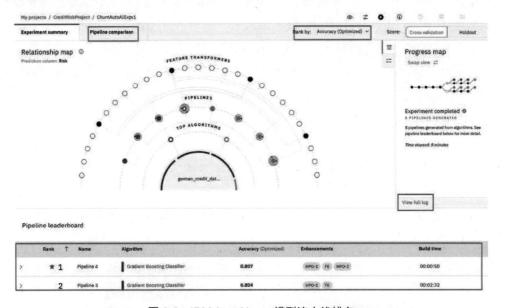

图 6-6　IBM AutoAI——模型流水线排名

虽然 AutoAI 与贝叶斯优化类似，但它实际上使用的是 RBfOpt 作为其全局搜索算法。与贝叶斯优化相比，后者将高斯模型拟合到未知的目标函数上，RBfOpt 则拟合径向基函数来找到最大化目标函数的超参数配置。[①]

6.4.2　Azure ML

在第 1 章和第 4 章中，我们介绍了 Azure Machine Learning Studio。微软计划在 2024 年停止使用这个经典界面，转而使用 Azure Machine Learning（Azure ML）。如图 6-7 所示，Azure ML 的外观和给人的感觉与原始的 Studio 版本非常相似，但它具备与 Azure 的增强型云服务集成，并内置了自动化机器学习，这意味着就功能性而言，Azure ML 可以与 IBM Cloud Pak 相媲美。

微软将 Azure ML 宣传为用于大规模构建业务关键型机器学习模型的企业级服务。该产品附带 MLOps 模型治理和控制，据称，它还使训练模型的步骤减少了 70%，并且代码行数减少了 90%（尽管对一个无代码工具而言有些矛盾）。

---

① 网址为 https://dataplatform.cloud.ibm.com/docs/content/wsj/analyze-data/autoai-details.html。

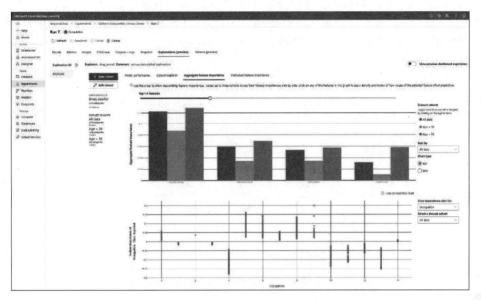

图 6-7　Azure ML 的界面

6.4.3　Google Cloud Vertex AI

Vertex AI 目前是谷歌的主要 API 驱动的 AI 自动化平台。它部分采用 AutoML 技术，无需编写代码就可以在图像、表格、文本和视频数据集上训练模型；它还部分被用作 AI Platform，用于运行自定义训练代码。我们将在下面动手实践中看到，Google Teachable Machine 就是谷歌的 AutoML 平台的一部分。

在 Vertex AI 平台内，MLOps 工具的整个生态系统过于庞大，这里无法一一列举[①]，但值得注意的是 Vertex AI Pipelines，它是一个无服务器服务，可以运行 TensorFlow Extended（我们将在后面进行简要介绍）和 Kubeflow 管道。Vertex AI 也与 BigQuery[②] 有多个集成。

6.4.4　Google Cloud Composer

作为 TensorFlow 的创建者，谷歌的 AI 自动化范围自然不限于 Vertex AI。如图 6-8 所示，Google Cloud Composer 是 Apache Airflow 的托管版本，用于编排数据管道。其工作流

---

① 网址为 https://cloud.google.com/vertex-ai。

② https://cloud.google.com/blog/products/ai-machine-learning/five-integrations- between-vertex-ai-and-bigquery。

和 GCP 架构包括用于导入和整理数据的 Dataprep，用于转换数据的 Cloud Dataflow，用于模型训练的 BigQuery ML，以及用于数据管道化 / 编排的 Cloud Composer。

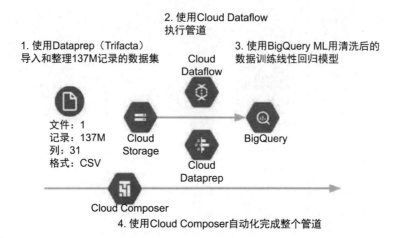

图 6-8　使用 Google Cloud Dataprep API 通过 Cloud Composer 触发自动化整理作业 [1]

6.4.5　AWS SageMaker Autopilot

与 Google Vertex AI 一样，Amazon SageMaker 套件由多种 AutoML 工具组成，[2] 主要包括 Amazon SageMaker Studio、Amazon SageMaker Autopilot 和 SageMaker Data Wrangler。

Amazon SageMaker Studio 带有可用作定制的构建块的推荐模型，在 Data Wrangler 执行了诸如自动填充缺失数据，显示列统计信息，编码非数字列和提取日期和时间字段等必要的整理任务后，Autopilot 简化了 ML 模型构建过程。

6.4.6　TensorFlow Extended (TFX)

最后一个 AutoML 工具是 TFX。尽管由谷歌开发，但 TensorFlow Extended（TFX）是一个开源工具，因此这里将它视为独立的工具。TFX 为可扩展的、高性能的 ML 生产管道 / 部署而构建，它将 TensorFlow 执行流水线（图 6-9）和 tf.data API 扩展到端到端的 MLOps 上。

---

[1]　网址为 https://medium.com/google-cloud/automation-of-data-wrangling-and-machine-learning-on-google-cloud-7de6a80fde91。

[2]　网址为 https://aws.amazon.com/machine-learning/automl/。

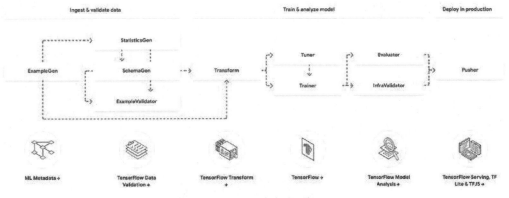

图 6-9　TFX 流水线运行

包括 Spotify（用于个性化推荐）和推特（用于给推文排名）在内的几个大品牌都使用了 TFX，尽管严格来讲，TFX 并不完全是 AI 自动化的无代码工具，但我们还是要在下面的实践中看看它是如何工作的。

小结

以上是对目前主流 AutoAI 工具的介绍。虽然许多工具都试图融入 NoLo 用户界面，以确保干系人能够参与进来，使数据团队不陷入筒仓，但在自定义模型时，仍然需要使用 Python。在下一章中，我们将把注意力转向 AI 应用程序的开发，具体来说，我们将研究把后端模型从简单的脚本扩展到前端的全栈解决方案。

动手实践 6-3　使用 IBM Cloud Pak for Data 的 AutoAI

用于预测信贷违约的 AutoAI

接下来，我们将开始研究 AutoAI 工具。首先研究 IBM Cloud Pak，我们要做一个 AutoAI 实验，预测哪些客户可能会拖欠贷款。

1. 从 https://ibm.github.io/ddc-2021-development-to-production/setup/ 下载实验资产。
2. 注册 / 登录 IBM Cloud Pak，链接如下：

   https://dataplatform.cloud.ibm.com
3. 设置 Cloudpak 环境。

4. 我们需要设置 Watson Studio，添加一个机器学习服务，然后创建一个项目和部署空间。

5. 运行 AutoAI 以选择特性 / 选择最佳算法，以预测哪些用户的信贷违约风险最高。

6. 部署得分最高的模型。

7. 创建并测试一个在线终结点。

8. 练习：创建并测试一个批终结点，其中多个客户记录作为一批输入，并返回所有记录的预测结果。

9. 拓展练习：尝试将你部署的模型与一个示例（Flask[①]）应用集成。

   a. 复制 .env 文件。

   b. 添加 API 密钥和终结点。

   c. 安装并初始化虚拟环境，安装依赖项。

   d. 在电脑上本地运行应用。

   e. 测试应用。

10. 注意：在使用完毕后，请确保按照以下链接中 Stop the environment 部分的说明来停止环境运行时：

https://ibm.github.io/ddc-2021-development-to-production/ml-model-deployment/batch-model-deployment/

动手实践 6-4	健康诊断与 Google Teachable Machines

无代码机器学习：X 射线图像分类

本实践通过载入 Kaggle 的 X 射线图像，训练一个预测模型来检测扫描图像中的健康问题（在本例中是肺炎），以此来展示 Google Teachable Machines 的运作方式。

可以参考以下链接中的内容：https://towardsdatascience.com/build-a-machine-learning-app-in-less-than-an-hour-300d97f0b620。

1. 访问 www.kaggle.com/datasets/paultimothymooney/chest-xray-pneumonia，下载训练图像。

   注意，这是一个大约 2 GB 的大型数据集，可能需要几分钟才能下载完成。

---

① 第 7 章将更详细地探讨 Flask。

2. 在本地驱动器上解压图像，应该可以在 5 分钟内完成。

3. 转到 https://teachablemachine.withgoogle.com/train/image，在 Google Teachable Machines
上训练图像。

4. 将解压后的训练文件夹中的正常 X 射线扫描上传到 Teachable Machines 的 Class 1，
将肺炎案例上传到 Class 2。请注意，带有肺炎的 X 射线图中有异常不透明区域，
也就是说 X 射线图更 "不透明" / 透明度较低。

5. 选择 Train Model（训练模型），将批大小从 16 改为 128，以加快训练过程。

6. 完成后，使用解压后的图像文件夹中的测试集对模型进行测试。

7. 导出模型，选择 TensorFlow 和 Keras，我们在之后的实践中将会用到它。[①]

动手实践 6-5　TFX 和 Vertex AI 流水线

使用 TFX、Keras 和 Vertex AI 进行自动深度学习

本实践基于 TensorFlow 教程：www.tensorflow.org/tfx/tutorials/tfx/gcp/vertex_pipelines_
simple，目标是使用 Google Cloud Vertex Pipelines 自动化一个 TFX 流水线，以此来训练深
度学习模型。

1. 如果还没有激活免费试用版，请点击右上角的蓝色 ACTIVATE 按钮在 GCP 上进
行激活。需要输入信用卡信息来激活三个月 300 美元的免费 GCP 额度，请务必在
Google Cloud Portal[②] 中监控使用情况，尽管 Google 声称当信用额度耗尽时，他们
不会自动扣费，但小心驶得万年船。

2. 激活免费试用后，返回到 Create a Vertex AI 仪表板（https://console.cloud.google.
com/vertex-ai），创建一个项目。请记下项目 ID。

3. 访问 https://cloud.google.com/storage/docs/creating-buckets，执行其中介绍的 4 个步
骤，在最接近自己所在位置的区域创建一个 Cloud 存储桶。
记下存储桶名称和区域，以备下面的步骤 6b 使用。

4. 通过确认项目来在以下链接中启用 Vertex AI 和 Cloud Storage API：

---

① 我们将在第 9 章中扩展这个实验，我们将使用 Streamlit 构建一个完整的堆栈应用，并在 Heroku
上部署，该应用将与我们在 Google Teachable Machines 上训练的模型进行集成。

② 访问 Google Cloud Console 的网址 https://console.cloud.google.com/，从左上角的导航（三条横线）
菜单中选择 Billing。剩余的信用额度将显示在账单仪表板的右下角。

https://console.cloud.google.com/flows/enableapi?apiid=aiplatform.googleapis.com,storage-component.googleapis.com。

5. 访问从 https://github.com/bw-cetech/apress-6.4-tfx-vertex-ai.git，Github 存储库中下载笔记本，并在 Colab 中运行它。

6. 按照笔记本的步骤进行操作，确保在开始安装依赖项后重启运行时。

   a. 从笔记本登录谷歌账户。

   b. 设置变量（项目、区域和存储桶名称）。

   c. 从 Palmer Penguins 样本数据集准备样本数据。

   d. 创建 TFX 流水线。

   e. 在 Vertex AI 流水线上运行流水线。

7. 最后的 TFX 管道使用 Vertex 管道和 Kubeflow V2 dag 运行器进行编排。确保点击最后一个单元格输出中显示的链接，以在 GCP 的 Vertex AI 上查看流水线作业进度（图 6-10），或者访问 Google Cloud Console：https://console.cloud.google.com/ 查看 API 请求。

注意：在完成实验后，请确保在 GCP 上删除所有资源，包括流水线运行、Colab 笔记本、Cloud 存储桶和项目。

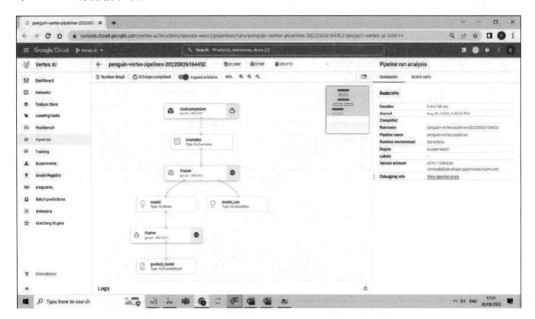

图 6-10　GCP 上的 Vertex AI（TFX）流水线进度

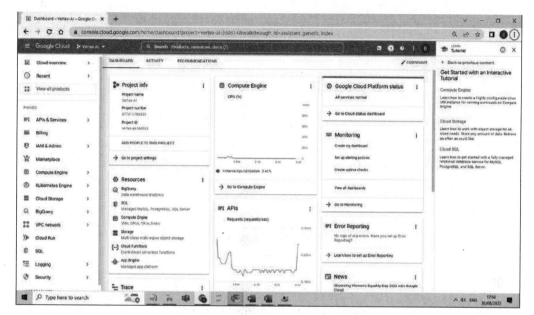

图 6-11　Google Cloud Console Vertex/TFX 流水线 API 调用

动手实践 6-6　Azure 视频分析器

使用 Azure Video Analyzer 对视频进行分类和编目

尽管 Azure Video Analyzer 并不严格属于 Azure Machine Learning 的一部分，但它是 Azure Cognitive Services 的一部分，展示了许多 AutoML/AutoDL/AutoAI 的自动化特性。在本次实践中，我们将研究如何自动化视频元数据和视频片段的编目过程。

注意：本次实践是 Microsoft Azure AI 工程师认证的一部分 https://docs.microsoft.com/en-us/learn/certifications/azure-ai-engineer/，强烈推荐给对基于云的认证感兴趣的读者。

1. 启动下面的 Microsoft Lab：

   https://docs.microsoft.com/en-us/learn/modules/analyze-video/5-exercise-video-indexer

2. 登录并启动虚拟机。

3. 克隆 Github 存储库。

4. 把视频上传到 www.videoindexer.ai 中的 Video Analyzer（在本地机器，而不是虚拟机上），需要使用 Azure 账户登录（如果还没有注册的话，请点击此处注册：https://azure.microsoft.com/en-gb/free/）。

5. 注意，视频上传可能需要几分钟（5 到 10 分钟）的时间，因为视频需要做索引。

6. 查看视频见解，选择屏幕右边的 Transcript（脚本），并在视频播放时观察到动态播放的脚本，其中包括发言人、讨论的话题、命名实体和关键词。

7. 练习：从 https://api-portal.videoindexer.ai 获取你的 API 密钥，并通过 Visual Studio 使用 Video Analyzer REST API。REST 服务的 JSON 响应应该包含之前索引的 Responsible AI 视频的详细信息。

8. 练习：再次运行 API，这次的目标是获取更细粒度的见解。将自己的解决方案与下面 Github 位置中的 Powershell 脚本进行比较：

   https://github.com/bw-cetech/apress-6.4.git

   注意：在实验完成后，确保关闭 Visual Studio 并注销虚拟机，以免在 Azure 上产生费用。

第 7 章

AI 全栈：应用开发

据国际数据公司（IDC）估计，目前 AI 的市场价值高达 3 410 亿美元。按照一些全球管理咨询公司的预测，[①] 到 2030 年，AI 可能为全球经济贡献 13 万亿美元（麦肯锡）或 15.7 万亿美元（普华永道）。

显然，这个市场正在蓬勃发展，但那些与过度依赖独立的、高度技术化的脚本模型以及管理不善的数据科学团队欠下的历史性技术债务，公司应该如何解决呢？

当今，顶尖的能力在于将企业级 AI 愿景转化为已完成部署的现实。全球疫情把 AI 推到公司议程的首位。AI 能够提升企业抵御风险的能力和市场竞争力，而现在的重点是如何重构和将演示与原型嵌入企业级全栈 AI 解决方案。

据 IDC 预测（图 7-1），未来 5 年内，AI 服务客户对开发、实施和管理 AI 应用的技术专长的需求预计将以 18.4% 的复合年增长率增长。本章从 AI 的关键企业 / 组织需求出发，确定正确的 ML 或 DL 解决方案和技术，以开发和交付这些全栈 AI 解决方案，同时在我们的动手实践中开发一些这样的示例解决方案。

---

① 1980 年，麦肯锡有一个著名的预测指出，到 2000 年，手机市场的用户预计达到 90 万。然而，这个数字不及实际情况的 1%，实际的数字是 1.09 亿（www.equities.com/news/a-look-at-mckinsey-company-s-biggest-mistakes）。

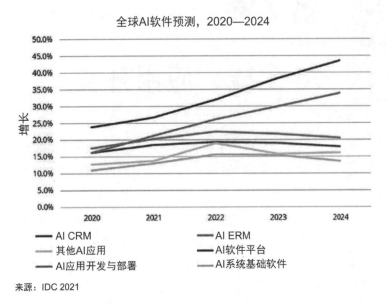

图 7-1   IDC 对 2024 年之前 AI 增长的预测

7.1   AI 应用开发简介

在本节中，首先了解一下当前 AI 应用开发的驱动因素，并学习从脚本到解决方案的一些基础知识，以及用于处理大数据的加速器：并行处理、集群和 GPU。

7.1.1   开发 AI 解决方案

敏捷软件开发是 itjobswatch 上的最热门的工作技能。[①] 对 AI 解决方案的强烈需求，为全栈数据科学家或 AI 工程师提供了巨大的机会。

2022 年，大部分 AI 应用都可以归为三类：机器学习、计算机视觉或自然语言处理，但由于它们的技术复杂性，机器学习和深度学习的实施在运营上通常都陷入了筒仓，需要博士水平的统计学家来解释这些全是代码的技术模型。

人们常常依赖快速修复或模拟的虚拟/合成的数据集，而不是实施数据编织方法去连接或创建复杂的预标记数据集。训练和测试通常被限制在 Python 笔记本（如 Jupyter，

---

① www.itjobswatch.co.uk/jobs/uk/agile.do。AI、网络安全、云计算和软件工程/开发也是 Indeed 上的前五大技术职业所需要的技术技能。详情可参见 www.indeed.com/career-advice/career-development/in-demand-tech-skills。

Colab 等）上，而推理（通常没有 API）则被视为事后考虑的事情。最后造成大量的技术债，这显然不是我们所熟知的应用程序。

现在的发展趋势是企业级 AI 即服务（Enterprise AIaaS）解决方案，可能还要配合 TinyAI，这是一种新的算法，可以在不损失其功能的前提下缩小现有的深度学习模型。[①]

7.1.2　AI 应用——启动并运行

应该如何开始开发 AI 应用呢？从流程角度来看，建议采取敏捷的方式，从小处入手，但不要留下技术债，最终的目标应该是企业级 AI，即使这可能是一个为期 2 到 5 年的长期旅程。下面的七步计划是一个好的框架，有助于取得成功。

1. 选择一个有趣的主题 / 问题。
2. 开发一个低保真解决方案，找到一个快速的解决方案，并尽可能保持开源。利用谷歌来帮忙（我是认真的！），用精确的关键词来描述问题。
3. 改进这个简单的解决方案，在 Kaggle 上或者 AI/DL 或 ML 的各种优秀的思想领袖的博客 / 网站上查找相似的问题表述和 Python 代码示例[②]。
4. 分享解决方案并征求反馈，可以利用一些特定的论坛来提问和寻求支持 / 调试。
5. 对不同的问题重复步骤 1 到 4——将模糊和不明确的商业 / 组织目标转化为可用 ML/DL 解决的具体问题。
6. 完成一个 Kaggle 竞赛并进行合作。
7. 致力于高价值解决方案——它是否解决了组织的问题，是否可衡量？

成功部署一个 AI 解决方案需要大量的支持基础设施和对目标以及想要实现的架构的透彻理解。我们下面要讨论扩展解决方案的两个关键方面——将机器学习和深度学习代码作为 API 和分布式计算背后的 web 服务运行。

7.1.3　API 和终结点

应用程序编程接口（application programming interface，API）提供了一种标准化的方式来使两个软件应用能够进行通信。

API 会打开某些用户定义的 URL 终结点，这些终结点随后用来发送或接收数据请

---

① 在我们看来，这不是互斥的，因为企业级 AI 难以实现，并且需要较长时间，所以更简单的、渐进式的发展对商业上的认可仍然至关重要。
② 推荐看看参考文献。

求。REST（representational state transfer，表征状态转移）API 是最受欢迎的 web 服务 API 之一，它利用 URI，HTTP 协议和 JSON 数据格式，但也有其他一些受欢迎的 API，比如谷歌的高性能远程过程调用（remote procedure call，RPC）框架 gRPC 和 Facebook 的 GraphQL。[1] 两者都已经开源。

将 AI/ML 模型 API 的形式开放出来有明显的优势，比如更好的 UI/UX、提供用户友好的分析/模型接口和工作流、终结点稳定性、能够包含数据验证[2] 检查和安全处理、将数据科学和 IT 功能分开、在更广泛的组织中的可用性以及多应用的可重用性。

除了内部生产力，API 支持的 AI 解决方案还可以将数据科学模型暴露给更广泛的客户群，从而产生额外的外部价值。API 终结点/响应可以使用 URL 和/或 Postman 进行测试，这两者都简化了构建 API 和排查/调试连接问题的步骤。图 7-2 说明了这一点。

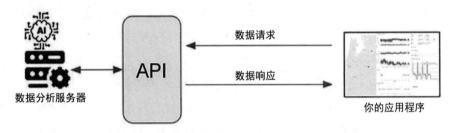

图 7-2　典型的 API 架构（来源：ubiops）

7.1.4　分布式处理和集群

由于深度学习需要对大型训练集进行矩阵计算（机器学习有时也需要），分布式计算使得这些计算能够并行执行，从而节省时间。如今，大多数生产级解决方案都需要这种大数据处理能力来支持底层的 AI 应用。

1. 集群

如图 7-3 所示，集群（cluster）是高性能计算（high-performance computing，HPC）系统中的一组节点（计算机），它们使用并行处理来处理分布式工作负载。

---

① 在 Python 中，有多个库可用于实现 GraphQL，包括 ariadne、graphene 和 strawberry。
② 通过 GraphQL 进行数据查询限制 API 响应仅提供所需信息，这可以类比为使用菜单点餐，而不是自助餐。示例可以参阅 https://medium.com/@kittypawar.8/alternatives-for-rest-api-b7a6911aa0cc。

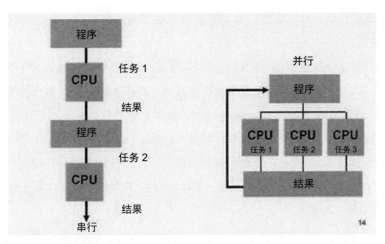

图 7-3　并行计算：使用多个 CPU 将 ML/DL 进程划分为并发任务

最著名的例子是 Apache Hadoop，它是一个允许在集群中对大型数据集进行分布式处理的框架。有关 Hadoop 的更多信息，请参见第 3 章。

2. 图形处理单元（GPU）

对于简单的模型和小型数据集，CPU（central processing unit，中央处理单元）的工作效果虽然足够好，但对于较大的数据集，它的执行时间就过于久了。GPU（graphical processing unit，图形处理单元）比 CPU 拥有更多的逻辑核心，并且支持运行并发进程，而不是逐一运行进程。因此，它们尤其适用于可以表示为数据并行（data-parallel）计算的问题，例如具有成千上万个参数的 AI 问题。

GPU 在现代多人在线游戏中的应用较多，但它们其实已经进化到能够处理涉及大量数据运算的应用之底部，这使得所有云服务提供商（CSP）都在其云平台上提供了按使用付费的高性能 GPU。

从技术实现的角度来看，GPU 通常依赖于英伟达开发的 CUDA（compute unified device architecture，计算统一设备架构）并行编程。

3. TensorFlow 处理单元

TPU（TensorFlow processing unit，TensorFlow 处理单元）是谷歌开发的专门用于深度学习任务的硬件加速器。

它们通常供研究人员和开发人员使用，尽管比 GPU 更昂贵，但它们针对大批量和

CNN 进行了高度优化。总的来说，它们更快速且更节能，但对于中大型数据集，GPU 仍然可能性能更优。

并行处理/计算是快速发展中的研究和开发领域，所有备受媒体瞩目的主流 AI 项目（例如自动驾驶汽车、机器人等）都依赖着最新的技术。在不久的将来，有两种可能具有竞争力的技术，一种是 DPU（data processing unit，数据处理单元），一种新的专门用于在数据中心中移动数据的可编程处理器或单片系统（system on a chip，SoC）；另一种是 FGPA（field programmable gate array，现场可编程门阵列），一种具有可编程硬件构造的集成电路。如图 7-4 所示，由于与（非常耗能的）GPU 相比，FGPA 在能源消耗上较为节省，所以它可能也更具有可持续性。

图 7-4　最新并行技术的比较（来源：inaccel）

4. 分片

如图 7-5 所示，分片（sharding）是将大型表格拆分为小块的过程，这些小块称为分片（shard），分布在多个服务器上。[①] 一个分片本质上是一个横向数据分区，包含总数据集的一个子集，因此它负责承担整体工作负载的一部分。

---

① 类似于通过 Apache Spark 中的弹性分布式数据集（resilient distributed dataset，RDD）进行的分割过程。详情可参见第 5 章。

在深度学习中，分片能够节省超过 60% 的内存，并使 PyTorch 中的模型训练规模扩大一倍。

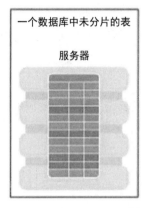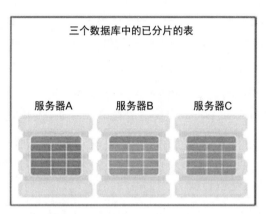

图 7-5　分片（来源：Oracle）

在进入下一节并了解主要软件供应商及其用于 AI 应用程序开发的工具生态系统之前，作为本节的收尾，我们将研究一下如何为应用开发创建隔离的（虚拟的）环境并开展一些有关在 Python 中编写脚本和使用 API 的动手实践。最后，我们将探索在 Colab 中使用 GPU 的方法。

7.1.5　虚拟环境

虚拟环境为特定应用提供独立的 Python 包安装，使得应用能够在同一个系统上独立共存。这些 Python（及其库）的安装是独立的，不与任何其他应用程序共享依赖关系，因此它们对于开发 AI 解决方案特别有用。

Python 的虚拟环境是使用 virtualenv（在 Python 3.3 以上的版本中，是 venv）创建的，它包括 Python 二进制文件和用于包管理的重要工具，例如用于安装 Python 库的 pip。接下来的动手实践将要介绍如何从终端设置虚拟环境。

动手实践 7-1　从终端运行 Python

摆脱笔记本：Python 脚本编程（.py 文件）

许多 AI 应用程序都使用原始 Python 脚本（.py 文件）而不是 Jupyter 笔记本。本次实践将以熟悉这种脚本为目标，使用独立的 Python 来创建一个虚拟环境并运行脚本。

1. 从 www.python.org/downloads/windows/ 下载并安装稳定版本的 Python。

2. 将电脑上的安装位置的路径添加为（系统）环境变量，这将使得 Python 和 pip（库安装器）命令能在终端上工作。

3. 在本地目录的适当位置创建一个 test 文件夹。从下面的 Github 中把 Python 脚本克隆到本地硬盘上：

   https://github.com/bw-cetech/apress-7.1.git

4. 在文件 /Windows 资源管理器中，转到克隆过来的本地文件夹，然后在路径名中键入 cmd 以打开终端。（逐个）使用下面的命令创建一个虚拟环境：

```
python -m venv env
env\Scripts\Activate
```

5. 现在虚拟环境应该已经启用了。用以下命令来运行这个简单的游戏：

```
python python-guessing-game.py
```

   完成后，使用 deactivate 关闭虚拟环境。

6. 拓展练习：尝试在重新激活同一个虚拟环境后，将第 5 章（神经网络和深度学习）中完成的随机游走练习作为一个独立的 python 脚本运行。如果出现 "ModulenotFounderror：no module named errors"（例如 numpy），则运行以下命令：

```
pip install numpy
```

动手实践 7-2　API Web 服务和终结点

用于网络安全 DDOS 攻击的机器学习

本实践的目标是部署并通过终结点测试 / 执行一个用于检测网络安全性（DDoS, Distributed Denial of Service，分布式拒绝服务）威胁的机器学习模型。

1. 访问 https://gallery.cortanaintelligence.com/Experiment/Cyber-DDoS-trained-model，从已经标记网络流量事件进行训练的实验开始，我们首先在 Azure 机器学习工作室创建一个预测实验，部署一个机器学习模型。

2. 接下来，我们通过部署 Web 服务设置一个终结点。

3. 最后，通过从 Excel 调用 API 来使用 Web 服务。使用以下 GitHhub 链接中的样本数据进行测试。注意，第一条记录是一次 Teardrop 拒绝服务（DoS）攻击，第二条记录是良性网络流量：

https://github.com/bw-cetech/apress-7.1b.git

4. 练习：访问 https://gallery.azure.ai/Experiment/e7fb30de726e4e02b034233ec6c34ce4，也可以了解模型训练过程。注意，训练实验最初使用 Azure Blob 存储链接到数据集，但由于这些不再受支持，所以现在我们改为了使用同一 GitHhub 链接上的训练集 network_intrusion_detection.csv 和测试集 network_intrusion_detection_test.csv。

5. 拓展练习：看看是否能够通过改变所使用的数据（或算法）来超越这个模型的性能（AUC = 0.85）。

动手实践 7-3　AI 加速器 GPU

Colab GPU 性能测试

本节的最后一个动手实践是对大数据管道的运行时进行对比。具体来说，我们要对比从 Kaggle 直接下载一个 zip 文件并解压的时间。

1. 从 Kaggle 获取 API 密钥（kaggle.json 文件）或使用第 4 章和第 5 章的动手实践中所使用的相同密钥。

2. 现在访问 https://github.com/bw-cetech/apress-7.1c.git，下载 Python 脚本 Gpu_test.ipynb 并在 Colab 中打开。

3. 将 kaggle.json 文件拖放到 Colab 的默认（content）文件夹。

4. 运行 Colab 笔记本，以将 json 文件复制到根目录下的 .kaggle 文件夹。

5. 直接连接到 Kaggle 上的一个大型数据集，上面给出的示例将下载一个包含 50 000 个图像的 350 MB 的数据集。首先使用标准（无硬件加速器 /CPU）运行时来完成这件事，并记下它所花费的时间。

6. 将图像解压到 review 文件夹——仍然使用标准运行时，记下它所花费的时间。

7. 在完成后（或如果花费的时间过长，则中断代码），重复步骤 5 和 6，将运行时类型设置为 GPU。将完成这两步所需要的时间与标准运行时所花费的时间进行对比。

注意：虽然本次实践主要关注的是数据导入过程，但同样的并行过程效率也适用于机器学习和深度学习，在训练和部署模型时可以极大地节省运行时。

8. 练习：先使用本地运行时运行上述 GitHhub 链接中的另一个 Python 笔记本 autoencoders.ipynb，然后使用 GPU。验证使用 GPU 训练模型的时间是否明显更快。

7.2　AI 开发的软件和工具

有了前面作为基础，我们现在将探索实用的 AI 应用/软件开发，比较主要的云供应商以及他们提供的工具和服务，这些工具和服务支持着 AI 项目和基础设施，并用于开发特定于行业的用例和解决方案，以便最终部署应用。

7.2.1　数据和云是 AI 不可或缺的

云对 AI 应用集成的重要性以及供给 AI 应用的数据的重要性不容低估。如图 7-6 所示，虽然云是 AI 的一个关键推动因素，但只有在数据策略由丰富的、大数据源和/或训练数据支撑时，云才能为 AI 派上用场。

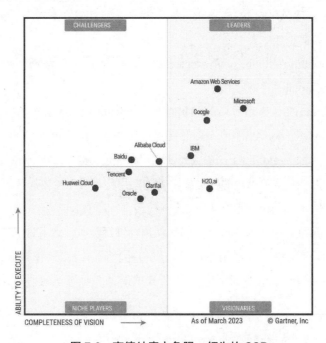

图 7-6　高德纳魔力象限：领先的 CSP

目前，成功的数据项目都是（企业级）AI 注入（AI-Infused）的，这需要端到端的云基础设施，尤其是作为大数据处理的主要云组件的存储和计算。

尽管企业级机器学习项目能够在两者上有较小的开销，但深度学习项目却不行。

如图 7-7 和图 7-8 所示，所有主流云服务提供商都提供一系列 AI 服务和工具，大大简化了构建应用的过程。但隐形成本是不容忽视的。[①] 虽然 AWS、Azure 和 GCP 这三大巨头最近想要使定价模型更加透明，但任何想要在没有企业预算支持的情况下进行实验的人显然都处于不利地位。

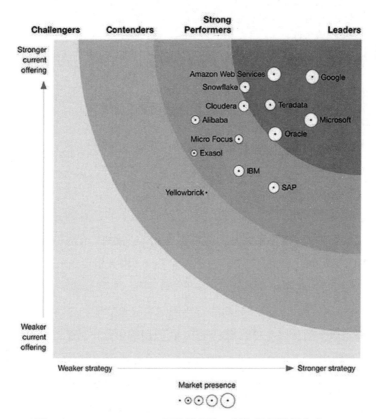

图 7-7　Forrester Wave 云计算报告：领先的云数据仓库

[①] 抛开隐形成本不谈，2021 年全球云支出仍然增加了 33%，远程工作和学习、电子商务、流媒体、网络游戏和在线协作，显然都离不开云。

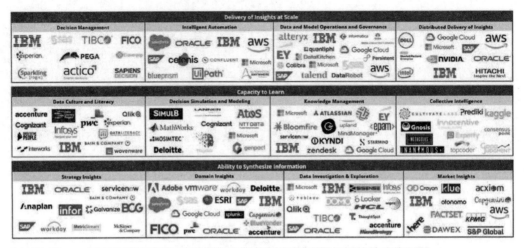

图 7-8　IDC Market Glance：智能的未来

7.2.2　云平台

对于领先的云平台，大家普遍达成了共识，但我们现在将深入探讨每个平台提供的主要服务和资源，首先，我们将从亚马逊网络服务（Amazon Web Services，AWS）讲起。

1. AWS

AWS 宣称自己提供最广泛、最深入的机器学习服务和云基础设施支持。SageMaker 是数据科学的主要工具，因为它在机器学习方面具有可扩展性，而对于自然语言处理（NLP），AWS 还提供了 Amazon Polly（文本转语音）和 Lex（聊天机器人）。

使用 AWS 的客户名单中包括西门子、FICO、F1、普华永道和奈飞，从中可以看出，AI 在诸如文档处理、欺诈检测和预测等行业用例中有着广泛的应用。

作为世界上最大的云服务提供商，许多 AI 应用都依赖于 AWS 广泛的基础设施支持，比如简单存储服务（simple storage service，S3）云存储、弹性计算（elastic compute，EC2）实例、用于运行 Apache Spark 管理集群的 Elastic MapReduce（EMR）、AWS 的云数据仓库 Redshift、用于处理事件的无服务器计算 Lambda 以及用于实时流处理的 Kinesis。

然而，看似如此，AWS 的免费层级并非完全免费。AWS 产品可以免费探索，有些产品是免费的，有些产品在限时免费的，但几乎所有产品都有容量 / 使用限制。

2. Azure

微软的 Azure AI 平台的强大之处在于它对关键 Azure 云服务的 API 访问，以及它那令人印象深刻的客户名单，其中包括空客、NHS、雀巢和 BBC 等。

使用 Azure SDK，从 Jupyter Notebook 和 Visual Studio Code 发出简单的 API 调用，可以与底层的 Python 代码以及 sklearn 机器学习和 TensorFlow/PyTorch 深度学习模型进行集成。

Azure SDK 还 使 我 们 能 够 访问 Azure Machine Learning 并 通 过 Azure Kubernetes Service（AKS）进行扩展，还能够访问 Azure Databricks（支持 Apache Spark）以及 Azure Cognitive Services 中的高质量视觉、语音、语言和决策模型，包括 Anomaly Detector、Content Moderator、LUIS 和 QnA Maker（基于知识的聊天机器人 / 对话 AI）、语音转文本转语音和 Computer Vision（预构建模型）和 Custom Vision（建立自己的模型）。

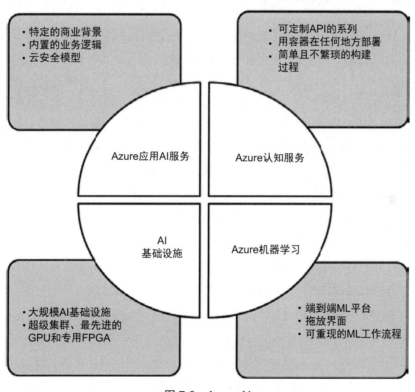

图 7-9　Azure AI

3. GCP

尽管 TensorFlow 现在已经开源，但它仍然是谷歌的"孩子"，谷歌的研究人员仍然在继续开发它，这可能是在 Google Cloud Platform（GCP）上进行 AI 项目开发的独特卖点。

当与 BigQuery（谷歌的无服务器数据仓库）、Vertex AI（托管机器学习）以及用于运行 Jupyter notebook 的 Colab 结合使用时，谷歌为数据科学家和 AI 工程师提供了一系列强大的产品。

Vertex AI 曾经属于 Google AI Platform 的旗下，它是将沙盒机器学习模型投入生产的首选托管服务，囊括 Cloud AutoML 高质量的低代码模型和最尖端的转移学习。它还支持深度学习容器和从 Google AI Hub 上的集中化存储库和 ML 管道共享代码。

AI Hub 上的同一 ML 管道可以部署到基于 Docker 的高度可扩展和可移植的 Kubeflow 管道上。

Google Natural Language API 为应用程序与 Google NLP 模型的集成提供了支持，而 Dialogflow 则用于将聊天机器人和 IVA 集成到移动和 web 应用中。

4. IBM Cloud

尽管 IBM 可能不再属于大型科技公司的第一梯队，IBM Cloud 也不是三大云服务之一，但毫无疑问的是，IBM 在创新方面仍然占据领先地位，经常先于主流推出新的开发和服务。

自从 2011 年赢得《危险边缘》智力大赛以来，IBM 的 Watson 平台一直是商业化 AI 的先驱，并持续驱动着 IBM Cloud 上的 AI 服务套件的发展。一部分主要工具如下：

- WATSON Studio——数据科学平台
- WATSON Assistant——聊天机器人 /IVA
- WATSON Discovery——企业级 AI 搜索
- WATSON Knowledge Studio——特定于领域的 NLP 整理

最近，IBM Cloud Pak for Data（CPDaaS）已经成为 IBM 的首选商业数据和 AI 一体化平台，在将 AI 注入应用程序的同时自动化（AutoAI）并管理数据和 AI 的生命周期。

Cloud Pak 是一个一站式服务，用于收集、组织和分析机器学习和深度学习所使用的数据资产。它由一组集成的微服务组成，这些微服务在多节点 Red Hat OpenShift 集群上运行并从中获益。Cloud Pak 提供开放且可扩展的 REST API，支持混合云和本地资源，同时通过最小化停机时间来实现弹性资源管理。

5. Heroku

Heroku 是最早的云平台之一，目前属于 Salesforce。虽然知名度不高，但在简单性和优雅性方面，Heroku 是我们最爱的云平台之一。在 Heroku 中，应用程序可以像其他主流平台一样在云上部署、管理和扩展。

在我们看来，Heroku 是快速部署应用程序性价比最高的云。它的免费计划不会强迫用户和开发者在启用机器学习或深度学习的工具上花费额度，只要你每个月不超出使用限制。举例来说，Azure VM 和 AWS SageMaker 虽然不是免费的，但可以在 Heroku 上免费部署 ML/DL 应用。

模型的扩展也很直观，对于应用程序每月的运行时间，有一个简单的"按使用付费"选项。模型是通过 Heroku dynos 托管的，后者是支持 Heroku 应用的基础模块。本质上来讲，这些 dyno 就是容器，但每种 dyno 类型都有特定数量的集群（免费 / 业余 dyno 有 1 个集群，标准有 2 个集群，中等性能有 5 个集群，高性能有 28 个集群）。

Heroku 是我们要介绍的最后一个可用于构建 AI 解决方案的主流云平台。在本节剩下的部分中，我们将探索如何使用基于 Python 的用户界面来为这些解决方案构建前端界面。[①]

7.2.3　基于 Python 的用户界面

接下来，要介绍三个用于创建 Web 应用的主要 Python 框架。第 9 章将介绍另一个 Python 框架 Streamlit，它使用一个简单的 API，支持被定义为 Python 变量的交互式小部件，并且部署速度相当快。[②]

1. Flask

Flask 是用 Python 编写的微型 Web 框架。

Flask 的代码简单、独立，但可扩展，主要适用于单页应用。可以使用 SQLAlchemy 进行数据库连接，并且 Flask 提供的数据库支持（比如 NoSQL）比 Django（详见后文讨论）更广。

[①] 对于大数据工程 / 并行处理，特别是与支持 AI 应用的 Apache Spark 有关的内容，请参见第 5 章。我们还将在第 9 章中介绍另一个并行计算平台 Dask。对于前端解决方案，也请参见第 2 章中对 react.js 和 VueJS 的使用。我们将在本章末尾查看一个使用 React UI 构建的端到端应用程序部署。

[②] 目前，Streamlit 正在被越来越多的《财富》50 强公司使用，包括特斯拉、IBM 和优步。

如我们将在本节后面动手实践中看到的那样，安装 Python 进行独立脚本编写以及 Visual Studio Code 后，推荐的工作流程便是从 GitHub 克隆一个 flask 应用，在命令行中导航到本地电脑上应用程序副本的目录，然后使用以下命令创建一个虚拟环境：

```
python -m venv env
env\Scripts\Activate
```

接着，像往常那样在虚拟环境中安装 Flask，如下所示：

```
pip install flask
```

2. Dash

Dash 可以将 Python 脚本转换为生产级别的商业应用。不仅填补了传统的 BI/Tableau/PowerBI/Looker 仪表板在预测性分析中的潜在缺口，Dash 还支持复杂的 Python 分析 /BI，并可以基于 Flask、Plotly.js 和 React.js 来编写。

Dash 还提供了一个点击式界面来操作机器学习和深度学习模型，大大简化了目标检测和 NLP 用户界面（例如聊天机器人）等前端 AI 应用的过程。

pip install dash 命令还将安装其他一些工具，比如：[①]

- dash_html_components
- dash_core_components
- dash_table
- plotly 绘图库

Dash 的优势在于它能够快速地将用户界面 Python 代码封装起来（图 7-10），这一点通过一个包含四个文件的文件结构以及类似于 html 的元素来实现：

- 布局（Layouts）：描述仪表板的外观
- 组件（Components）：组成布局的元素，包括 dash_core_components 和 dash_html_components
- 回调（Callbacks）：控制 dash 应用的交互性
- Bootstrap：预构建的 CSS 框架，用于创建交互式和移动优化的应用

---

① 应该经常通过 pip install [package] --upgrade 来升级 Dash。

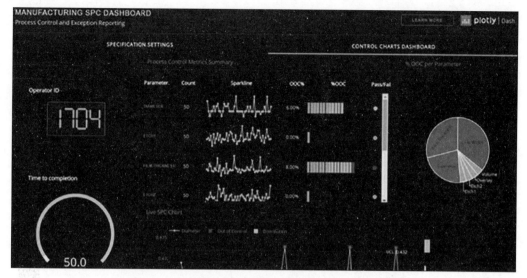

图 7-10 用于物联网流媒体数据警报的 Dash 用户界面

3. Django

Facebook、Instagram 和奈飞等公司都在使用 Django，它的设计目的是以更少的代码更快地构建更好的 Web 应用。与 Flask 类似，Django 是一个高级 Python web 框架，用于快速开发 Web 应用，但与 Flask 相比，使用 Django 开发的应用通常更具规模，功能也比 Flask 的有页面限制的应用更强大。

Django 是免费且开源的，拥有功能齐备（batteries-included）的框架，已经预装大部分功能。它提供了自动化工具来避免重复性的任务，并且拥有简洁而"务实"的设计，大大减少了 Web 开发的麻烦。对模型更改的处理过程简化为三个步骤：

- 在 models.py 中更改模型
- 运行 python manage.py makemigrations 来为更改创建数据迁移
- 运行 python manage.py migrate 来将这些更改应用到底层数据库

7.2.4 其他 AI 软件供应商

在本节的最后，我们来看看其他一些可以支持 AI 应用构建的 AI 软件供应商。

1. ONNX

ONNX（Open Neural Network Exchange，开放神经网络交换）是一个开源的机器学习模型格式和运行时，其独立于平台的设计对不同的框架和硬件平台之间的迁移有帮助。在大型科技公司占主导地位并进行时常进行业务整合的时代背景下，ONNX 的社区模型和互操作性成为其主要的亮点。

2. C3

C3 是一个 AI 和 IoT 软件供应商，专门用于构建企业规模的 AI 应用。它提供开箱即用的、特定于行业的 AI 应用，以优化关键流程。C3 声称它们每天运行 480 万个 AI 模型，进行 150 亿次预测。

3. DataRobot

DataRobot 的整个商业模型及其独特卖点都与 MLOps 自动化和加速数据价值实现有关。该产品针对的是技术背景不强的用户，例如想要构建预测性分析但不了解机器学习的商业分析师。

现在，我们将转向动手实践，探索本节涵盖的三种工具。

动手实践 7-4   Dash 入门

用 Dash 部署物联网应用程序（IoT APP）

本次实践使用 GitHub 上的 Dash 应用程序示例模板，目标是克隆一个物联网应用程序的源代码并在本地运行。本次实践将包括一些拓展练习，例如编辑源代码，使用 Dash 回调和将 Dash 应用部署到 Heroku，以进一步熟悉 Dash：

1. 克隆访问 https://dash-gallery.plotly.host/dash-manufacture-spc-dashboard/。
2. 访问 https://github.com/dkrizman/dash-manufacture-spc-dashboard，点击绿色的按钮，下载包含源代码的 zip 文件。
3. 将文件夹解压缩到本地驱动器的适当位置。
4. 将 app.py 文件的代码复制到记事本并保存为 app.ipynb。
5. 打开一个新的 Jupyter 笔记本，在最后一行将 Debug = true 改为 Debug = False 并尝试运行。注意，可能需要先安装 dash_daq，在第一个代码单元格中运行（然后注释掉）%pip install dash_daq。

6. 单击 proceed to measurement 以查看典型的物联网传感器数据流指标。单击 stop 以
停止数据流。

拓展练习：在 GitHub 链接 https://github.com/bw-cetech/apress-7.2.git 上克隆 Jupyter 笔
记本 Dash-Jupyter-getting_started.ipynb 并在本地运行代码。尝试完成以下几个任务。

a. 更改散点图中显示的颜色。

b. 增大图表的尺寸。

c. 将折线图更改为条形图。

7. 拓展练习：从 https://github.com/bw-cetech/apress-7.2.git 中克隆 Dash-Interactive
Chart.ipynb 并将图表更改为欧洲的图表。

8. 拓展练习：尝试将应用程序部署到 Heroku。

动手实践 7-5　Flask

部署 Flask 仪表板

在这个实践中，我们将从 GitHub 上的一个模板（boilerplate）开始，创建一个虚拟环境，
安装一些 Python 依赖项并创建一个 Flask 仪表板。

1. 将该链接中的源代码克隆到本地驱动器：https://github.com/app-generator/flask-
black-dashboard.git。

2. 使用合适的交互式开发环境（比如 Visual Studio），打开 powershell 并创建一个
虚拟环境。

3. 通过执行下面的命令来安装 requirements 文件中列出的依赖项：

```
pip install -r requirements.txt
```

4. 使用以下命令运行应用程序（在命令提示符 / 终端中）：

```
flask run --host=0.0.0.0 --port=5000
```

5. 练习：尝试为应用程序添加身份验证。

6. 拓展练习：更改左手边菜单的字体和字号，并用不同的数据集替换 Daily Sales
图表。

动手实践 7-6   Django 入门

DJANGO 应用程序开发

继前面的 Dash 和 Flask 相关实践之后,本次实践的目标是探索另一个 Python 前端(Web)框架:Django。

- 设置虚拟环境
- 创建一个简单的投票应用
- 创建 SQLite 表格
- 尝试使用 Django API
- 管理员监督

1. 设置一个虚拟环境。

2. 在虚拟环境中安装 Django（注意，先通过 py -m django –version 检查是否已经安装了它）。

3. 在命令行中导航到 mysite 文件夹，然后运行以下代码来启动应用:

```
python manage.py runserver
```

4. 按照下面的教程链接中的步骤创建一个投票应用，并在本次实践的剩余部分继续操作:

https://docs.djangoproject.com/en/3.2/intro/tutorial01/

5. 按照教程中 Write your first view 的步骤操作。

练习：尝试通过在教程的下一页中的指示完成 Writing your first Django app part 2。确保完成以下步骤，并理解应用如何与仪表板的底层数据存储进行接口以及如何管理应用的开发过程:

- 在轻量级 SQLlite 数据库中创建表
- 创建数据库模型并激活
- 尝试使用 API
- 创建一个管理员用户并探索功能

7.3　ML 应用

现在，我们将把注意力转向当今各种组织和企业中开发和部署的特定机器学习和深度学习应用。

因为我们已经在第 1 章中介绍了 AI 应用的高层次概览，所以这一节我们将重点关注这些应用在组织中是如何构建的以及使用了哪些工具。特定的行业视角将在有关 AI 案例研究的下一章中进行介绍。

7.3.1　开发机器学习应用

几乎所有的组织和企业现在都在寻求通过实现机器学习解决方案来构建 AI 策略（图 7-11）。它们的驱动因素各异，尽管实际应用本身倾向于集中在一小部分监督式和无监督机器学习问题上。解决方案的独特性更多体现在为结果建模而使用的数据和特征工程上。

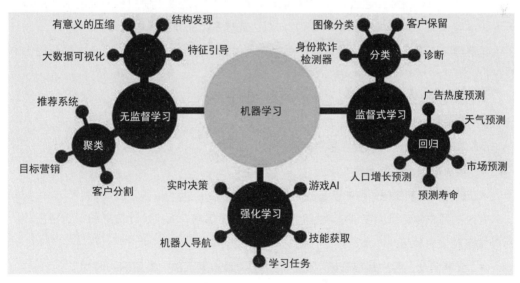

图 7-11　以技术分组的机器学习应用（来源：福布斯）

虽然不算详尽无遗，但图 7-12 描述了驱动企业的因素、它们正在使用的应用以及为了完成工作而倾向于使用的数据使能器和来源。已经明确的是，划定组织问题并记录交付计划是成功实施机器学习的关键——最佳实践是通过多次迭代过程而不断提升的：从问题的制定，到数据的收集和清洗，再到探索性数据分析和数据准备、特征工程、模型训练、评估和基准测试以及推理和数据漂移。

驱动因素	机器学习应用	数据源和推动因素
• 降低或更好地管理成本 • 理解收入机会 • 识别市场趋势 • 预测客户行为 • 分析价格波动 • 做出正确的商业决策	• 交通警告/地图 • 社交媒体分析 • 产品推荐 • 虚拟个人助手 • 动态定价 • 谷歌翻译 • 在线视频流 • 欺诈检测	• 使用日志文件 • 你何时（哪一天/什么时间）购物 • 你何时打开/关闭/登录/登出/ 　观看/暂停/倒退/快进 • 包括客户反馈 • 评论 • 评级 • 消费者问卷 • 网络搜索（每天约300万次） • 浏览和滚动行为

图 7-12　机器学习：商业案例

7.3.2　客户体验

大多数企业目前都在通过预测建模和直接在模型训练过程中使用客户反馈来调整和提升客户体验（customer experience，CX），以达成提高其品牌影响力的目标。

机器学习在客户体验方面的经典应用是推荐引擎，根据以下因素为客户提供个性化的优惠：

- 客户是什么人
- 客户身处何地
- 基于过去的购买模式，客户喜欢什么
- 当前情况，比如天气
- 留存模型的结果 / 客户流失的可能性

有效的客户体验可以在训练模型时涵盖多个交易信息、人口统计信息和行为特征，从而提供定制化的预测：

- 交易信息：客户消费总额，最小购买额，最大购买额，最后购买时间
- 人口统计信息：性别，年龄，地址 / 城市
- 行为：客户旅程和浏览模式，包括访问的页面、花费的时间、设备使用情况、喜好、评价、社交媒体评论，和使用的关键词

交易信息和人口统计数据是早就已经受到广泛认可的价值杠杆，但在 2022 年，对客户旅程和行为数据（通常是非结构化的）的更精密的挖掘，是高价值零售组织的差异化特征。

7.3.3　欺诈检测和网络安全

市值 230.5 亿美元的欺诈检测和预防市场正在推动着对机器学习和欺诈分析应用的需求，并且这个势头没有任何减弱的迹象。由于在线交易数量的增加，《财富商业洞察》预测，到 2028 年，市场规模将以 27% 的复合年增长率增长到 1 420 亿美元。而且，不仅数字银行、保险公司和电子商务加大了安全在线服务上的投资，大多数私人和公共组织都遭遇过欺诈，而这种痛苦的经历让它们迅速地网络安全提到了企业议程的首位。

理由相当显而易见：利用机器和深度学习算法的内在优势，从历史欺诈模式中学习，并在未来的交易中识别它们。

市场上有许多供应商，比如 FICO、AltexSoft、SAS 和 DataVisor 等，但利用 AWS SageMaker 和 IBM WATSON Studio 等开源和云欺诈检测的"样板代码"，可以使更加经济的、自定义的解决方案更易于被 AI 工程师和开发者接触到和使用。

7.3.4　运营管理、决策和业务支持

机器学习在运营管理中的使用主要集中于机器人流程自动化——无论是认知型还是非认知型的（RPA/CRPA）——以及计划和调度 / 重新调度。

使用 BI 前端（如 PowerBI、Tableau、Google Data Studio 或 Looker）和预测 / 规定建模（如 Python 和 CPLEX 等）构建的决策支持系统通常可以构成运营管理和供应链管理（supply chain management，SCM）应用的基础。

在供应链管理中，从自动化数据收集到分析，都在采用用于预测和优化的端到端机器学习过程，以进行交付。这涵盖了自动化仪表板引擎、预测性维护、库存管理和材料规划、优化采购、预算编制或客户 / 需求预测以及增强业务流程管理（business process management，BPM）性能等各个方面。

7.3.5　风险管理、投资组合和资产优化

除了第 1 章提到的风险管理和预测案例，机器学习在量化金融领域中的使用也越发广泛，覆盖了从构建投资策略到交易股票的各个方面。

一般的方法主要是预测股票的走势，并构建机器人（robo-advisor，智能投资顾问）来查看股票的走势并直接给出买入 / 卖出 / 持有的建议。其中一个比较新的发展趋势是使用强化学习来构建最优股票组合并与基于投资组合理论的方法进行比较。

其他创新包括 CVXPY，这是一种为凸优化（convex optimization）问题而设计的嵌入 Python 的建模语言，我们将在本节末尾的动手实践中进一步了解它。还有一个创新方法是 DeepDow（基于深度学习，而非机器学习），它是一个专注于使用神经网络在单次前向传播中进行资产分配的 Python 包。

动手实践 7-7　开发推荐引擎

使用 CURL 测试本地终结点的部署

我们将使用一个经过训练的（基于内容的过滤[①]）的 Netflix 电影 / 电视剧推荐引擎模型，并将其部署为本地终结点，然后使用 cURL 测试该应用程序。

1. 从以下链接中下载 Github 源代码：https://github.com/MAbdElRaouf/Content-based-Recommendation-Engine。

2. 设置一个虚拟环境。

3. 安装 requirements.txt 文件中的依赖项。

4. 从终端运行应用程序。

5. 在本地应用文件夹中添加一个包含感兴趣的电影片名 / 系列的文件。

```
{
"title" : "Narcos"
}
```

将片名更改为电影 / 电视系列。

6. 使用 Windows 系统中默认安装的 cURL 测试应用程序：

```
curl -H "Content-Type: application/json" --data @test.json http://127.0.0.1:5000/api/
```

现在应该可以在应用程序文件夹中的 test.json 文件中看到基于步骤 5 中输入的电影 / 电视剧推荐的电影 / 电视剧列表。

7. 练习：看看根据 the Crown 能够得到什么样的推荐。

8. 拓展练习：postman 是另一种探索和测试 API 的工具。设置一个 postman 账户并向上述应用程序发送请求。

---

① 基于内容的过滤（content-based filtering）仅使用用户的现有兴趣，这与协作过滤模型不同。协作过滤模型将建模扩展到整个用户基础，并寻找用户和项目（在这个例子中是电影）之间的相似性，以提供推荐。另外请访问 https://developers.google.com/machine-learning/recommendation/collaborative/basics。

9. 拓展练习：代替基于内容的过滤，训练和部署一个更复杂的协作过滤模型 [①]，该模型为用户和电影 / 电视剧购买之间的相似性建模。

投资组合优化加速器

使用 Python 中的 CVXPY 最大化利润并最小化风险

规定性分析问题需要使用复杂的优化技术和求解器，虽然严格来说并不涉及机器学习，但它通常会与 ML/DL 过程并行运行（或作为后处理），以最大化利润或最小化风险。

本次实践将介绍如何使用 python 实现凸编程（convex programming），我们将通过一个线性编程（linear programming，LP）特例来进行简化，其中，模型约束和目标函数都是线性的。

1. 克隆以下 Github 存储库：

https://github.com/bw-cetech/apress-7.3.git

2. 在 Colab 中运行 python 笔记本的步骤。

    a. 导入库，包括 CVXPY 库。

    b. 从在 Github 下载的月度 csv 数据文件中导入股票数据。

    c. 将数据绘制成图表。

    d. 计算三种股票的预期风险和回报。

    e. 通过优化 1000 美元在三只股票之间的分配来实现平衡的投资组合。

3. 拓展练习：修改代码，使用 pandas DataRreader 和 Yahoo Finance python 库连接到实时股票价格，在三只科技股上优化和平衡 10 万欧元的资本支出。

7.4 深度学习应用

尽管一些机器学习应用已经在许多组织中生根发芽，但实施深度学习应用仍然是一个比较难以实现的目标。不过，这种情况已经开始改变，一部分原因在于第 6 章中讨论的领

[①] 举例来说，可以参见 https://github.com/jaimeps/collaborative-filtering-netflix or https://pub. towardsai. net/recommendation-system-in-depth-tutorial-with-python-for-netflix- using-collaborative-filtering- 533ff8a0e444。

先的加速器 AutoAI 工具的使用，另一部分原因在于最后一节要讨论的主要用例相关实验和原型制作。

7.4.1　开发深度学习应用程序

在企业环境中，深度学习仍然是一个相对较新的概念，但它在视觉识别、自然语言处理、文本分析和网络安全领域的用例中已经引发了巨大的进步。

与机器学习相关的一些驱动因素在这里也适用，不过复杂性也增加了。举例来说，需要理解整个客户旅程，而不仅仅是客户的购买模式。图 7-13 显示了这些驱动因素中的一部分，同时还列出了主要的商业应用程序和好处。

驱动因素	深度学习应用	益处
• 销售转化前景 • 员工效率 • 更快的数字化、归档以及图像和视频分类 • 提升用户体验和客户体验 • 更快地处理非结构化数据集 • 增强的网络安全	• 计算机视觉 • 语音识别和机器翻译 • 聊天机器人和智能虚拟助手 • 疾病检测和诊断生物信息学和药物发现 • 新闻聚合 • 作曲 • 图像着色 • 机器人技术 • 自动驾驶汽车	• 提升客户体验 • 利用和实现非结构化数据的潜力 • 自动化特征工程 • 数据标注过时（这一点和上一点 都与机器学习的手动方法形成了 鲜明对比） • 高性能/高质量的结果 • 消除浪费和成本开销

图 7-13　深度学习：商业案例

对云存储和计算的前瞻性规划对于交付成功的深度学习解决方案至关重要，深度学习项目需要大量的迭代，大量的时间和大量的努力。但为了保持纪律性，最大限度地利用资源并时刻监控进度对成功是有帮助的。

像机器学习一样，我们需要从理解问题背景和项目生命周期开始做起，并且 kaizen（持续改进）方法非常关键。在进入本章的最后一节之前，我们要简单介绍一个专门针对深度学习的成功框架（来源：neptune.ai）：

- 定义数据源并收集
- 确定高级解决方案（CNN，RNN，还是 GAN ？）
- 建立用于流式 / 批量数据的稳健数据管道
- 基于人工神经网络构建模型

- 利用迁移学习

- 进行训练和推理

- 部署到云：Heroku，IBM，AWS，GCP，Azure

7.4.2　深度学习的关键应用

由于之前的介绍性章节中涵盖以下大部分应用，因此我们将用简要的总结来为这一节收尾，介绍主要的深度学习应用通常是如何部署的以及又涉及哪些工具。

1. 计算机视觉

如今，所有计算机视觉项目在开发时都离不开 TensorFlow 或 OpenCV（开源计算机视觉工具）。TensorFlow 已经深入讨论过了，而 OpenCV 最初由英特尔开发，支持多种编程语言和操作系统。OpenCV-Python 是该工具的 Python 库接口。

大部分云服务提供商都提供计算机视觉的 API，其中最优秀的三个分别是 IBM Watson Visual Recognition、API Google Cloud Vision 和 Microsoft Computer Vision。这些计算机视觉的应用对存储有着巨大的需求，并且在关键的训练和推理过程中需要低延迟的计算，这些都对它们的成功至关重要。同时，便利的部署（如容器化的解决方案）的重要性也在日益增加。

2. 预测

如第 5 章所述，LSTM 在预测短期和中期的时间范围上已经变得非常准确了。这些算法与 fbprophet 相结合以进行长期预测，其中涉及乘法季节性（即在趋势中加入季节性因素），构成了一个强大的多范围预测武器库。

神经网络的增强预测能力意味着 AI 对传统预测方法的强化变得越来越普遍了。LSTM 经常与回归技术、指数平滑、ARMA/ARIMA/SARIMA/SARIMAX 技术、蒙特卡洛法和 VaR 方法进行比较。

3. 物联网

目前，在线物联网设备的数量已经超过 90 亿，预计在未来 10 年内，这一数字将达到 500 亿至近 1 万亿。

极其丰富的数据源正在推动着向人工智能物联网（AIoT）——AI 和物联网交叉——发展的趋势。

在智能设备中嵌入预测和认知能力和电影《少数派报告》中的反乌托邦式智能零售有些相似，这种用例已经扩展到全球范围。相机可以（并且在许多地方已经）搭载计算机视觉了，而智能设备上的数据粒度极其细腻，可以触发对消费者人口统计信息和行为的实时预测（和态度）分析，以及动态营销/产品放置的启用。

物联网和 AI 协同工作的著名案例还有许多，比如机器人、自动驾驶车辆（自动驾驶/无人驾驶）、无人收银购物（Amazon Go）、无人机交通监控以及（配备了车联网的）车队保险。

动手实践 7-9   全栈深度学习

使用 React、Dash、Flask 和 TensorFlow 部署我们的第一个 AI 应用

本次实践的目标是使用 react.js 和 Flask 之间的握手来部署一个深度学习应用。

1. 使用简单的早停标准，训练并导出第 5 章的 VGG 模型。

2. 将前面导出的模型放入一个名为 dl-traffic-app 的新本地文件夹中。

3. 通过在终端的命令行中导航到此文件夹并运行以下命令，创建一个 react.js 的前端样板（这将为我们需要的前端源代码新建一个文件夹，命名为 react-frontend）：

```
npm install -g create-react-app
npx create-react-app react-frontend
cd reactapp
npm start
```

注意：如果还没有安装 nodejs 和 npm，可以通过该链接安装：https://nodejs.org/en/download/。

4. 创建一个名为 flask-backend 的 Flask 后端（空）文件夹，其中包含两个子文件夹 static 和 templates 以及一个 main.py（空）文件。

5. 创建一个虚拟环境。

6. 创建一个名为 requirements.txt 的文件来安装依赖库，该文件中包含以下库：

```
numpy
flask #==1.1.2
dash dash_bootstrap_components
```

```
matplotlib
tensorflow
opencv-python
```

7. 为了让 Flask 后端服务支持 React.js 前端，编辑步骤 4 中创建的空白 main.py 文件，其内容与以下链接中的 sample_flask.py 文件一致：

   https://github.com/bw-cetech/apress-7.4.git

8. 需要对 React 前端进行一些修改。具体修改内容不在此详述，可以通过观看视频来了解：www.youtube.com/watch?v=YW8VG_U-m48&feature=youtu.be。

9. 通过在步骤 3 创建的文件夹中执行以下代码来启动 Flask 后端服务：

```
python main.py
```

10. 从上述 Github 存储库 https://github.com/bw-cetech/apress-7.4.git 下载 additional-files 文件夹，并替换 react-frontend 和 flask-backend 文件夹中的对应文件。在前端添加拖放功能并从 Flask 调用模型函数。

    a. 在 flask-backend 下新建一个文件夹名为 python，并添加新文件 dlmodel.py（由 sample_dlmodel.py 重命名而来）。

    b. 把 python 脚本（dlmodel.py）中训练模型的路径改为以下形式：

```
model = load_model("python/best-model-traffic-ESC.h5") # 加载模型
```

11. 使用以下命令解压 react-frontend 文件夹：

```
npm run build
```

12. 从 Github 存储库中获取一些样本图片进行测试：

    https://github.com/bw-cetech/apress-7.4.git

13. 拓展练习：使用 VueJS 前端而不是 react.js 完成本次实践的步骤[①]。

14. 拓展练习（难）：在 Docker 容器中分离 React 和 Flask。

15. 拓展练习（难）：为应用程序添加一个数据库以提供训练图像。

---

① 如果需要一个简单的 VueJS 前端模板，请参考第 2 章提供的动手实践。

小结

这个拓展性的实践将后端开发（Flask 和 TensorFlow）与前端用户界面（Dash 和 React）相结合，希望它能为你构建全栈 AI 应用程序（图 7-14）带来一些启示。在第 9 章，我们将探讨端到端的人工智能部署。但在此之前，将探索针对特定行业案例研究的解决方案，完成更多类似的实践。

图 7-14　用于预测德国交通标志的全栈应用程序

第 8 章

AI 案例研究

如今，AI 技术广泛应用于改善客户服务、提供个性化促销活动、防止网络攻击、检测和预防欺诈、自动化管理报告、进行视觉识别、降低保险风险以及对文档和图片进行分类排序等方面。

许多这样的技术对我们的日常生活产生了重大的影响，尤其是手持设备上的日常应用以及个性化内容服务。

本章将全面（涵盖多个行业多个功能）审视过去几年成为主流的几种 AI 应用，以凸显在工作环境中驱动着对人工智能的需求和业务需求的因素。

在深入探讨特定行业——包括电信、零售、银行和金融服务、石油和天然气、能源和公用事业、供应链、人力资源以及医疗保健——的挑战之前，我们先了解一下推动 AI 发展的关键因素。最终目标是将第 7 章的工具视角与本章的业务或组织问题相结合，以深入理解为解决这些而问题而实施的机器学习和深度学习应用。

本章还包括一些涉及多工具集成的更高级的用例，例如社交媒体（Twitter API）情感分析、欺诈检测和供应链优化。这些案例的目标是确定最适合处理底层数据和 AI 组件——特别是数据获取、存储、计算和建模以及分析——的 AI 技术和平台。

在这些高级应用场景中，我们将研究如何设置推特开发者账户并实现 Twitter API 以进行社交媒体情感分析、如何利用关键的云解决方案组件（例如 AWS SageMaker、Lambda、S3 和 QuickSight）来训练和部署欺诈检测模型以及如何利用 IBM Cloud Pak for Data，Watson Studio、Watson Assistant、AutoAI 和 CPLEX 的决策优化器进行供应链优化。

8.1   行业案例研究

我们将从高层次审视工作环境中对 AI 解决方案的需求和使能因子，然后快速浏览主要用例、明确 AI 挑战并在最后审视 AI 未来的架构。

8.1.1   对 AI 的企业 / 组织需求

AI 的可扩展性已经得到证明，这使得大多数私营公司和公共部门组织如今都将其视为一项变革性的技术。不过，有时候，现在的这些炒作似乎把 AI 描绘成一切问题的解决方案。

伴随这种炒作的是相当大的恐慌，特别是对工作岗位被取代 / 失业、不平等以及偏见日益增长的担忧。更近期的企业级 AI 趋势正在试图解决这种不平衡，尤其是与非技术人员相关的问题。

从创新的角度看，人们主要关注的是增强智能案例——利用 AI 来解决许多针对性的 / 特定的企业和组织问题。不过与此同时，通过例如视觉用户界面等手段促进内部的 AI 学习文化，推广实验精神以及团队间更好的协作，对确保和谐的工作环境至关重要。

8.1.2   AI 的使能器

今天，商业 AI 解决方案和用例的主要使能因子有几个。

首先，云服务的出现使存储的简化和可接近性得以提升，无限制的扩展和计算能力的支持使得复杂的计算成为可能。

其次，大规模使用的传感器意味着物联网（和移动）设备现在能够像家常便饭一样地产生特征丰富的 PB 级数据。这些数据通常与智能 API 集成，这意味着用户并不总是需要从头开始创建机器学习和深度学习，而是可以直接将 API 接入到一个预训练的终结点解决方案。

最后，数字化转型本身以及颠覆或被颠覆的驱动力使人工智能成为一个增加价值的利润中心，专注于管理成本、提高生产力、以及开辟新的收入来源。

8.1.3   按垂直行业划分 AI 解决方案

我们在第 1 章中讨论过这一话题。此外，图 8-1 提供了更全面的 AI 解决方案划分以供参考。在本章的其余部分，我们将进一步讨论其中的许多方案。

图 8-1　AI 应用场景

8.1.4　AI 用例：解决方案框架

以上所有的用例都需要一个全面的解决方案框架才能交付。

从定义策略和目标，到数据策略、安全模型、测试、实施和变更管理过程，最关键的是提出正确的问题。图 8-2 列出了我们认为评估现状并努力实现成功交付的过程中必须要考虑的一些关键问题。

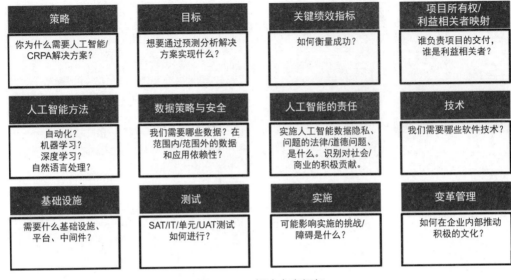

图 8-2　AI 解决方案框架

8.1.5　解决方案架构

为了理解数据、流程、技术和基础设施方面存在的差距，对现有 IT 环境进行尽职查证（due diligence）是一个必要的先决条件。这些差距会影响到实施和解决方案的方式。在这个学习过程的某个阶段，我们需要一个目标解决方案架构来阐明 AI 解决方案如何与支持性（混合型）基础设施接口，无论是在企业内部署的还是在云环境中部署的。

我们已经在关于数据获取的章节中看到了一些示例架构（参见构建交付管道），所以我们将通过快速浏览另一个架构——Azure Cloud BI 架构——来为这一节收尾。

示例：Azure

通常来讲，AI 项目是由更简单的描述性分析项目发展而来的。

图 8-3 显示了 Azure Data Factory（ADF）执行的提取、加载和转换（ELT）流水线（训练阶段 I）。ADF 自动化了将数据从本地 SQL 数据库移动到基于云的数据库——在这里是 Azure Synapse（SQL 数据仓库）——的工作流。

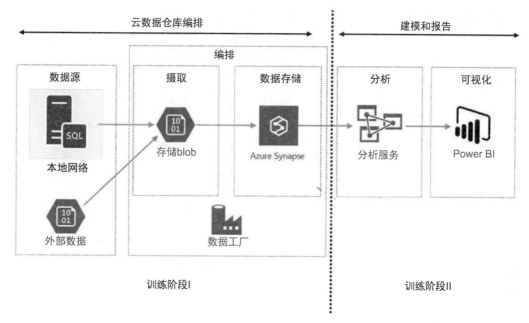

图 8-3   基础数据分析 Azure 架构

然后，Azure Synapse 中的数据被转换，以便使用 Azure 分析服务进行分析，这有效地创建了一个语义模型供 Power BI 消费，并供终端用户产生见解。

8.1.6   电信解决方案

我们现在把注意力转向特定行业的领先 AI 用例，首先来关注电信行业。

具体挑战

在电信行业实施 AI 解决方案会面临一些特殊的挑战，其范围涵盖人员、流程和工具。如图 8-4 所示，波士顿咨询指出，AI 项目和应用需要能展示其价值、实行数据治理、实现敏捷数字化交付、具备内部 AI 能力以及实现有管控式业务转型。在以下几个小节，我们会挑选并介绍电信行业中的一些主要 AI 和分析解决方案来应对这些挑战。

价值证明	数据治理	数字平台	人员	变更管理
· 对AI价值的理解有所欠缺 · 领导层对项目的支持不足 · 过多的孤立的AI概念验证倡议	· 对电信公司收集和存储的数据缺乏可见性 · 企业没有数据所有权 · 对数据质量和标准化的投资不足	· 为了技术学习而进行的AI实验的激增 · 对IT供应商的高度依赖 · 对影响遗留系统的恐惧 · 敏捷方法的有限部署	· 组织中的AI技能碎片化 · 不清晰的AI组织模型 · 难以吸引和留住AI人才；不明确的职业道路	· 对AI理解随着级别而下降 · AI对工作流程和工作方式的未预期影响 · 在AI培训和采用上付出的努力太少

图 8-4　BCG：电信行业中的五大 AI 障碍

解决方案的类别

电信行业的独特之处在于其出了名的依赖于"特征丰富"的数据集。客户的相关信息通常包括数百个变量，涵盖人口统计学信息（如年龄、性别等）、交易信息（如每月总消费）和态度参数（比如浏览过的升级计划）。

但是，AI 解决方案并不总是以终端客户为重心的。电信行业中的 AI 解决方案大致可以分为三大类。如图 8-5 所示，这些解决方案划分为数据与治理监督、仪表板驱动的见解和预测性分析。

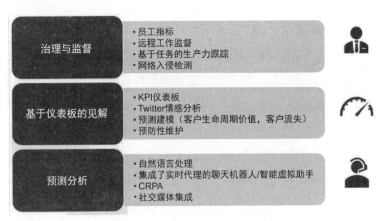

治理与监督	· 员工指标 · 远程工作监督 · 基于任务的生产力跟踪 · 网络入侵检测
基于仪表板的见解	· KPI仪表板 · Twitter情感分析 · 预测建模（客户生命周期价值，客户流失） · 预防性维护
预测分析	· 自然语言处理 · 集成了实时代理的聊天机器人/智能虚拟助手 · CRPA · 社交媒体集成

图 8-5　电信 AI 解决方案分类

8.1.7　实时仪表板

客户流失率是电信公司的主要度量指标之一，行业分析[①]表明，移动服务的客户流失驱动因素有不同的影响程度：

- 价格：45%
- 客户服务：45%
- 网络覆盖范围：36%

理想情况下，企业希望能够在同一处跟踪多个客户指标和内部关键绩效指标（KPI）的进展，并防止客户流失。数据驱动下的决策需要对关键的客户指标有全面的了解，包括对客户投诉的跟踪和关键服务等级协议（SLA）指标。

如图 8-6 所示，实时、有说服力的仪表板可以通过关键指标、监控和对客户投诉的自动化报告来支持监督过程：

- 查看客户档案
- 衡量客户评估
- 监控指标
- 衡量风险，包括风险可能成为现实的概率
- 分析非结构化的文本投诉
- 基于资源和时间的投诉解决 KPI

如上所述，如今的 AI 解决方案最终都需要从越发关键的非结构化文本中提取见解。除了与云上的多个数据源集成，目前最好的仪表板解决方案（如 PowerBI 和 Looker）还支持非结构化数据处理，内置单一客户视图并附有多个经过充分验证的好处：

- 实时分析和快速导航
- 提高决策能力
- 便于访问并且信息可分享
- 通过关键指标报告来了解业务（或客户）
- 识别交叉销售和向上销售的机会
- 为业务查询提供快速解答

---

① 举例来说，可以参见 www.analysysmason.com/。

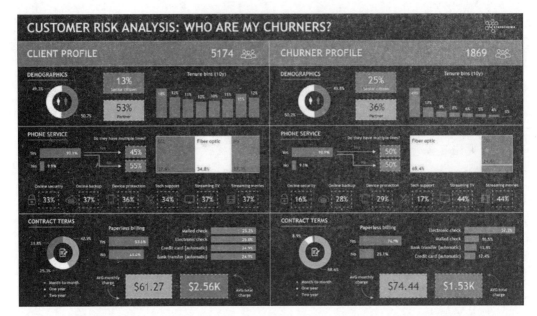

图 8-6　电信仪表板视图示例：流失客户与非流失客户（来源：Microsoft PowerBI / Starschema）

8.1.8　情绪分析

通过自然语言处理进行的情绪分析已经成为电信行业更好地理解客户诉求和观点的宝贵工具。但是，客户的情绪通常只是公司希望从其客户参与渠道中获取的关键跟踪指标（key tracking criteria，KTC）之一。其他 KTC 包括客户主题或概念、情感、实体和关键词分析。

之后要介绍如何使用 Python Twitter API 为电信行业实施情绪分析解决方案（图 8-7），但从项目方法的角度来看，在设计用于显示与业务相关的社交媒体指标的解决方案时，这些 KTC 是良好的起点，市场团队可以在这些指标的基础上划分客户并采取行动。

通常，最好的情绪分析解决方案是全栈的，结合对特征丰富型电信数据集（图 8-8）的分析和对最新推特动态或 Facebook Insight 的内部 KTC 分析以及实时显示 KPI 的前端仪表板。

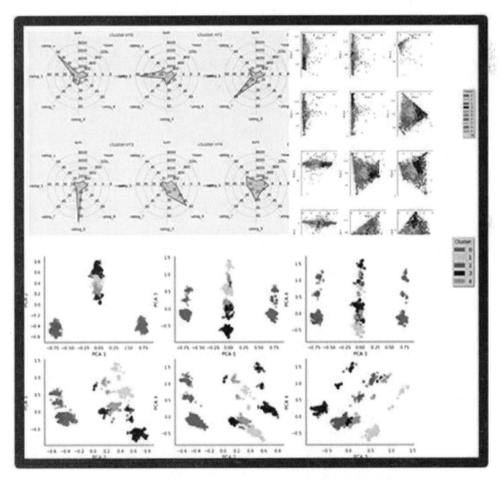

图 8-7 电信行业的数据集以特征丰富著称

图 8-8 使用主成分分析（PCA）：在特征丰富的电信数据集上进行数据规约的实用工具

8.1.9　预测性分析

除了仪表板和情感分析，电信公司还寻求利用机器学习发展更通用的预测性分析解决方案，以实现生产力的提升。

用例多种多样，比如最佳规划和调度（例如，宽带设备的修理）、一键预测客户需求预测（按照客户的分段）和竞争对手的定价、支持假设情况的分析（例如，模拟新服务的推出）、自动化的客户服务交付、包括设备的安装和服务的升级以及基于合同条款的文档搜索功能或概率性文档检索。

对于这些挑战，机器学习即服务（machine learning as-a-service）内部能力可以自然而然地应对这些形形色色的问题，将其转化为可以解决的机器学习或深度学习问题，最开始通常是无监督的，接着转向一个定期（例如，每月）的监督式学习方法（直到采集了足够多的数据并通过流水线自动更新）。和所有其他行业一样，在电信行业中实现生产级解决方案的关键是对标旧有流程进行性能基准测试，采取以下三种方式之一：

- 可展示的、来自基础预测性分析解决方案的投资回报率
- 成本降低
- 增量收益

8.1.10　从 Python 连接到 Twitter API

在本节的最后，我们将探索如何从 Python 连接到 Twitter API，这是本章的首个动手实践的前提条件。

在将 twitter 库导入 Python 笔记本之前，我们需要满足三个至关重要的设置需求：

1）一个推特账户

2）一个推特开发者账户

3）从推特获得用例的使用许可

操作流程如下：

- 设置一个推特账户

  https://twitter.com/i/flow/signup

- 设置一个推特开发者账户

  https://developer.twitter.com/en/portal/petition/use-case

  需要花 5 到 10 分钟填写一份申请表，请务必阐明使用该用例的目的是为了提升自然语言处理技能并理解社交媒体情绪

- 获取 Twitter API 凭证
  - API_KEY、API_SECRET_KEY、ACCESS_TOKEN、ACCESS_TOKEN_SECRET

打开一个 Python 笔记本（例如，使用 Jupyter 或 Google Colab）之后，就可以使用下面的命令导入 twitter 库并开始查询实时（和历史）推文了。

动手实践 8-1　Twitter API 和基本情感分析

了解 Twitter API

访问 Python 的 Twitter API，本次实践的目标有两个：在 Jupyter 笔记本中使用 Python 分析推特上的推文；使用 tweepy 和 nltk 对最新的推文进行基本情感分析。

首先来分析推特推文。

1. 确保自己已经按照前面的描述设置 Twitter API。
2. 从下面的 Github 存储库中下载笔记本：

   https://github.com/bw-cetech/apress-8.2.git

3. 运行 TwitterFeed.ipynb 笔记本，将图 8-9 用作路线图。

   a. 获取推文：导入库和凭证，定义 Twitter 搜索标准，获取推文。

   b. 处理推文：将推文收集到 Python 列表中，并过滤掉转推。

   c. 分析推文：谁在发推文？分离位置指标并将列表转化为 pandas 数据结构。

4. 最后，完成进阶推特查询练习。

然后，进行基本情绪分析。

1. 按照下面图 8-9 中显示的步骤 / 子步骤，运行 twittersentimentanalysis.ipynb 笔记本。
2. 请务必完成笔记本中关于创建处理过的推特分析的练习。

图 8-9　使用 Twitter API 进行情感分析

8.1.11　零售行业的解决方案

零售行业中也有许多和电信行业相同的挑战，但也有一些挑战是零售行业独有的，这些挑战往往与产品和客户体验有关，使得零售行业中的数字化革命有别于强服务导向的行业（比如电信行业）。本节将探讨 AI 解决方案如何帮助零售商家克服这些挑战。

1. 零售行业所面临的挑战

自 2010 年以来，零售行业和实体店的数字化转型一直都有迹可循，并且，在过去的 5 年间，转型的速度加快，疫情更是进一步加剧了这种趋势。

随着市场的迅速发展，消费者的期望也在变化。举例来说，他们期待得到独特的到店体验，统计数据 [1] 显示，如果提供个性化的体验，那么更多人可能会选择在实体店购物而不是线上购物。同步、无缝的在线和店内购物体验不仅有助于创造高度沉浸式购物体验，还可以解决运营效率低下的问题。随着顾客越来越依赖社交媒体，通过在这些渠道上利用模型的结果，可以帮助零售商实现服务差异化，从竞争对手中脱颖而出，并确保与直接客户、他们的亲人和他们认识且信任的关键影响者保持联系。

面对来自供应链和业务的各个角落（包括线上和实体店）的大量数据，零售商需要过滤掉噪声，将这些不同的数据源转换为以消费者为中心的策略。传统的供应链已经过时，如今，人们更青睐于可以快速响应消费者行为转变的灵活的适应性生态系统。

---

① 例如，Wiser 的消费者购物偏好调查显示，如果提供独特的体验，29% 的受访者更有可能以及 33% 的受访者可能更愿意在店内购物而不是在网上购物。

与此同时，动态定价正在推动着价格（和促销活动）的透明化，并帮助一些零售商定义他们的品牌价值。同时，网上的零售商不断地降低价格（并对送达日期作出承诺），这种挑战对想要与之竞争的实体店造成了许多困扰。

以上所有零售行业的趋势都是由数据驱动的（一定程度上来讲，交通运输和航空业也是如此），并且越来越多地采用创新型预测建模技术。尽管零售业在采用 AI 方面是领先的，但由于规模大，所以在 2022 年仍然是 AI 解决方案的关键战场，特别是那些具有更好的数据流集成并支持云（存储和计算）基础设施的解决方案。

2. 客户流失和留存模型

这种消费者购物行为和他们的偏好上的前所未有的变化，使得人们越来越关注从首次购买到（可能的）祛魅（disenchantment）[①] 的客户旅程。

在如今这个竞争激烈的市场中，客户流失率指标反映了一群客户（客户细分）对产品、服务、价格和竞争的反应。对于大多数零售企业来说，衡量现有的客户流失（churn）对于防止利润侵蚀（profit erosion）或对品牌 / 店铺的负面营销至关重要。除此之外，积极预测和防止客户流失是保留现有客户并驱动可靠收入来源的必要条件。

3. 为客户流失建模的最佳实践方法

从建模的角度来看，应该从哪里开始呢？在注册（人口统计数据）和销售过程（交易数据）中生成的数据是关键，但在当下的更为成熟、更擅长数据分析的零售商中，只有这些数据是不够的。

如今，数据科学 /AI 为零售商提供的附加价值在于挖掘客户数据来分离行为和态度特征，比如通过会员卡（因而可以搜索）购买的产品和产品的类别来区分在零售商网店访问、打开页面、点击特价商品或服务推广的情况。

虽然没有硬性规定，但在一个优秀的客户流失模型中，每个客户通常会涉及至少 50 个特征，其中包括几种数据类型（比如总交易值这样的数值连续型，购买的产品类型这样的数值分类型，客户评论这样的文本 / 字符串，以及最后一次在线访问这样的日期型）。

在为客户流失建模的过程中，会从客户基础中创建一个保留（holdout）数据样本，并将其留到模型训练和验证阶段结束时进行推理。

---

① 译注：该词源于马克斯·韦伯所说的"世界的祛魅"，也译作"去魅""解魅""解咒"，是指对世界的一体化宗教性解释的解体，有"走下神坛"的意思。

在模型训练和交叉验证（采用多算法基准测试）期间，可以识别出最重要的 predictor（并在后续运行中发展／包含），而特征消除可以解决最初的高方差（过拟合）模型。因此，模型会以迭代方式改进，有时需要通过添加更多交易、推广或行为数据来提高性能，或使用诸如多重共线性和卡方检验等递归特征消除技术。

为了降低成本，具有内在商业价值的模型往往会优先考虑精确率而不是召回率，而且如果是召回率高但精确率低的模型，成本开销则相对较大。

最后，一开始定义的保留样本被用作流失倾向的基础（即，训练完毕的模型是否能很好地泛化到新的数据上——它是否能识别出有风险的客户，等等），并且，使用两个受控客户样本执行 A/B 测试，具体做法是使用两组客户样本，一组采用模型的输出，另一组则不采用，然后比较这两组在未来一个月的收入来源。还应该定期（例如，每季度）进行 ROI 评审，比较针对所有客户的可能成本或商业影响与仅针对预测流失的客户的成本或影响，从而更好地理解模型的商业价值。

4. 模型设计和成果

最好的流失模型是不依赖特定平台（和云）的，并在必要时能够连接到实时客户交易信息，例如，通过带有原始 OLTP/OLAP 数据连接器的数据湖。

这种可扩展的模型也便于报告跨多个现金流风险情况（按地区、业务部门、产品或服务线和客户细分）的报告，前端挂钩（hook-up）能够明确标识出多方面的机会和威胁：

- 有形的流失预防／保留影响
- 经过排名的客户
- 面临风险的收入
- 最高（细分）的流失倾向
- 风险价值最大的消费者

流失模型的终端用户通常是希望通过数据驱动的分析和模型成果来支持营销活动计划的营销团队，所以营销和媒体挂钩有助于与最有风险的客户进行自动化接触。

动手实践 8-2　线上零售预测性分析与 GCP BigQuery

预测性零售分析

本次实践将使用 Google Cloud Platform BigQuery ML，目标是训练一个机器学习模型，预测租赁自行车旅行的平均时长。

1. 访问 https://console.cloud.google.com，注册一个 GCP 免费层级账户。

2. 访问 https://console.cloud.google.com/bigquery?ref=https:%2F%2Faccounts.google.com%2F&project=gcp-bigquery-26apr21&ws=!1m0，在 GCP 沙盒登录（即使在三个月的免费层级过期后也仍然是免费的）并创建一个项目。

3. 添加公开的 Austin Bike Share 数据集。

4. 练习：执行几个快速的 SQL "EDA" 查询，以获得记录的数量和最繁忙的自行车站点。

5. 在编写一个 SQL 查询，使用以下特征构建一个机器学习模型：

   a. 起始站点名称

   b. 旅程开始的时间

   c. 旅程是在星期几开始的

   d. 起始站点的地址

   e. 仅使用 2018 年的数据

6. 对第二个模型重复上述步骤，不过这次再添加一个共享单车会员（subscriber）类型并删除以下两个特征：

   a. 旅程是在星期几开始的

   b. 起始站点的地址

7. 评估两个模型。

8. 练习：用最佳模型预测平均自行车租赁时长。

动手实践 8-3　预测客户流失

Python 进行流失模型建设

本次实践中，我们要在 Jupyter Notebook 中使用 Python，目标是预测活跃客户离开组织的可能性，并确定流失的关键指标。

1. 克隆下面这个包含流失模型的 python 笔记本和 customer_churn_data 数据集的 Github 存储库：

   https://github.com/bw-cetech/apress-8.3.git

2. 在 Google Colab 中运行笔记本，导入数据后进行以下操作：

   a. 预处理。

   b. 可视化 EDA。

   c. 特征工程。

   d. 建模。

   e. 练习：查看 feature_importances 以识别流失的主要指标。

   f. 练习：使用训练好的模型进行预测未来的情况。

   g. 拓展练习如下。

   - 不要使用带有预定义目标（churn）变量的数据集，而是使用包含客户订单信息的零售数据集（例如上传到上述 Github 存储库的 AaW-sOh.xlsx 数据集）替换它，并基于自客户购买以来经过的目标月数（N）将 churn 定义为自定义变量。

   - 按客户汇总订单数据，并处理任何可能表示流失的新的交易特征（例如平均购买额以及作为客户的时长等）。

   - 最后，将数据划分为训练集和测试集，以相同的方式训练一个预测模型，然后预测新客户在接下来的 N 个月内是否可能流失。

动手实践 8-4　社交网络分析

利用 NetworkX 对超市推文进行分析

在本节的最后一个动手实践中，我们来看一下如何对推文进行社交网络分析。在这里，我们将查看与英国四个超市有关的推文，并对涉及主要城市的推文的位置进行网络分析。

1. 访问 https://github.com/bw-cetech/apress-8.3b.git，将 Github 存储库克隆到本地文件夹。

2. 使用 Jupyter Notebook 或 Google Colab 运行笔记本，按照下面的步骤操作。

   a. 按描述安装 NetworkX 库。

   b. 导入（静态的）推文数据集。

   c. 对推文信息进行快速 EDA。

   d. 过滤掉特定的位置（比如非 UK）。

   e. 为进一步的分析创建一个排除列表。

   f. 创建一个主要城市列表。

3. 最后，创建网络分析，按超市名称和（主要城市）位置显示推文。

8.1.12　银行和金融服务 / 金融科技的解决方案

银行和金融服务行业是本节的主题。[①] 首先，我们将浏览一些行业挑战，然后介绍主要的 AI 解决方案之一——欺诈检测。

行业挑战

在包括银行和金融服务在内的多个行业中，AI 正在快速重塑风险管理实践并转化客户和内部服务。以下几个主要领域发生了颠覆性的改变：

- 治理、风险管理和合规（GRC）
- 欺诈检测和预防
- 个性化银行业务
- 交易
- 流程自动化
- 客户投诉

但是，AI 即服务在银行和金融科技中增添的价值并不只限于风险控制和成本预防领域。AI 的创新有以下帮助。

- 创建有吸引力且有差异化的客户体验（零售银行）
- 与客户的业务关系从"资金转移者"变为"资金管理者"（数字银行）

---

① 本章的末尾将单独讨论与之紧密相关的保险行业。

- 通过开放全球访问权限，让全球用户能够使用银行、投资以及股市交易服务（例如通过机器人理财（Robo Advisory）或算法交易服务以及日交易/CFD 应用程序）来提升客户的生命周期价值（CLV）。
- 通过使用聊天机器人、IVA 技术和自动化系统（包括文档搜索、检索和归档）来降低向客户提供支持的成本。
- 通过强大的欺诈检测措施和个性化的定期优惠（如贷款、返现激励等）来建立信任和忠诚度。

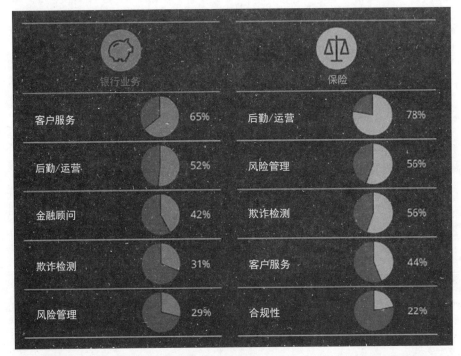

图 8-10　德勤：C 级高管所关注的银行和金融服务（B&FS）的主要应用案例

虽然预测性分析明显正在为许多领域增加价值，但我们在这个部分的主要关注点是银行和金融科技的旗舰 AI 应用案例——欺诈检测。

欺诈检测

企业和组织的欺诈风险并不仅仅是识别大额交易这么简单，一个强大的解决方案必须还能够解决关键的操作风险。由于欺诈这个持续存在的问题每年给企业造成的损失高达数十亿美元，因而在颠覆性极强的银行和金融服务行业，相较于简单的基于规则的方法，学以致用的能力才是生存必须要具备的能力。

借助于机器学习和深度学习，目前的主流欺诈检测应用能够在模型结果上实现更高的复杂性，并且由于云连接性，这些应用还具有用于防止欺诈的嵌入式审计能力。通过将机器学习和先进的规则引擎相结合，这些应用可以检测出范围更广的欺诈事件，如下所示：

- 重复支付
- 重复发票
- 异常支付金额
- 异常支付描述
- 一次性支付
- 利益实体

除了上述内容，欺诈检测还需要紧密结合公司的内部数据和 AI 策略，并与内外部数据源（包括索赔系统、监控名单、第三方系统等）全面集成。一些模型特征也是必不可少的，比如多重要素认证（例如二重认证、三重认证）时代至关重要的动态处理认证流程、解决与移动渠道相关的特定欺诈挑战以及在特征工程过程中对非结构化文本进行编码。

案例研究：AWS 欺诈检测

Amazon Web Service（AWS）拥有业界领先的欺诈检测解决方案，它利用 SageMaker 进行自动化交易处理，这正是接下来的动手实践的主题。SageMaker 本身在一个运行着 Jupyter Notebook 的完全托管的 EC2（计算）实例上运行。

本质上，AWS 的欺诈检测解决方案加载了一个实时的信用卡交易数据集，训练两个模型来识别欺诈模式，然后部署为两个独立的终结点。初始模型使用无监督学习（随机分割森林算法, random cut forest）执行异常检测, 然后使用已标记数据进行监督式训练（xgboost 算法）来进行欺诈检测。

部署的解决方案将会自动检测欺诈活动，并把欺诈活动标记出来供审查。

正如图 8-11 的架构图所示，SageMaker 的集成如下。

a. 两个 Amazon Simple Storage Service（S3）存储桶用于数据存储，一个用于存储输入到模型的数据，一个用于存储下游（建模后）的分析数据[①]。

b. Lambda 用于处理连续的预测请求流，由 Amazon（REST）API Gateway 触发。

---

① 在接下来的动手实践中，第一个 S3 存储桶含有经过主成分分析（PCA）的信用卡交易样本数据，而第二个存储桶存放的是模型处理后的数据，这些数据将用于在 AWS 的商业智能平台 QuickSight 上进行下游分析。

　　c. Kinesis Firehose 将处理过的交易加载到第二个 S3 存储桶中，以便在 QuickSight 中进行下游 BI。

在接下来的动手实践中，我们将使用一个 AWS CloudFormation 模板来配置多个资源需求。请注意，这些资源会产生成本。

- Amazon SageMaker ml.c4.large 实例的一次性成本为 1.50 美元。
- 使用 AWS 示例数据集处理交易的成本为每小时 0.65 美元。

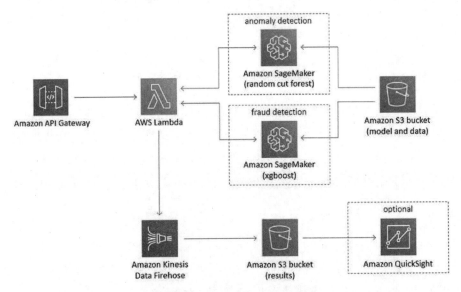

图 8-11　AWS 欺诈检测所用的架构

动手实践 8-5　使用 AWS SageMaker 进行 AWS 欺诈检测

从交易监控到仪表板分析：云端欺诈检测

本次实践的目标是建立一个欺诈检测解决方案的端到端实施过程，从通过 Cloud Formation 模板配置资源，到通过 QuickSsight 创建仪表板分析。

前面的小节详细描述了这个实践从数据导入到 Quicksight 分析的操作流程，并在下面的流程图中进行了总结。

　　1. 通过访问下面的链接并启动一个 AWS Cloud Formation，创建 AWS Fraud Detection Resources：

https://console.aws.amazon.com/cloudformation/home? region=us-east-1#/stacks/new?&templ
ateURL=https:%2F%2Fs3. amazonaws.com%2Fsolutions-reference%2Ffraud-detection-using-
machine-learning%2Flatest%2Ffraud-detection-using-machine-learning.template

2. 运行笔记本，依次执行每个步骤。

   a. 数据导入。

   b. 数据探索。

   c. 验证 Lambda 函数是否正在处理交易，然后完成建模步骤（通过 Lambda 到
      Kinesis 的 SsageMaker）：

- 异常检测
- 欺诈事件检测
- 模型评估

3. 检查 S3 存储桶结果和 Kinesis Stream。

   a. 数据管道和模型部署（API）。

   b. CloudWatch 日志。

4. 最后，在 Quicksight 中查看结果，并将欺诈检测分析显示为仪表板。

5. 拓展练习：通过使用 SMOTE（Synthetic Minority Oversampling Technique，合成
   少数类过采样技术）来平衡少数类（在本例中是欺诈交易），以实现提高模型性
   能的目标。

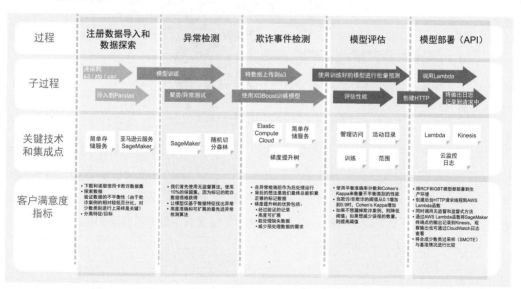

图 8-12　AWS 欺诈检测——从交易数据导入到（QuickSight）仪表板分析的无缝自动化

8.1.13 供应链的解决方案

当然，不是只有金融机构才会受到欺诈的影响。供应链也受到了影响，垂直整合的公司面临更多不同的挑战，尤其是在处理通货膨胀定价、管理或运输稀缺资源以及在全球气候不稳定的情况下注重环保等方面。

本节将介绍 AI 解决方案在供应链管理（supply chain management，SCM）中的应用。

1. 供应链面临的挑战

显然，供应链并不是一个特定的垂直领域或部门，而是许多企业和组织获取和交付其产品和服务的一种方式。如图 8-13 所示，供应链管理（SCM）中的规划，物流和采购活动覆盖多个行业，包括制造批发、分销和零售、运输（运货与车队交付）、石油和天然气以及医疗保健和公共服务。

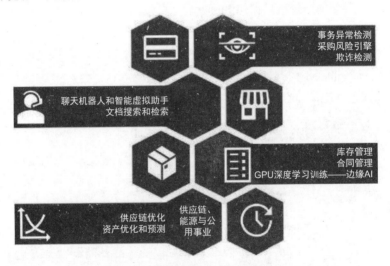

图 8-13　SCM 预测性分析解决方案

组织往往因为如何使用高性能且复杂的计划以及调度和优化软件方面存在知识空白而饱受困扰，但现在的 AI 工程师和数据科学家可以利用云计算，视觉化机器学习[1] 和求解器能力，再加上有吸引力的前端设计，来吸引更多受众。此外，现在的 SCM 人工智能解决方案可以帮助运营人员找到以下问题的答案，使他们能够理解并更好地管理公司的交付物流：

- 如何决定仓库的位置和容量

---

[1] 拖放式数据科学或机器学习或使用无 / 低代码用户界面。

- 哪个工厂应该生产哪种产品
- 为航班分配飞机和机组人员

2. 预测性分析解决方案

在查看供应链优化的细分端到端解决方案之前，需要了解的一点是，有许多预测性分析案例是在内部实施的，旨在管理供应链的关键领域。

这些案例包括使用事务异常检测、采购引擎和欺诈检测模型来对供应商 / 客户关系进行风控，使用像聊天机器人和智能虚拟助手（IVA）或文档查询和检索等客户支持解决方案，利用库存和合同管理工具的物流以及边缘 AI 解决方案，以实现更精细的预测性分析（例如，在本地层面而不是整个区域的层面进行供需匹配）以及对特定资产和业务部门进行资产优化和预测。

3. 供应链优化和规范性分析

对于许多供应链优化问题来说，只进行预测性分析是不够的，因为它的重点是可能发生什么（比如通过需求预测得到的预期需求）。规范性分析（prescriptive analytics）能够把解决方案的空间扩展到如何使某件事发生，例如图 8-14 中显示的供需匹配。

许多供应链问题（例如，路径规划、调度、仓库优化和发货）都涉及供需匹配（matching supply and demand），并且为了确保针对特定行业应用最优的调度、路线规划和发货方案，需要使用高性能的求解器。CPLEX，Gurobi 和 FICO 是这类规划和调度问题的行业领先求解器，我们将在下面的动手实践中使用 CPLEX。

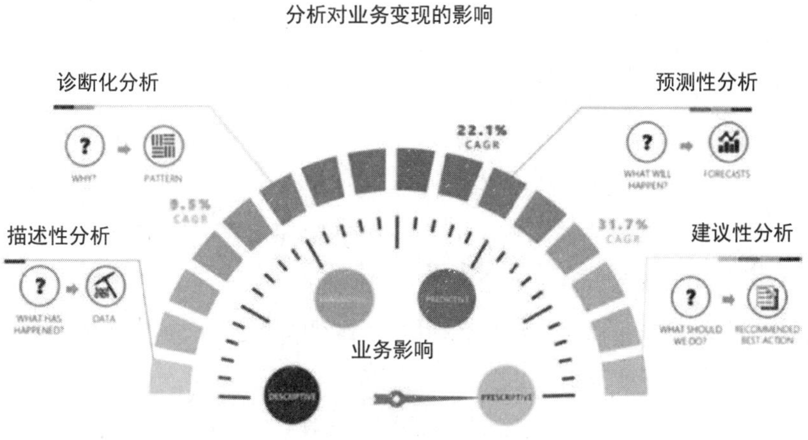

分析对业务变现的影响

图 8-14　四种分析类型（来源：iotforall）

根据 DataOps 最佳实践模型实施稳健的决策分析算法或求解器，可以为组织带来一些关键的价值差异化因素：

- 最优的规划和调度
- 对 what-if 场景分析的支持
- 成本降低和增量收入的优势
- 与旧有流程进行性能基准测试对比

动手实践 8-6　利用 IBM CloudPak/Watson Studio 进行供应链优化

在本次实践中，我们将在 IBM CloudPak 的数据中部署一个端到端的模板供应链优化项目：

1. 注册 / 登录 IBM Cloud pak：

   https://dataplatform.cloud.ibm.com/exchange/public/entry/view/427846c7e99026edd5fa0022830bc002?context=cpdaass

2. 创建一个项目。

3. 创建一个部署空间。

4. 依次运行下面的每一个 Jupyter 笔记本：

   a. 数据预处理：预处理供需数据。

      - 供应商
      - 制造商
      - 仓库

   b. Shiny 数据准备笔记本。

   c. LSTM 需求预测（不包含）。

   d. 决策优化器：运行规范性优化。

      - 导入预处理的 LSTM 需求预测
      - 优化运输部件的成本（从四个供应商运输到三个制造商）并交付产品（从三个制造商交付到四个仓库）

5. 在决策优化器完成规范性优化过程后，运行（Shiny）仪表板应用并查看库存、需求、供应和物流视图。

6. 练习：在仪表板上将产品类别从数字改为名称。

7. 拓展练习：每个月安排一次重新训练并使用新数据运行模型。

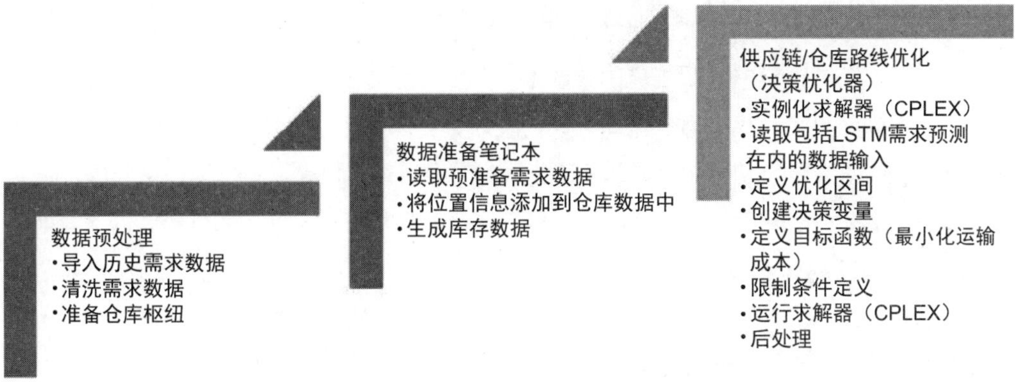

数据预处理
·导入历史需求数据
·清洗需求数据
·准备仓库枢纽

数据准备笔记本
·读取预准备需求数据
·将位置信息添加到仓库数据中
·生成库存数据

供应链/仓库路线优化
（决策优化器）
·实例化求解器（CPLEX）
·读取包括LSTM需求预测
　在内的数据输入
·定义优化区间
·创建决策变量
·定义目标函数（最小化运输
　成本）
·限制条件定义
·运行求解器（CPLEX）
·后处理

图 8-15　IBM CloudPak for Data——供应链优化

8.2　石油和天然气／能源和公用事业解决方案

能源行业涵盖价值链上许多不同的业务，比如石油和天然气大公司及分销公司，电力发电公司和可再生能源运营商（REC），以及公用事业和能源零售商。接下来，我们要研究 AI 的机遇。

1. 能源、石油和天然气行业的挑战

在当前这个供应减少、供应链紧张且价格上涨的环境下，可以理解能源行业为什么对作为创收和成本优化使能器的 AI 缺乏关注。但是，AIaaS（人工智能即服务）仍然有许多机会可以用来解锁价值，特别是分布式能源链和可再生能源行业。AIaaS 也为石油和天然气行业增加了价值，因为寻找安全、经济、可持续的勘探和生产方式和减少石油生产的环境影响都是非常关键的问题。

在当前能源危机发生之前，企业已经饱受旧有能源贸易风险管理（ETRM）工具和糟糕的创新实践的困扰。能源变革进展缓慢的部分原因源于统计意义上的劳动力老龄化以及因担心变革对自己的工作和生活造成影响的臃肿的中层管理者阶层。还有一些人对使用新兴技术有伦理方面的顾虑，尽管许多这些工具已经不算新兴了。

劳动力人口结构的变化推动了对数据驱动型创新和使用 AI 打破落后、低效的业务流程的需求。诚然，能源价值链上的数据并不少，但挑战在于如何处理所有这些数据以及如何处理整个能源供应链中不断增加的物联网传感器数据。

2. 能源行业的 AI 解决方案：机会还是威胁

近年来，能源行业中不断汇聚的力量推动了快速原型制造和 AI 解决方案交付的加速增长。当前的趋势是远离旧有的垄断系统，转向一个采用各种最优技术但在 AI 生态系统中高度集成的数字解决方案平台，因为这些解决方案通常更便宜，更小型，更开源。

在一些情况下，轻量级 AI（tiny AI）解决方案的交付速度更快，而单一云的"大型科技公司"解决方案在某种程度上已经变得"过大"且过于昂贵。AI 能带来的生产效益变得不容忽视，并且这可能预示着一种恶性的颠覆式文化，特别是当它在性能基准测试上的表现大大超越原有流程的情况下。

风险 / 资产管理工具，比如内嵌机器学习的客户风险引擎，和使用 fbprophet 或循环神经网络的"一键式"客户 / 负荷 / 价格预测，变得越来越普遍，即使不被用作生产级解决方案，也会被用作 python/Dash 原型脚本。在后台办公中，认知机器人流程自动化（CRPA）和文档检索解决方案正在广泛应用，用于处理燃气 / 电力的政策搜索、结算和计费以及合同管理等。同时，交易支持解决方案，包括算法交易和自动化市场分析与情报以及 What if 情景分析，也用来提升前台的盈利能力。

在前面零售领域中提到的许多预测性 AI 工具在能源领域中也显示出了价值，例如带有社交媒体情绪分析的实时客户决策引擎、聊天机器人和 IVA，以及自动化的客户服务交付和反映批发市场动态和能源新闻的仪表板和报告解决方案。同样，上一节中提到的具有强大求解器功能的供应链优化解决方案通常也适用于从上游能源，通过传输和分销渠道，到供应商，最终到客户的交付计划、优化调度和路径规划。

图 8-16　能源行业中的 AI 解决方案

随着分散和分布式的资产生产和消费（例如风力涡轮机、太阳能面板、热泵以及小型电池存储设备）的日益增长，边缘 AI 成为另一个引人注目的应用领域，它有望在适当的时机充分利用这些趋势。

8.3　医疗和制药行业的解决方案

能源领域中的 AI 部署可能相对滞后于其他一些领域，但医疗和制药行业并非如此。消费者对健康技术或数字健康产品和服务表现出积极的参与和热情。他们希望通过这些技术和产品来监测、比较和改善个人健康和健身情况。这种需求的增加在医疗保健领域引发了大量的 AI 创新。

8.3.1　医疗行业：AI 的鸿沟

医疗行业的发展速度相当快，以至于人们似乎无暇研究更好的做事方式。人们自然而然地把医疗护理置于创新之上，这可能导致突破性的技术解决方案无法传递给那些可能需要它们的医生、顾问和病人。

数字化的快速发展为医疗专业人士提供了可靠、易用、高度可视化、互动性强且信息量极大的预测性分析支持，帮助他们填补了财务和效率上的缺口。

在医疗支持功能中，由 AI 引领的文化转变尤其明显。这种转变使我们摆脱了临时的、执行不力的运营流程、过于复杂的非标准流程以及主观 / 有偏见 / 武断的决策和人为错误，有助于释放价值，无论是帮助减少或控制不断膨胀的医疗采购成本，还是实现针对病患的定向营销（例如医疗 / 天然保健产品）。

8.3.2　医疗和制药行业的解决方案

从英国国家医疗服务（NHS）的支持服务到心理健康试验，聊天机器人和智能虚拟助手在医疗保健领域越来越受关注。与以前的小娜（Cortana）相比，现在的对话助手或聊天机器人已经有了长足的进步。结合了 NLP 和文档检索技术的 IVA 可以向卫生管理人员和顾问提供自动化知识传递（也可以从这些人员那里获取知识[1]），帮助实现更全面的决策支持系统和并实现更好的病患治疗效果诊断。[2]

---

① 例如，通过顾问对医学出版物和报告的注释创建聊天机器人语料库。
② 频繁的临床试验与模型的定期再训练也可以持续改善守 IVA 支持的医疗结果。

自然语言生成（natural language generation）也是一个有趣的 AI 创新，它可以简化病人治疗前后的文书工作以及行政活动和预约安排。可以使用 Databricks、Apache Spark 和 fbprophet 等工具，通过利用图形处理器（GPU）或集群强化的机器学习来进行采购成本预测，这种预测覆盖多个医疗机构、多个药品产品线和病患手术所需设备，可以显著降低本地医院或药房的预算成本。

预测只是医疗和制药行业中的一种机器学习应用，数据驱动的药物研究、临床试验、病患诊断以及应用于 X 光或 MRI 扫描的（深度学习）图像分类技术都在为医生和护士提供宝贵的第二医疗意见。[①]

8.4   人力资源解决方案

对于最后一个应用场景，我们现在将注意力转向 AI 在 2022 年服务的一个关键业务功能——人力资源。

8.4.1   人力资源领域的现状

人力资源分析市场预计将以 14.2% 的复合年增长率增长为一个 63 亿美元的市场，因为雇主们正在努力应对后疫情时代不确定的未来，以及员工对工作的情绪和态度上的转变。但只有 21% 的人力资源高管认为自己的组织是在有效地使用数据来指导人力资源决策。[②]

在人口结构转变、数字化颠覆、新冠疫情以及不断上涨的生活成本所带来的不确定性的影响下，人力资源高管正在寻找易于获取的数据和人力资源分析解决方案，以便更好地管理和支持人才，减少招聘和工作场所中的偏见，并帮助提高员工绩效和降低人员流失率。

如果想让企业级 AI 取得成功，那么公司最好从人力资源中的挑战入手，这也是预测性分析能够提供帮助的地方。如图 8-17 所示，可以看到当前的挑战（以及相应的人力资源分析解决方案）主要集中在与员工职业生涯相对应的三个领域：招聘、人才管理 / 人力资本管理（human capital management，HCM）以及员工体验。

---

① 在某些情况下，由颠覆医疗行业的 AI 初创公司（例如 Atomwise 和 Deepcell）以服务的形式提供。请参见 https://venturebeat.com/ai/6-ai-companies-disrupting-healthcare-in-2022/。
② 来源：高德纳咨询公司。

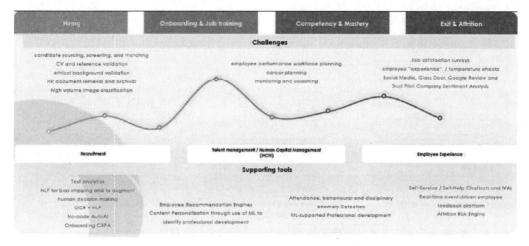

图 8-17　2022 年人力资源领域中的 AI 应用

　　正如我们将在后文看到的那样，管理数据洪流（data deluge）并确保性能指标不侵扰是创建全方位员工分析解决方案目前所面临的主要挑战。人力资源的 AI 解决方案可以帮助员工平衡工作负荷并为 HR 部门提供信息，比如哪些员工积极主动、哪些员工想要做得更多、哪些员工接近精疲力竭以及哪些员工需要更多帮助或支持。如果使用得当，这些度量标准也可以通过定义实现目标并帮助员工达成，来提高员工在完成任务上的效率和专注度。

8.4.2　示例人力资源解决方案

　　仪表板是所有人都喜欢的分析工具，对人力资源主管来说，尤为重要，因为仪表板涵盖员工旅程的各个方面，包括招聘 KPI、员工在职指标（包括劳动力生产力和远程工作 [1]）、考勤 [2] 和纪律监督以及员工流失和公司反馈。[3]

　　市面上最优秀的 HR 仪表板之一来自于 Agile Analytics，它内置 20 多种描述性和预测性的 PowerBI 报告视图。

　　如图 8-18 所示，有多种机器学习应用，包括用于处理候选人信息（例如领英的简历）的 OCR、NLP 和文本分析。深度学习可以帮助分析职位描述（job description，JD）（或

---

① 仪表板可以整合诸如 Teams 这样的工具并显示各种数据，比如员工的签到 / 签退时间、邮件、电话和会议的关键绩效指标（KPI）、应用程序的使用时段、员工所在的一个或多个位置以及在多个平台上或跨平台的生产力。
② 还包括假期 / 病假日历的集成。
③ 例如，可以集成 Glassdoor 上的反馈信息。

使用自然语言生成技术创建 JD）和起草员工合同，而由 NLP 支持的消除偏见的方法也有助于确保招聘政策的公平公正。

员工生命周期全景

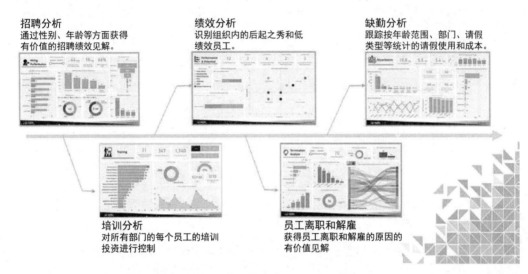

图 8-18　人力资源分析（来源：Agile Analytics）

　　无 / 低代码用户界面在 HR 管理人员中越来越受到欢迎，它为非技术人员提供了直观的访问预测性分析和员工建模的途径。聊天机器人和智能虚拟助理可以帮助实时收集员工体验和对组织性变革和公司文化的反馈，它们还能对员工的情绪和看法进行评估并识别可能的员工流失。现在的智能虚拟助理还能配备搜索自动化[①]功能并与后端系统集成，以实现检索内部职位空缺或公司政策等功能。

　　在员工入职阶段，可以通过基于人口统计学、技能集和心理测量分数的推荐引擎来提供个性化的内部内容，以支持员工的职业发展。异常检测可以帮助识别员工态度和行为中潜在的问题。

动手实践 8-7　HR 员工流失

　　掌握员工流失情况

　　本次实践将在 Jupyter Notebook 中使用 Python，目标是运行 AutoAI 以对员工流失数据集实施特征工程和算法基准测试。

---

① 例如，Watson Search 作为 Watson Assistant 的增值服务。

1. 访问 https://eu-gb.dataplatform.cloud.ibm.com/home2?context=cpdaas，登录 IBM Cloud pak（图 8-19）并创建一个项目。

2. 创建一个 AutoAI 实验。

3. 添加 emp_attrition.csv 数据集。

4. 配置 AutoAI 实验以预测员工流失。

5. 查看模型训练过程和测试结果的性能。

6. 实现 Flask UI 以针对员工类型进行预测。

7. 练习：测试预测是否合理。举例来说，这可以通过输入一位收入相对较低、服务年限较短的员工的数据来实现。

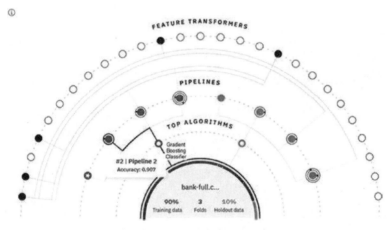

图 8-19　使用 IBM Cloud Pak 对员工流失数据进行 AutoAI 处理

8.5　其他案例研究

在本章的最后一节中，我们将着眼于那些未曾提及的其他重要行业和子行业中的适合 AI 创新的关键领域。

8.5.1　公共部门和政府

对于政府使用人工智能的市场规模，有着不同的估计，从政府内的 49 亿美元[1]到全球 AI 治理市场的 10 亿美元[2]不等。尽管伦理问题和风险规避是主要的关注点，但政府部门

---

[1] researchandmarkets.com

[2] marketsandmarkets.com

正在越来越广泛地采用由数据驱动的分析和 AI 方法来提供公共服务。媒体也用许多这样的方法来投放广告和量化舆情。

除了关键的公众参与应用，比如基于仪表板的对部门绩效和舆情的洞察，以及使用 Chatbot 2.0、IVA 和情感分析来收集公众的声音并提供个性化的公共服务，政府部门还经常使用数据项目来支持或指导政策的制定，并提升公众的信任度和对政策的理解。

AI 的应用也正在帮助公共部门的机构和组织通过文档的处理和自动化等方式来提高效率，并借助物联网设备的普及来应对欺诈活动的激增。同时，更细粒度的分析在支持政策规划和发展以及提高生产力方面也体现了它的价值，如下所示：

- 行业分析，政策制定，规划和实施
- 行政和部门流程自动化
- 政策文档的检索和处理
- 异常检测，包括公众欺诈、健康问题，和福利系统
- 计量经济学预测和时间序列分析

不过，在政府机构使用 AI 也面临着图 8-20 所示的挑战。

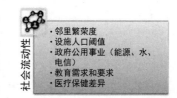

图 8-20　在政府中使用 AI 对面临的挑战

8.5.2　制造业

前面描述的 AI 在供应链中的应用还在很大程度上覆盖了制造业的用例。工业 4.0 的目标是将物联网、云计算和分析技术结合到一起，以彻底改革生产和分销过程。

在理想的智能制造解决方案下，安全库存水平、交货计划、供应链物流以及底层费用都是有得优化的参数，即使这个解决方案可能还未完全实现。同时，仓库对区块链的使用也在增加，目标是提高审计能力，使供应链变得更加高效和可靠。

理论上来讲，AI 模拟应该可以通过减少制造过程的刚性、动态修正产品缺陷和鼓励产品创新来减少产品召回。类似地，设备/机械故障对交货计划、预算和声誉的连带影响，现在可以通过 AI 应用来更好地管理。预测性维护尤其如此，结合大数据（通常是物联网数据）

统计分析之后，它能够（在不影响交付的前提下）更好地安排维护并减少未来的故障。

鉴于这种对数字化和大数据的依赖，如今的任何工业 4.0 解决方案在没有解决网络安全问题的情况下都是不完整的，这也是我们下一个小节的主题。

8.5.3 网络安全

2022 年，对企业和组织来说，没有比网络安全更大的挑战了。

如今，互联网已经深入渗透到每一个工业系统中，无论是在地方（生产）层面，还是在全球供应链中。随着互联网的普及，来自黑客的网络攻击风险也大大增加了，他们试图获取信息，甚至更糟糕的是，他们还试图控制一些与国家安全息息相关的高度战略设施。除了关键的深度防御安全层和强大的防火墙之外，机器学习和深度学习也被用来防止这些高度破坏性的、实时的、动态的网络安全攻击。

在第 7 章的动手实践中，我们研究过一个网络安全用例，它展示了如何部署一个经过训练的机器学习模型的 API 终结点，该模型被训练用来检测网络安全中的 DDoS 攻击。建议大家回顾一下那个动手实践，特别是模型训练过程（步骤 4），该过程显示了如何使用各种网络参数作为特征来识别可能构成诸如网络入侵事件中 Raindrop 恶意软件这样的网络活动模式。[1]

8.5.4 保险 / 车联网

保险公司的商业模式正在随着 AI 的快速发展而改变，AI 正在重塑保险行业并转换多种客户和内部服务：

- 从风险评估和风险管理到基于风险的定价
- 定位客户群体
- 个性化服务
- 定制保费和承保费用
- 索赔管理和运营流程自动化

传统基于精算的方法正在被动态风险定价增强，这种定价法利用车载信息技术中获得的（富含客户行为的）大数据进行定价，这在汽车 / 车队保险行业是一个非常激动人心的领域。不过，AI 在整个保险领域中有着非常广泛的应用，比如社交媒体中的客户反馈并根据采集的客户态度数据创建敏感、有吸引力或差异化的客户体验。

---

① Raindrop 恶意软件是 2020 年 12 月在 SolarWinds 供应链攻击中发现的。

8.5.5   法律

法律领域正在经历一场由 AI 技术驱动的变革，特别是在调研活动和合同方面。[①]

在图 8-21 中，可以看到一个用于帮助数字化法律文件并支持搜索、检索和归档过程的关键集成应用——通过 OCR（optical character recognition，光学字符识别）进行文档分类和文本提取。

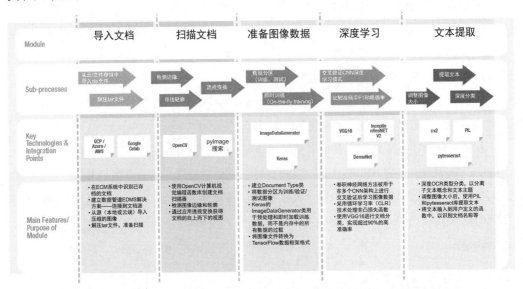

图 8-21   法律行业中的 AI：通过文档分类和 OCR 文本提取来将文档数字化

动手实践 8-8   用 DALL-E 进行创意型艺术创作

生成式 AI：用自然语言想象数字图像

在本章的最后一个动手实践中，我们要探索 AI 领域最令人兴奋的一项发展——OpenAI 的 DALL-E。

DALL-E 由自编码器（参见第 5 章）和转换器（第 8 章）组成——基本上，我们可以通过键入自然语言随心所欲地想象任何图像。尽管本章没有讨论 AI 在创意艺术行业的应用，但它在该行业显然有着广泛的应用，比如在设计、时尚和建筑方面。

---

① 详情可以参考这个链接：https://legal.thomsonreuters.com/en/insights/articles/ai-and-its-impact-on-legal-technology。此外，LegalAI（www.legalai.io）也正在通过 AI 自动化诉讼处理流程，我们都很期待看到这样的变革。

在 OpenAI（https://openai.com/join/）上注册一个账户并访问在仪表板右上角 Personal 下提供的 API 密钥。

1. 访问 https://github.com/bw-cetech/apress-10.9.git，克隆以下 GitHub 存储库。

2. 将 OpenAI API 密钥复制并粘贴到 openai_credentials.py 文件中定义的字符串的双引号内。

3. 在 Colab 中运行 Python 笔记本步骤。

   a）安装 openai，然后注释掉代码。

   b）导入库。

   c）将 OpenAI 凭证文件拖放到 Colab 的临时存储中。

4. 运行单元格，使用给出的"拿着煎锅的奶牛（a cow holding a frying pan）"的例子，调用 DALL-E 模型函数。注意，需要使用付费账户来调用 API 功能[①]，确保你已经按照笔记本中的指示创建了账户。

5. 拓展练习：修改代码以创建一张显示宇航员骑自行车的图片。

小结

探讨 AI 在法律行业中的应用，为这一章画上了句号。在本章中，我们探索了电信和零售行业、金融服务、保险和政府、制造业、供应链、能源产业以及医疗保健组织和人力资源部门所面临的数字化（及网络安全）挑战。通过深入研究这些领域的 AI 用例为关于生产化 AI 的最后一章[②]做好了铺垫。

尽管这些垂直行业的性质各不相同，但 AI 解决方案在应用中往往表现出惊人的相似性，解决方案往往是横向的，并且可以重复利用。采用规模经济是有好处的。出于上述原因，我们将在下一章选用这种方法。在下一章中，我们不仅要说明开发、构建和部署稳健且即插即用的 AI 解决方案的端到端流程和实施步骤，还会在本书的最后两个端对端部署实践中进行演示和讲解。

---

① 费用适中，对较小尺寸的图像（256×256 像素）收费更低。
② 关于 NLP 的第 10 章是本书的最后一章，但第 9 章将结束对本书主题——AI 生产化——的讨论。

第 9 章

部署 AI 解决方案
（生产化与容器化）

AI 模型的生产化并不容易。许多 AI 项目在概念证明（Proof of Concept，PoC）阶段就陷入了困境。高德纳咨询公司称，50% 的 IT 管理人员在将 AI 项目从演示 / 原型推进到生产过程时遇到了困难。组织往往会混淆创建 POC 和创建生产级企业级 AI 解决方案这两个目标，一部分原因是企业中的其他人缺乏这方面的专业知识。毕竟，如果其他员工连基础的 AI 技能都没有，肯定不知道如何使用 AI，也不清楚 AI 的优点，并且更重要的是，不知道如何与其进行交互或使用它，生产化的意义何在？

AI 的实现需要务实的思维模式和纪律性。与炒作所说的相反，许多问题的产生实际上是因为误以为 AI 是万能的。AI 是增强智能，这意味着在被用来解决特定业务问题时，需要有人类参与（human-in-the-loop）。项目的其他问题则源于 2010 年代数据科学家们构建 Kaggle 级模型时过于随意而积累的技术债，忽视了企业 / 组织环境中需要的实用性、限制条件和协作学习。

数据量庞大意味着试图首先解决最大的问题在 AI 中是行不通的。应该将工作量预估（effort estimation）纳入前期规划。通常情况下，最好从小处着手并专注于特定领域（stay niche）；并不是每次都需要用大数据来训练模型，还需要提出诸如 "为了增量性能改进而支付存储和 / 或管道延迟的额外成本是否值得？" 这样的问题。

本章尝试提出这些问题，并从实践的角度去连接各个点，以解决全栈部署和在云端生产化企业级 AI 的障碍，降低其难度。

在动手实践中，我们将探索从测试应用到最终将应用程序托管在云端的项目生命周期，并重新回顾 AI 项目的开发、交付和测试阶段中的敏捷技术。我们将探索如何通过最佳实践来描绘用户旅程、如何定义成功的框架以及如何优化流程和集成领先的 AI 工具。

在回顾分布式存储、并行化以及在 AI 应用扩展和弹性的背景下优化计算和存储之后，我们将通过几个动手实践为本章收尾，这些实验涉及两种生产化 AI 解决方案的最佳方法——在 Azure 上对 AI 应用进行容器化和在 Heroku 上进行托管。

9.1　AI 应用中的生产化

我们从大局开始，看看部署的障碍、关于云 / 基础设施的决定以及我们学会跑之前先会走的重要性。

9.1.1　生产的典型障碍

本质上讲，AI 项目有两个不同的阶段：实验阶段和工业化阶段。

两者的目标各不相同；实验的目标是找到一个能够准确且尽快回答（业务）问题的模型，而工业化的目标是可靠地自动化运行应用。

客户或公司的规模（无论是小型初创公司还是大型企业）会对解决方案产生影响。如图 9-1 所示，对于正在进行试验的创业公司来说，数据和预算的缺乏是一个约束条件，而数据工程资源的短缺是向生产化过渡的主要障碍。中等规模的组织往往缺乏运行 POC 所需的专用服务器和云基础设施，而对大企业来说，数据筒仓[①] 和重建多系统生产环境的困难是重大的挑战。一旦这些问题与分散的干系人责任和难以改变的旧有系统结合到一起，可能妨碍实现对有意义的生产化（企业级 AI）解决方案。

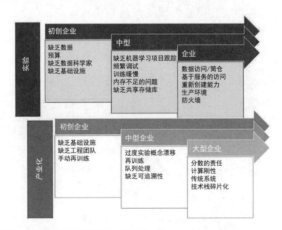

图 9-1　AI 实验与工业化（来源：towardsdatascience.com）

---

① 数据被局限于一个特定的部门。

9.1.2　云 /CSP 轮盘

无论是初创公司和中小型企业（SME），还是大企业，可实施的企业级 AI 解决方案通常都需要克服五个主要的约束：

- 赢得干系人的支持
- 清晰的数据处理策略
- 云存储和计算
- 解决方案持久化的成本
- 创新

目前，大多数 AI 解决方案都有围绕着 AWS、Azure 和 GCP 三大主要 CSP 的显著解决方案集中化现象（图 9-2）。无论是存储还是计算，都可能有一两项服务 / 资源是由亚马逊、微软或谷歌提供的。

考虑到这点，我们可以通过四个明确的阶段进行项目规划和定位，以帮助 AI 项目发展成为干系人认可的解决方案：

- 设计和实施
- 第三方接口
- 训练和测试
- 采纳

图 9-2　CSP 市场主流

9.1.3　使 AI 的挑战简单化：从小处着手，专注于特定领域

在敲定解决方案时，特别是朝着上述最后阶段的目标（实现 AI 的采用）努力时，最好围绕着以下三个数据 /MLOps 成熟度级别进行开发和实施的准备。

1. 手动构建和部署模型。利用简单的工具，例如 Jupyter notebook、Colab、AutoML、拖放式（无代码）界面来快速说明企业 / 组织价值。

2. 部署流水线，而不是模型。除了使用（预训练的）模型注册表，还需要将以下每个子过程作为一个"流水线"处理，以增加 AI 项目的稳定性和可追溯性：

   a. 数据预处理

   b. 算法调优

   c. 训练和评估

   d. 模型选择

   e. 部署

3. CICD 集成，自动化再训练，概念漂移检测。这实际上是完全自动化，其中包括从批量推理到流式 API 推理的转换，并且全面集成到了由 CI/CD 触发的再训练流程中。

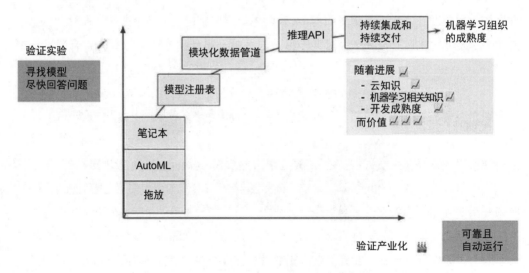

图 9-3　从 POC 到生产的模型成熟度

动手实践 9-1　用 Python 进行数据库管理

用 Python 读取 / 写入 SQL 数据库

本次实践的目标是整合解决方案的两个重要组成部分——数据存储和 Python——并通过 Python 来向数据库写入数据，然后再从数据库读取数据：

1. 访问 www.sqlite.org/download.html，下载并安装 SQLite，然后下载适用于 Windows 的预编译二进制文件（sqlite-dll-win64-x64-3360000.zip 和 sqlite-tools-win32-x86-3360000.zip 这两个文件都需要）。

2. 在本地 C 盘创建一个文件夹的名为 "sqlite"，并解压上述两个文件。

3. 将 C:\sqlite 作为系统路径环境（system path environment）变量添加。

4. 在终端中输入以下命令，以检测安装情况：

```
sqlite3
sqlite3 test.db
```

上述步骤会创建一个测试数据库，命名为 "test"。

现在（选择性地）安装 DB Browser（https://sqlitebrowser.org/）以查看本实践的后续部分中将要创建的 SQL 数据库和表。

5. 从下面的 Github 存储库中下载 Python 笔记本：

https://github.com/bw-cetech/apress-9.1.git

6. 按照笔记本中的步骤操作：

　a. 创建数据库

　b. 创建表格

　c. 插入数据（单条记录）

　d. 执行 select 查询

　e. 从上述 Github 链接下载的 hre-short.csv 文件导入 Python，然后批量导出到 SQLite。

　f. 在 DB Browser 中查看数据

　g. 最后，在 Python 中将数据转换为一个 DataFrame。

动手实践 9-2　在 GCP 上构建应用程序

在 GCP 上部署机器学习模型

在本次实践中，我们将在 Google Cloud Platform 上部署一个简单的机器学习模型。

1. 在 GCP（https://console.cloud.google.com）上创建一个项目。

2. 在以下链接中，使用 App Engine 创建一个应用程序：https://console.cloud.google.com/appengine。

3. 启动 GCP Cloud Shell 并连接到该项目。

4. （在 Cloud Shell 中）复制以下 Github 链接中的示例模型：

   https://github.com/opeyemibami/deployment-of-titanic-on-google-cloud

5. 在项目目录中运行以下命令，以初始化 gcloud：

```
gcloud init
```

6. 按照以下链接中的步骤部署应用程序：

   https://heartbeat.comet.ml/deploying-machine-learning-models-on-google-cloud-platform-gcp-7b1ff8140144

7. 从下面的链接中下载 Postman 桌面版：

   www.postman.com/downloads/

   接下来，使用应用程序测试连接。

动手实践 9-3　PowerBI 与 Python 的结合

为预测性分析创建前端界面

这个简短的动手实践衍生自第 3 章的动手实践 "Python 数据获取：Met Office 天气数据"，我们将用 Python 抓取的输出来创建一个 PowerBI 前端。

1. 如果尚未安装的话，请从以下链接下载 PowerBI 桌面版并安装：

   https://powerbi.microsoft.com/en-us/downloads/

   然后按照以下链接中的步骤在 PowerBI 中设置 Python 路径：

   https://docs.microsoft.com/en-us/power-bi/connect-data/desktop-python-scripts

2. 将在第 3 章的动手实践 "Python 数据获取：Met Office 天气数据获取" 中编写的

脚本粘贴到 Data > More > Other > Python script 中。

3. 创建一个折线图，显示接下来 5 天的最低气温和最高气温。请注意以下两点。

　　a. 将导入的列（预测值）转换为整数。

　　b. 在 PowerBI 中修改图表的格式，使其达到展示质量（presentation-quality）。

9.2　AI 项目生命周期

下面将从 6 个层面来介绍 AI 项目的生命周期。

9.2.1　从设计思维到敏捷开发

前面探索了从实验阶段到生产阶段的过程中哪些做法是有效的，那么，如何从零开始实施这种方法呢？

激烈的竞争催生了组织对快速改变策略的需求，迫使公司仔细审视自身的能力和流程，以确定哪些因素对适应性和创新构成了阻碍（或带来好处）。一开始就采用设计思维方法有助于在这种颠覆性的环境中找到前进的道路，确保将业务相关人员、流程、工具、系统和数据触点全部纳入考虑范围。

设计思维是一种以人为中心而非以工具为中心的创新问题解决过程。一旦设计思维得到良好的应用，其关键成果就是一个能够交付正确的东西的项目。虽然这些项目本身并不足以保证部署能够成功，但往往能为 DataOps 的基石之———也就是专注于以正确的方式构建的敏捷开发和交付——作出贡献。图 9-4 阐明了这个概念。

图 9-4　设计思维、精益和敏捷（来源：Jonny Schneider）

9.2.2　通过假设驱动的开发

在 AI 项目中如何进行敏捷开发呢？假设驱动的开发（hypothesis-driven development）是一种原型方法，它允许解决方案架构师（以及数据科学家和 AI 工程师）开发、测试和重构产品，直到用户满意为止。

这是一个高度迭代的过程，它接受在项目中定义的假设，并尝试通过用户或客户的反馈来进行验证。相比会产生类似于瀑布式方法的错误传统需求采集方式，它更容易演变，这些假设认识到世界是复杂的且不断变化的，而且常常令人困惑。

正如图 9-5 所示，总体思路是尽早并尽可能频繁地进行实验，征求客户的反馈意见或建议，并舍弃那些收益甚少的特性。

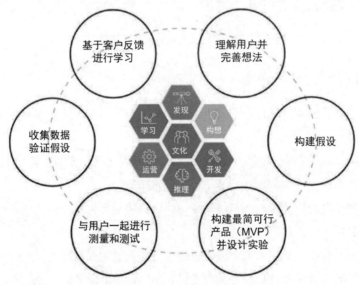

图 9-5   IBM Garage 假设驱动的开发

9.2.3   协作、测试、度量、重复

如本章前面所提到的，公司在 20 世纪 10 年代聘请数据专家时缺乏远见导致积累了大量的技术债。别说全面集成的 AI（包括干系人在内！）和解决方案，系统部署时甚至没有维护、监控和更新它们的流程和工具。[①]

DataOps 中的持续测试是解决这些问题的一种手段。表面上，它的目标主要是尽早建立对数据的信任并减少在信任丧失前发现和解决问题所需要的时间：

- 版本控制：使用 git 和 GitHub 来改善协作
- 自动化测试：自动化测试有助于加速创新周期和更改过程

————————————
① 来源：DataKitchen。

- 度量错误：跟踪并降低每月的生产错误率
- 跟踪生产力：对过程改进和交付所需的时间进行基准测试

9.2.4　持续的过程改进

在 AI 项目中，我们具体如何跟踪生产力并对过程改进展开基准测试呢？

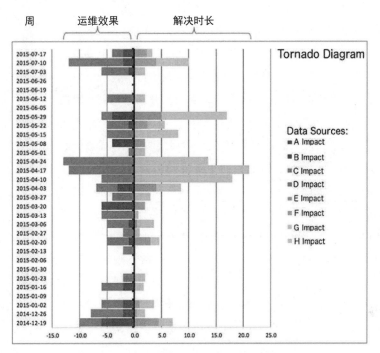

图 9-6　DataKitchen 龙卷风图展示生产问题所造成的运营影响及解决所需要的时间

商业智能（BI）仪表板非常适合用于报告 DataOps 的关键绩效指标（KPI），尤其是内嵌自动化编排用于收集 Chief Data Officer 和展示度量指标时。

例如，可以创建 CDO 仪表板来追踪和监控各类度量进度：

- 团队协作：为每个团队项目创建"厨房"
- 误差率：随着测试的成熟以及测试数量的增加，这些误差率随时间的推移而降低
- 生产力：通过测试数量以及数据管道步骤（关键步骤）来度量
- 部署：例如，追踪平均部署周期时间以及服务水平协议（SLA）违规的减少趋势
- 测试：测试的数量随时间而增加，更稳健的质量控制的普遍性也应提高

9.2.5　数据漂移

为了交付和部署 AI 解决方案，任何持续改进周期都需要在部署后接口 / 数据变更的情况下保持弹性，包括稳健的数据漂移缓解和模型再训练。

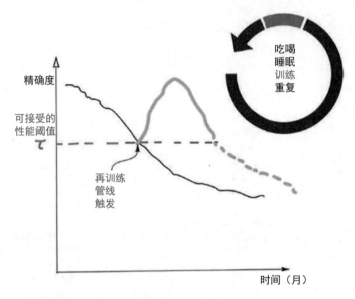

图 9-7　数据漂移导致模型性能随时间降低（来源：www. kdnuggets.com）

如图 9-7 所示，模型性能随时间而降低通常是因为以下几个因素：（a）数据（或协变量）漂移；（b）概念漂移，也就是数据分布显著偏离原始训练集的情况：

- 数据漂移指的是特征漂移以及特征之间的关系可能随时间而发生变化
- 概念漂移指的是目标变量的变化

控制模型漂移的推荐方法是实施 DataOps/MLOps 最佳实践，并跟踪底层数据的变化，包括特征之间的关联，举例来说，可以在单独的 Python 跟踪脚本中，也可以在运营（而不是战略 /CDO）仪表板中。

9.2.6　自动化再训练

在开始追踪数据漂移后，我们需要实施一个过程，以确保模型保持准确和高效。理想情况下，这应该是自动化的。主要可以通过两种方式来实施基于数据 / 模型漂移的自动化再训练过程。

定时再训练

1. 在日终（end-of-day，EOD）流程中，将训练集中最早的一天的数据归档，并添加新一天的数据。

2. 每月（如果数据变动幅度很大的话，就每天）安排一次再训练过程。

3. 评估新性能，并检查是否比前几次运行的表现得更好。

4. 使用 cron 作业 / 作业调度器，或者使用 AWS CloudWatch Event 来触发数据准备、训练、评估和部署的 Step Function 编排。

基于性能 / 动态的再训练

1. 收集新的每日训练数据。

2. 自动监测模型在新数据上的生产性能，并判断是否存在突然表现不佳的情况。

3. 测量平均预测和标准差。如果预测在一定时间间隔内下降了 10%，或者预测结果超出了平均值的 2 或 3 个标准差，则触发并行（再训练）运行。

4. 通过定期的 AWS Lambda/Step Functions 或者 IBM Watson Machine Learning 持续学习来管理再训练。

5. 继续追踪所有历史再训练运行（例如，使用 Databricks[①] 中的 MLFlow），以确保性能（fbeta，召回率 / 精确率，损失率 / 准确率等）没有随时间而降低。

动手实践 9-4　在 Heroku 上托管——端到端

从开发到生产

在本次实践中，我们将把一个模板应用作为 Heroku 托管的应用程序推送到云端。

1. 在 www.heroku.com/ 上注册 Heroku。

2. 在 Heroku 中，在欧洲地区创建一个新应用程序，举例来说，可以命名为"my-heroku-app"。

3. 安装 Heroku CLI。

4. 克隆以下链接中的示例应用程序：

https://github.com/bw-cetech/apress-9.2.git

---

① MLFlow（https://mlflow.org）是 Databricks 开发的开源平台，旨在通过管理完整的机器学习生命周期，带来企业级的可靠性、安全性和规模，以帮助实现模型的生产化。

5. 按照第 7 章中的说明设置一个虚拟环境，并安装依赖项。

6. 尝试在本地运行应用程序。

7. 在本地驱动器中复制的应用程序中，使用 heroku login 从终端登录到 Heroku，然后按顺序输入以下命令将其推送到 Heroku：

```
git status # 本地存储库应该已经被初始化了
git add .
git commit -am "updated python runtime to heroku supported stack version 3.9.7"
git push heroku master
```

8. 最后，通过访问 https://my-heroku-app.herokuapp.com/ 或在终端中输入 "heroku open" 来打开 Heroku 应用程序。

9. 尝试在终端中重命名应用程序。

9.3 启用工程和基础设施

人员、流程和工具是包括 AI 应用程序产品化在内的任何最佳实践框架的三大基石。在这个简短的小节中，将从 AI 云堆栈开始，讨论如何将前面章节所讲述的一些项目和基础设施工具融合到一个连贯的 AI 解决方案中。

9.3.1 AI 生态系统：AI 云堆栈

如第 3 章所述，成功的 AI 需要一个端到端的云基础设施，特别是用于处理大数据的（可扩展和弹性的）敏捷服务，处理过程包括数据获取、收集、处理、存储、查询和数据可视化。除了数据处理以外，向上扩展的可扩展性和向外扩展的弹性是处理用户流量和在终端 AI 应用程序上的特定使用模式所需要的关键支持资源需。

无论服务于解决方案的是胖客户端[①]还是瘦客户端[②]、数据湖或 NoSQL 数据库这样的关键存储（或数据）和像虚拟机或 Apache Spark 这样的计算，都将为我们开发和最终部署项目时使用的 AI 服务和工具提供支持。图 9-8 描绘了这个 AI 支持基础设施的生态。

[①] 本地安装的软件，例如 Jupyter notebook 和 GitHub 桌面版等。
[②] 网页浏览器、基于 Colab 的笔记本和 GitHub 等。

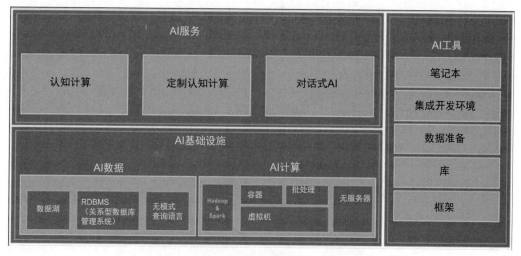

图 9-8　AI 生态系统：基础设施，工具和服务

9.3.2　数据湖部署：最佳实践

如今，许多寻求实现企业级 AI 的公司都在努力构建数据湖（图 9-9），这个数据湖需要能够持续刷新它的多个数据流，同时优化性能和拓扑。

并非每个公司都能负担得起建设数据湖的成本，但即使一个工具超出了能力范围，公司仍然可以尽可能复制数据湖的架构，这样做可以在保持生产级别敏捷性的同时，避免来自数据仓库、关系型和非关系型数据库、大数据引擎、机器学习工具和日志文件等资源的多重（往往是冗余的）数据流。为了解决这些问题，Dremio 公司推荐了以下最佳实践设计：

- 采用以数据湖为中心的设计——将数据湖视为单一事实来源
- 分离计算与数据——实现成本节省
- 最小化数据副本——减少治理开销
- 确定高级数据湖设计模式——支持用户层次结构和合规性
- 保持开放、灵活和可移植——使架构能够应对变化并防止过时，支持多云

图 9-9　数据湖作为集中化的单一事实来源（Dremio）

9.3.3　数据管道运营化和编排

接下来，我们将通过一个案例来了解其实际运作过程。下面的架构以 Azure 数据湖存储（ADLS Gen2）为中心，展示一家游戏公司是如何做复杂分析的。[①]

这个商业场景的基础是一家游戏公司从游戏日志中收集了 PB 级的用户数据，并想要分析这些日志，以了解客户的喜好、人口统计信息和使用行为。通常，一个本地数据存储库会持有参考/主要数据，比如敏感的详细客户资料、游戏 ID 和市场营销活动数据。

这家公司的次要目标可能包括识别向上销售和交叉销售的机会，开发引人入胜的新功能，推动业务增长，提供更好的客户体验（customer experience，CX）。

在这个案例中，目标架构[②]（图 9-10）采用 Azure Data Factory（非常适合其云基础的 ETL 和数据集成服务），自动化协调和管理基于数据的工作流程和管道。架构会启动一个 Spark 集群（通过 Azure HDInsight），该集群从 ADLS Gen2（处理批处理数据）和 Kafka（处理流数据）获取数据，然后，将转换后的数据发布到 Azure SQL 数据库，以供下游报告使用。

---

① 在生产环境中。开发和暂存环境可能包括连接到旧有数据源的连接器。
② To-Be 生产架构。开发、暂存和初始生产环境可能包括暂时连接到旧有数据源的连接器。

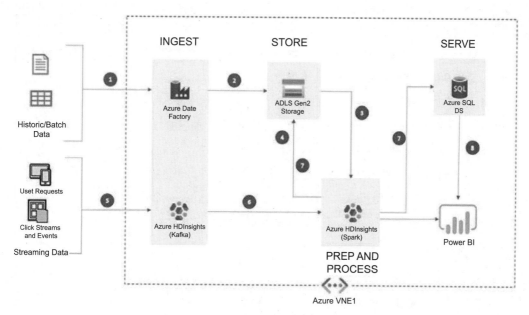

图 9-10　处理 PB 级数据和分析的现代架构（Azure）

9.4　大数据引擎和并行化

我们已经在第 8 章以及第 5 章中探索了分布式处理和集群的使用以及用作大数据处理引擎的 Apache Spark。

作为分布式、扩展性数据处理的业界标准，Apache Spark 天生适用于需要（PB 级别）大数据处理的 AI 应用程序，但因为其基于 Scala 的语法和可用性，所以即使有 PySpark（用于实现 Apache Spark 的 Python 库／包装器），也比标准的 Python 库（比如 Pandas）更复杂。

不过，有一些直接使用 Apache Spark 的替代方法，比如 Koalas，它将用户友好的 Pandas 风格的 dataframe 操作与高性能的 Apache Spark DataFrame 分布[①]结合在一起。

Dask 是另一个替代方法。它是一个用于扩展 Python 的平台，像 Spark 一样，可以从单节点扩展到上千个节点的集群，我们接下来将深入讨论它。

---

① 若想查看 Pandas、Koalas 和 PySpark 运行环境的细节对比，请访问 https://www.databricks. com/blog/2019/08/22/guest-blog-how-virgin-hyperloop-one-reduced-processing-time-from-hours-to-minutes-with-koalas.html。

Dask

Dask 的功能比 Spark 少，因此也比 Spark 更小、更轻量级。虽然 Dask 还缺乏 Spark 对统一应用计算的高级优化，但它也有其优点：[①]

- 是用 Python 而不是 Scala 来编写的
- 与其他 Python 库（比如 Pandas 和 Scikit-learn）的强集成
- 以 Python 集成为中心，而不是 Apache 项目集成
- 把计算任务直接带到数据所在的位置进行，而不是将数据移动到计算所在的位置。

Dask 使用了两个关键概念：一个是延迟／后台执行，另一个是用于堆栈转换／并行处理的计算的惰性执行。我们将在下面的实践中研究这两个概念。

动手实践 9-5   使用 S3 文件存储

通过 S3 进行应用文件存储

本次实践的目标是使用 Python 来接口到云端最重要的存储资源之一：Amazon Simple Storage Service（S3）。

1. 从以下 github 链接复制文件，并解压到本地目录：

   https://github.com/bw-cetech/apress-9.3.git

2. 在离自己最近的 AWS 区域创建一个公开访问的 S3 存储桶，可以命名为"my-s3-fs"。

3. 创建 AWS 访问密钥并下载：

   https://console.aws.amazon.com/iam/home?#/security_credentials

4. 下载 AWS CLI 安装程序 https://awscli.amazonaws.com/AWSCLIV2.msi 并安装 AWS 命令行界面

5. 按照以下步骤将本地文件推送（上传）到 AWS 的 S3 存储桶。

   a. 打开终端／命令提示符。

   b. 输入 aws configure。

   c. 输入前面下载的访问密钥和秘密访问密钥。

   d. 输入自己的默认 AWS 地区，例如 eu-west-2。

[①] 还有一些可能出现的实现挑战，例如，Dask DataFrame 用于对数据进行分区并在集群的多个节点间分割，但使用 compute() 进行计算可能会导致运行缓慢，当数据大小超过单个机器的内存时，可能会出现内存不足的错误。

e. 指定默认输出格式为 json。

f. 在命令行中导航到解压后的本地文件所在的文件夹。

g. 使用以下命令将数据同步到 S3 存储桶：

```
aws s3 sync . s3://pv-s3-fs
```

从 github 下载的数据现在已经推送到 AWS，并存储在 S3 存储桶中

6. 练习：尝试用 Python 连接到 S3 以下载图片。使用前面的 github 链接中提供的笔记本 AaWS-S3-Download.ipynb 来核对答案。

动手实践 9-6　在 Databricks 上快速启动 Apache Spark

使用 Apache Spark 处理大规模 IoT 数据

在本次实践中，我们将重新回顾 Databricks 和 Apache Spark，对比 IoT 数据集的运行时。

1. 在 Databricks Community edition（https://community.cloud.databricks.com/login.html）中创建一个空笔记本并启动一个集群。

2. 按照下面笔记本中的步骤操作：

https://community.cloud.databricks.com/?o=765164012049213#notebook/1443608314106734/command/3293421293983457

完成如下步骤。

a. 从下面的链接导入 IoT 数据：

https://raw.githubusercontent.com/dmatrix/examples/master/spark/databricks/notebooks/py/data/iot_devices.json

注意，由于文件大小为 61 MB，所以可能需要先将 json 文件内容复制粘贴到 .txt 文件中，然后再保存为 json。

b. 使用 Scala 对数据集进行 EDA 和整理。

c. 使用 SQL 查询数据。

d. 比较 Spark 集群与 Jupyter 的运行时。

动手实践 9-7   Dask 并行化

Dask 并行化

本次实践中，我们将按照图 9-11 流程图中所示的步骤操作，目的是熟悉如何使用 Dask 进行（基于 Python 的）大数据处理：

1. 复制 github 存储库：

```
git clone http://github.com/dask/dask-tutorial
```

2. 创建 conda 环境。

3. 启动 Jupyter Lab 或 Jupyter Notebook。

4. 通过代码样本 dask.delayed.ipynb 来了解 Dask 中的延迟执行是如何运作的。

   注意，若想查看集群上复杂的提取、转换和加载（ETL）是如何工作的，请参阅以下笔记本中的 gif：

   https://github.com/dask/dask-tutorial/blob/main/01x_lazy.ipynb

5. 练习：用惰性加载执行（lazy execution），即运行 01x_lazy.ipynb 笔记本。

6. 对比逐词与逐行阅读 reaDMe.md 文件的运行时。

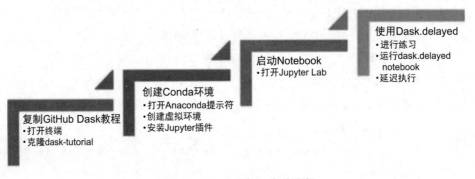

图 9-11   Dask 入门：实验流程

9.5   全栈与容器化：最后的疆域

现在，我们回到第 8 章的最后一节。在该节中，我们研究如何打包一个全栈部署解决方案，并重新回顾第 7 章中的全栈 AI 应用程序实践，然后讨论容器的使用，特别是 Docker，通常是简化部署过程和成功部署 AI 应用程序的最后一块拼图。

9.5.1　全栈 AI：React 和 Flask 案例研究

在第 7 章的最后，我们使用 react.js、Plotly Dash、Flask 和 TensorFlow 部署了第一个 AI 应用程序。我们用的过程适用于实施任何 AI 应用程序。这个过程包括训练模型并将模型导出为分层数据格式（.h5）文件、设置虚拟环境、创建用于模型集成的后端、创建前端 UI。然后，首先在本地运行应用程序，再将其用作托管的终结点解决方案运行。

图 9-12 以图形方式展示了这一部署过程，供大家参考。

图 9-12　回顾全栈部署：react.js 和 Flask

遗憾的是，由于高度依赖本地文件和库配置，以这种方式构建 AI 应用程序可能相当麻烦。这就该容器上场了，它提供了一种方法来限制依赖项并确保在部署到不同的终端用户系统时不产生冲突。

9.5.2　使用 Docker 容器在云端部署

本章最后一个动手实践的主题是使用 Docker 在云端部署，这是生产化 AI 的推荐途径。如图 9-13 所示，这个过程首先训练模型，然后导出（在本例中是作为 pickle 文件导出）。

然后，我们下载一个样板解决方案（源代码来自 GitHub），可以选择性地测试上述全栈 AI 步骤，执行本地（独立）安装（包含本地文件依赖项）。

在本地安装成功之后，进行本地容器化 docker 实例，对其进行测试，最后对云进行身份验证（在本例中是 ACR——Azure Container Registry，Azure 容器注册表），重建容器图像，并将 Docker 实例推送到 ACR。

最后，我们将创建一个（Azure）Web 应用程序，使其指向 ACR 中的 Docker 镜像，并可以查看我们部署的应用程序。这种生产化解决方案的真正价值在于，所有的依赖项都通过 Docker 内部环境的 requirements.txt 文件安装，从而将其独立于可能与外部文件产生冲突的情况（图 9-13）。

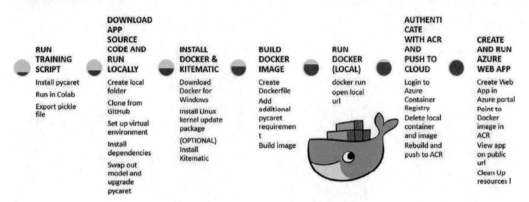

图 9-13　把一个容器化的 Docker AI 应用程序部署到 Azure

9.5.3　实现持续交付流水线

我们将通过回顾生产典型障碍中提到的独有 AI 项目阶段来作为本章的结尾。围绕解决方案的开发和设计进行的实验是一种手段，用于实现生产化或工业化 AI 应用程序的目标。

和 DataKitchen 所说的一样，我们有一个创新流水线和一个价值流水线。

- 创新流水线（innovation pipeline）：AI 模型开发、设计、测试并部署到价值流水线中。
- 价值流水线（value pipeline）：数据输入到 AI 模型中，产生的分析结果为新模型的创建过程提供价值。

每个流水线本身都是一组迭代的阶段，这些阶段通常由一组文件定义，并使用一系列工具来实现，这些工具包括脚本、源代码、算法、HTML 配置文件、参数文件和容器。

当然，代码从端到端控制了整个数据分析管道，包括策划、设计、需求采集、训练、测试、部署以及运营和生产后维护（图 9-14）。

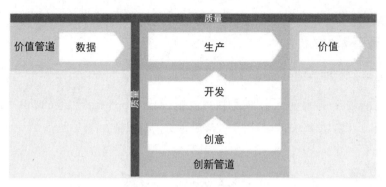

图 9-14　持续交付流水线

小结

通过对 AI 持续交付的探讨，我们完成了对部署 AI 解决方案的方法的研究。接下来的两个动手实践旨在提供高度沉浸式的生产化 AI 体验，最终目标是实现全栈 AI 应用。

尽管本章结束了对本书主题的讨论，但我们接下来还有一章。由于使能技术的飞跃式发展（特别是变换器技术）以及对非结构化数据的高度关注，自然语言处理已经成为一个充满吸引力的自主研究领域，它是最后一章的主题。

动手实践 9-8　用 Streamlit 和 Heroku 部署深度学习应用

用 Streamlit、Google 和 Heroku 进行深度学习托管

最后两个实践是端到端的应用部署。在本次实践中，我们首先使用 Google Teachable Machine 训练模型，然后使用 Streamlit 创建用于推理的前端，最后将其作为托管应用部署到 Heroku。

1. 访问 https://teachablemachine.withgoogle.com/train/image，按照下面链接中 Steps to create the model and app 的步骤 1 到 5 创建一个训练模型：

   https://towardsdatascience.com/build-a-machine-learning-app-in-less-than-an-hour-300d97f0b620

2. 从 C:\users\Barry Walsh\testing\xray-automl\Streamlit-Hheroku-setup.zip 下载文件并解压到本地驱动器的测试文件夹中。

3. 在虚拟环境中安装所有必要的依赖包，包括 pillow、tensorflow 和 scikit-learn。

4. 运行以下命令并检查应用是否在本地正确运行：

```
streamlit run xray.py
```

5. 练习：最后，重复上述实践中的步骤 hosting on heroku – end-to-Eend: hands-on practice，将其作为云端的终结点解决方案进行部署。

动手实践 9-9　使用 Docker 容器在 Azure 上部署

为预测保险费的机器学习模型进行容器化

通过在 Colab 中使用 pyCaret，我们最后一个马拉松式实践要训练一个预测保险费的模型，然后导出生成的 pickle 文件。接着，我们将把训练的模型附加到一个样板 Flask 应用上，在本地运行之后，我们就会将其作为容器应用 Docker 化，并推送到 Azure Container Registry 以作为（Azure）Web 应用运行。

此过程在前面"使用 Docker 容器在云端部署"小节中有更详细的描述，概要描述如下。

1. 首先，训练一个机器学习流水线（AutoML）来预测保险费。

　　a. 安装 pycaret。

　　b. 下载以下笔记本，并在 Colab 中运行它：[①]

　　　　https://github.com/bw-cetech/apress-9.4.git

　　c. 导出 pickle 文件。

2. 接着，克隆应用程序源代码，创建本地文件夹：

```
git clone https://github.com/pycaret/deployment-heroku.git
```

然后执行以下步骤。

　　a. 创建本地文件夹。

　　b. 从 GitHub 克隆。

　　c. 设置虚拟环境。

　　d. 安装依赖项。

　　e. 替换模型并升级 pycaret。

---

① 请注意，本实践的第一部分是第 1 章最后一个实践中进行的 PyCaret AutoML 人工智能入门。

3. 安装 Docker。

　　a. 下载适用于 Windows 的 Docker。

　　b. 安装 Linux 内核更新包。

　　c.（可选）安装 Kitematic。

4. 构建 Docker 镜像。

　　a. 创建 Dockerfile。

　　b. 添加额外的 pycaret 需求。

　　c. 构建镜像。

5. 在本地运行 Docker。

　　a. 运行 Docker。

　　b. 打开本地 URL。

6. 与 Azure Container Registry（ACR）进行身份验证并将容器解决方案推送 / 部署到云端。

　　a. 登录 Azure Container Registry。

　　b. 删除本地容器和映像。

　　c. 重建并推送到 Azure。

7. 创建并运行 Azure Web 应用程序。

　　a. 最后，在 Azure 门户中创建一个 Web 应用程序。

　　b. 指向 Azure Container Registry 中的 Docker 映像。

　　c. 在公共 URL 上查看应用程序。

请注意，别忘了清理（停止并删除）资源（包括 Azure Web 应用程序、ACR 实例以及任何虚拟机），以保留云使用额度 / 以免增加云的使用费！

第 10 章

自然语言处理

如今，任何一本讨论人工智能应用的书都不能忽视自然语言处理（natural language processing，NLP）的发展。预计到 2025 年，该领域的市场规模将增长到 430 亿美元。[①]NLP 是人工智能的一个分支，主要研究如何让计算机理解书面文本和人类语言。不过，到 2022 年，NLP 的应用范围已经拓宽了许多。定性分析、情景 / 特定领域推理以及创造意见领袖（thought leadership creation）[②]都在其应用范围内，而且其性能的提升是显著的，如果你相信谷歌工程师的话，这甚至可能是革命性的。[③]

在数字化转型的竞赛中，自然语言处理（NLP）被许多人视为是关键技能。目前，大部分对 NLP 的关注都聚焦于如何扩大从结构化数据整理和预测模型过程中学到的技术和最佳实践的应用范围，使其能够应用于非结构化数据。这里的隐性目标是将非结构化数据转化为机器可读的格式，然后执行与标准机器学习 / 深度学习相似甚至完全相同的过程。

尽管本书主要关注机器学习和深度学习的应用，但在本书最后一章中，我们将涵盖自然语言处理的主要议题，基础理论和实现方法以及部署 NLP 解决方案的重要工具和库。

这些工具中的大部分都依赖于本书前面讲解的机器学习和深度学习技术，然而在本章中，我们将详细介绍如何使用 Python 的主要自然语言处理库 NLTK 以及其他用于解决 NLP 问题的库（如 PyTorch 和 spaCy）。我们还将介绍一些应用了 NLP 的知名 API（如 Twitter API），这些 API 如今被广泛应用于与客户体验和公众感知高度相关的场景中。

[①] 网址为 www.statista.com/statistics/607891/worldwide-natural-language-processing-market-revenues/。

[②] 网址为 https://hbr.org/2022/04/the-power-of-natural-language-processing。

[③] 谷歌聊天机器人 LaMDA 的进步之大以至于一位前高级工程师声称这项技术是"有自主意识的"。若想进行测试，可以在此处注册：https://aitestkitchen.withgoogle.com/。

在本书最后一章中，我们还将一如既往地采取动手实践、基于实验室的方法，自动化理解复杂语言的过程，包括识别和分割（解析）词汇，提取主题、实体和意图——这些都是现在许多自然语言应用（包括情感分析和聊天机器人／对话代理）的核心子过程。

10.1 NLP 简介

首先，我们将简要介绍自然语言处理的历史背景和基本定义，以及它在更广泛的 AI 生态系统中的地位，还有它与机器学习和深度学习过程的交互。

首先，着重探讨全球范围内的企业和组织如何以及为何大规模应用自然语言处理技术。然后介绍 NLP 的生命周期，特别是成功 NLP 的一系列任务的最佳实践路线图。

10.1.1 NLP 的基础

自然语言处理是人工智能的一个分支领域，主要处理计算机与人类之间使用自然语言的交互。其目标是读取、解码、理解语言并为语言赋予意义，以通过某种形式为终端用户和整个组织提供价值。为了实现这一目标，NLP 采用两种关键的语言技术：语法分析（syntactic analysis）和语义分析（semantic analysis）。

与本书的主题息息相关且非常重要的一点是，NLP 进一步将机器学习和深度学习算法应用于非结构化数据，将其转换成计算机可以理解的形式。图 10-1 展示了自然语言处理（NLP）和机器学习以及深度学习之间的这种重叠。

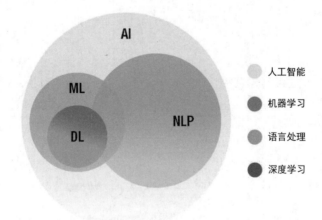

图 10-1 NLP 与机器学习和深度学习的接口

10.1.2　NLP 的历史背景和发展

如前所述，语言学的研究是使用自然语言处理（NLP）的基础。早期的 NLP 应用使用了基于规则的方法，这些方法受限于规则范围以及随着数据集大小增加的计算规模和速度。在统计自然语言处理（NLP）中使用的概率建模方法使得 NLP 解决方案能够更好地扩展，利用机器学习和深度学习技术更动态地理解和解析自然语言。一个主要例子是 N-gram，我们可以训练 NLP 模型来概率预测（probabilistically predict）词序，比如二元词组 Machine Learning。

深度学习的强大能力使其能够从大型数据集中生成复杂的预测结果，很适合用来处理语言模型时所面临的问题，因为在语言模型中，单词和字符的底层结构和含义非常复杂——实际上，这是在处理另一种"大数据"数据集，这里唯一不同的是，任何语言的基本语法都有一个固有的顺序或序列。因此，为了将单词顺序作为状态传播到神经网络架构中而采用了循环神经网络 / 专门的长短期记忆网络（LSTM）。

正如我们将要看到的那样，词嵌入（word embedding）或向量化（vectorization）是循环神经网络读取、转换和迭代底层语言的语法和语义的含义的基本机制，其中，单词被表示为 N 维向量空间的形式。

10.1.3　NLP 的目标和特定领域的用例

与机器学习和深度学习一样，一开始就设立目标对项目的成功至关重要。

并非所有的自然语言处理解决方案都是对文本进行分类、生成情感度量或者提供聊天机器人，并且，各个领域之间存在许多细微的差别。然而，总的来说，构建 NLP 应用的目标可以归入下面的一个或多个类别：

- 信息检索和提取（IR/IE）
- 文本分类
- 主题识别 / 检测
- 命名实体识别（named entity recognition，NER）[①]
- 翻译
- 文本摘要
- 情感分析

---

① 还有一个数据转换步骤，详情参见后文。

这些目标经常与真正的 NLP 应用混淆，但实际上，企业或组织的应用通常包含一个或多个目标，而这些 NLP 解决方案的市场营销或产品名称往往模糊了目标和技术之间的界限。

举个例子，从文本分类中获取的商业价值通常由下游客户驱动。比如，具有宏观价值的销售邮件根据客户细分、产品线或提案阶段划入分类系统，而根据邮件中识别出的关键词将邮件重定向到特定部门则具有微观价值。同样的文本分类也可能触发客户知识库文章（KBA）的自动发送或聊天机器人的响应。

关键的工业应用

接下来，我们将涵盖几个关于目前主流 NLP 应用的动手实践。从相对简单的应用（垃圾邮件过滤器、网络搜索应用、文本摘要等）起步，NLP 解决方案的范围已经扩展到了相当广泛的领域，以至于已经成为许多公司的关键差异化因素。

自然语言处理是许多知名应用背后的主要驱动力，比如像谷歌翻译这样的语言翻译应用，像 Microsoft Word 和 Grammarly 这样使用 NLP 来检查文本语法准确性或执行自动补全任务的文字处理器以及利用社交媒体情绪分析的应用。

现在，智能虚拟助理（IVA）或 Chatbot 2.0/3.0 以及呼叫中心使用的交互式语音应答（Interactive Voice Response，IVR）应用可以对特定用户的请求做出反应，而像 OK Google、Siri、Cortana 和 Alexa 这样的个人助手应用已经成为家庭或移动设备中的主流。

自然语言生成有着更广阔的前景，它使得短篇报告甚至是大型出版物的全自动化编写不再是遥不可及的梦想。在进一步深入之前，我们要快速了解一下技术方面的知识，以及 NLP 如何利用通用的开发框架来提供这种多样化的行业解决方案。

10.1.4　NLP 的生命周期

从抓取和数据收集到字符分割、移除停用词、分词、词形还原，再到嵌入，开发一个 NLP 需要一个强大的框架，与处理结构化 AI 数据的任何方法一样。

从解析到语言分析

对非结构化数据进行数据整理时可能会出现问题，但与机器学习和深度学习一样，最佳实践是遵循特定的流程（图 10-2），其中的解析子过程可以将我们导向最终的格式，这个格式可以被送入下游的向量化（编码）和建模过程。在 Python 中，用于数据整理的主要库是 NLTK 和正则表达式（re）库。

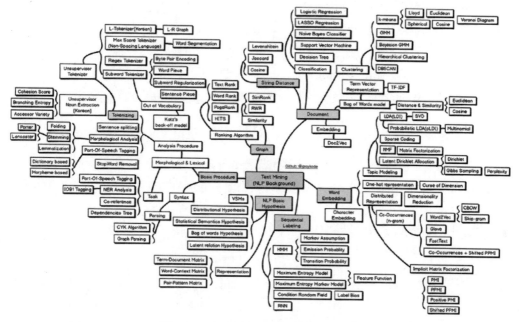

图 10-2　文本挖掘路线图（GitHub）[①]

　　根据任务的不同，这些子过程中的一部分可能是不必要的，而在某些情况下，有可能需要特定于领域的额外数据整理任务，比如从银行报告中推算出 FX 信息。下面将列出一些主要的自然语言处理（NLP）数据整理子过程，以供参考。如图 10-3 所示，这些子过程分为三个核心过程：预处理、语言学分析与转换以及建模前编码 / 词嵌入。

　　预处理 / 初始清洗：

- 移除特殊字符

- 正则表达式：移除符号（例如，从推文中移除"#"和"RT"）

- 正则表达式：移除标点符号

- 去除 HTML 标签

- 语言学和数据转换（图 10-3）

---

① 网址为 https://github.com/graykode/nlp-roadmap。

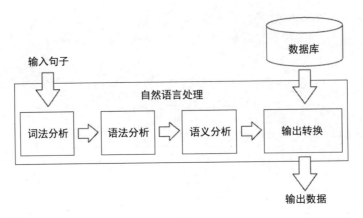

图 10-3　NLP 建模前流程

词法分析（lexical analysis）：

- 过滤停用词（stop words）
- 分词（tokenization）

语法分析：

- 转换为小写
- 词性（part of speech，POS）标记
- 命名实体识别（named entity recognition，NER）
- 处理缩略词（handling contractions）[①]
- 词干提取（stemming）

语义分析：

- 词形还原（lemmatization）
- 消歧义（确定特定短语最可能是什么含义）
- N-grams

从词嵌入到深度学习

实际上，语义分析进一步延伸到了向量化和词嵌入——这是处理非结构化数据建模的最终准备步骤。

文本向量化 / 词嵌入 / 编码

---

① 比如确保将口语表达转换为其完整的同义词：例如，"I'll"转换为"I will"，"You'd"转换为"You would"等。

基于规则 / 基于频率的词嵌入

- 独热编码
- 词袋（bag of words，BoW）
- TF-IDF

基于预测的词嵌入：

- Word2Vec（谷歌）
- GloVe（斯坦福）
- FastText（Facebook）

在下一节中，除了词嵌入，还要介绍文本摘要、主题建模、序列建模以及转换器 / 注意力模型的建模基础知识。需要注意的是，不存在可以解决所有自然语言处理问题的万金油方法，选择哪种方法更多取决于问题的定义、行业背景、最重要的目标导向的结果和性能阈值。

就像之前讲解深度学习一样，我们首先勾勒一张最佳实践路线图，希望它能对读者有所帮助。同时，希望读者能够通过这张路线图，认识到在从预处理、解析和向量化，到实际的模型训练、推理和性能基准测试的跟进等各个步骤中，可能需要经历许多次迭代。

动手实践 10-1　创建词云

生肖风格的中文字符词云

词云（word cloud）是 NLP 最简单的应用之一，被全球的营销团队广泛使用。虽然基础，但这里使用的技术也被高端工业应用所采用。本实践介绍了这些技术的基础知识。

1. 将以下 github 存储库复制到本地磁盘：

   https://github.com/bw-cetech/apress-10.1.git

2. 转到 GitHub 文件的本地文件夹，然后使用下面的命令（逐条执行）来设置一个虚拟环境：[①]

```
python -m venv env
env\Scripts\Activate
```

---

① 如果需要进一步的帮助，可以参考第 7 章中的动手实践：从终端运行 Python。

3. 在虚拟环境中运行 Python 脚本：

```
python WordCloud_ 中文 .py
```

注意：终端中不会显示命令中的中文字符，但前面的命令仍然是可以运行的。

4. 如果有提示，逐个安装依赖项：

```
pip install wordcloud
pip install jieba
```

5. 词云将使用 Github 文件夹中提供的《中国日报》新闻摘录中的中文字符生成。

6. 练习：改用英文数据样本（意大利面食谱）运行代码。

7. 练习：将猪的图像模板替换为其他生肖图像（举例来说，可以从 www.astrosage. com/chinese-zodiac/ 等网站获取图片）。

8. 拓展练习：更新代码以根据当前的生肖纪年（如虎年、兔年和龙年等）生成词云。

10.2　预处理和语言学

因为我们主要处理的是非结构化文本数据，所以自然语言处理与语言结构紧密相连。

无论是通过使用正则表达式对源数据进行初步预处理和清洗，还是进行语法或语义分析，又或者是实现词嵌入以将数据转换为词向量，理解语言学都是非常有帮助的。这种理解有助于我们将数据从原始形式转换为适合模型的格式，并最终提取出有价值的见解。

本节要介绍与语言学家相关的关键 NLP 概念，并按照 NLP 生命周期进行解析。

10.2.1　预处理 / 初始清理

1. 正则表达式

正则表达式（regular expression），或称"regex"，是处理非结构化数据字符串搜索的基本工具。它通常用在网络爬取 / 数据导入后的第一步，目的是通过搜索我们想要移除的数据中的特定模式来快速清洗数据。

由于分词和向量化会在这一步之后自然而然地进行，因而我们的目标是移除那些对将文本编码为词向量无益的标点符号、符号（比如短信中的笑脸或表情符号或推文中的井号）

和特殊字符（比如货币符号或括号）。

下面的例子展示了在 Python 中实现的一个例子，re 是使用的库。[①]

```
import re
pattern = '^a...s$'
test_string = 'abyss'
result = re.match(pattern, test_string)
if result:
print("Search successful.")
else:
print("Search unsuccessful.")
```

符号 ^ 在这里匹配字符串的开头，而 $ 匹配字符串的结尾。因此，在这种情况下，会返回 Search successful（搜索成功）。

2. 文本剥离（例如 HTML 标签）

Python 拥有丰富的内置函数，可以简化清洗非结构化数据和查找正则表达式的过程。对于文本剥离（stripping），Python 的 .strip 方法尤其有用。更为复杂的 HTML 剥离，例如，从 HTML 标签中提取新闻标题，则可以使用 BeautifulSoup 库的 .text.strip() 方法链来完成。

Python 的 .split 函数往往在清洗／整理文本数据之后应用，它能够有效地将文本分割成独立的词。

10.2.2　语言学和数据转换

在对数据进行预处理之后，尽管删除冗余的字符使得非结构化数据看着比较"干净"了，但它还没有进入可以进行建模的向量化的状态。

就像机器学习和深度学习的数据预处理过程中一样，需要完成一系列转换步骤来使非结构化数据准备就绪，每个步骤都建立在数据的语言结构之上。这些步骤大体上可以分为词汇分析、语法分析和语义分析。

1. 词汇分析

作为第一步，词汇分析（lexical analysis）指的是将文本数据转换为其组成元素（根据底层语言，可能是词、字符或符号）的过程。

---

① 若想查看正则表达式的列表，请访问 https://docs.python.org/3/library/re.html。

2. 移除停用词

停用词（stop words）通常是指在句子中频繁出现但对句子基本含义贡献不大的词。在大多数情况下，它们应该被删除，但对于一些特定的应用，比如机器翻译和文本摘要，则应该加以保留。

在 Python 中，对于"a""the""is""at"这样的词，可以使用 nltk 库的 stop words 模块进行删除。

3. 分词

在预处理步骤中进行文本剥离时，我们讲过一种用于解析文本的方法。然而，更常用的做法是使用 NLTK 库中的分词方法之一（通常是 .word_tokenize 方法），将句子分割为单词。但根据目标的不同，可能需要进行短语分词，例如下面的德语例子：

```
import nltk
german_tokenizer = nltk.data.load('tokenizers/punkt/german.pickle')
german_tokens=german_tokenizer.tokenize('Wie geht es Ihnen?  Gut, danke.')
print(german_tokens)
```

前面的代码返回问题和答案：

```
['Wie geht es Ihnen?', 'Gut, danke.']
```

Python 支持的开源数据科学平台 Hugging Face[①] 越来越多地用来在较大的数据集上扩展分词过程，通过对预训练模型进行调优而不是从零开始构建，来减少训练时间（同时也减少了对环境的影响）。[②]

10.2.3 语法分析

从词汇分析获取语言构建块后，下一步是通过语法分析转换数据从文本中提取逻辑含义，同时还要考虑语法规则。

1. 转为小写

语法分析的第一步是使用 Python 的内置函数 lower() 将数据转换为小写。因为在向量空间模型中，即使是相同的词，如果大小写不同（比如 Hello 和 hello），也会被视为两个

---

① 网址为 https://huggingface.co/docs/tokenizers/index。
② 尽管从头开始构建在计算上是昂贵的，但通过使用多个 GPU 进行分布式训练可以实现节省。请访问 www.determined.ai/blog/faster-nlp-with-deep-learning-distributed-training。

不同的词。应用 lower() 函数可以解决稀疏性问题，降低我们需要解决的问题的维度，并加速运行时。

2. 词性（POS）标注

词性标注（part of speech tagging）是信息抽取的核心部分，它是 10.1 节提到的 NLP 解决方案的关键目标之一。这个过程使用了 NLTK 库的 .pos_tag 方法，涉及根据词的语法形式来进行分类。执行此任务的目的是为随后的深度学习建模过程提供序列信息，以确定特定词序列的概率。

这些概率由特定语法形式（如动词或名词）跟在其他语法形式（如动词）后的频率决定：

```
text = word_tokenize("And now for something completely different")
nltk.pos_tag(text)
```

输出是一个元组列表：

```
[('And', 'CC'), ('now', 'RB'), ('for', 'IN'), ('something', 'NN'), ('completely',
'RB'), ('different', 'JJ')]
```

其中：[1]

- CC 是并列连词
- RB 是副词，比如 occasionally 和 swiftly
- IN 是介词 / 从属连词
- NN 是单数名词
- JJ 是形容词

本质上，这里使用的是马尔科夫链，它表示一个特定语法词汇在其他单词后面出现的概率（如图 10-4 所示）。

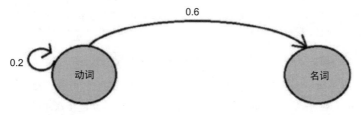

图 10-4　PoS 标注（来源：Towards Data Science）

---

[1] 在以下网站可以找到更广泛的 POS 标签列表：www.guru99.com/pos-tagging-chunking-nltk.html。

3. 命名实体识别

命名实体识别（named entity recognition，NER）在某些方面可以看作是词性标注的一种应用。NER 通常在 POS 标注之后执行，目的是基于定位文本中的命名实体来识别主题。在 Python 的 spaCy 库[①]中，这个过程尤其高效，可以通过识别冠词、形容词和名词，快速提取名词短语，并快速显示主要实体的概要信息。

```
[('European', 'NORP'),
 ('Google', 'ORG'),
 ('$5.1 billion', 'MONEY'),
 ('Wednesday', 'DATE')]
```

就像所有的 AI 应用一样，NLP 应用也是高度特定于领域的，尽管词性标注和 NER 任务可以完成大部分文本标注工作，但在处理某些词汇项时，总会有一些遗漏。因此，词性标注和命名实体识别往往需要依赖特定于领域的实体策划（entity curation）和人工注释过程的支持。

图 10.5 展示了这个过程在 IBM Watson Knowledge Catalogue 中是如何运作的，其中一组经过认证的主题专家能够突出显示单词 / 术语，并定义实体类型。

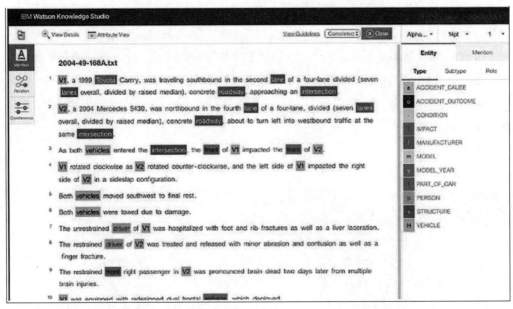

图 10-5　IBM Watson Knowledge Catalogue 中的手动注释

---

① NLTK 对 NER 的应用涉及更复杂的正则表达式的使用，例如需要识别的名词短语模式。

4. 处理缩略词

在 NLP 中，缩略词（contraction）是指将口语表达扩展到其完整的等价形式，比如：I'll = I will，You'd = You would 等。这种处理的目的与将字母转化为小写类似，是为了在向量化之前去除缩略词，以便降低维度。

在 Python 中可以使用 contractions 库来处理缩略词。

5. 词干提取

词干提取（stemming）和词形还原（lemmatization）是自然语言处理中紧密耦合的文本规范化（text normalization）子任务。许多语言都包含有相同的词根或"词干"的词，词干提取指的是将这些词缩短为其词根形式，而不考虑具体含义。本质上，我们所做的是将末尾的字符剥离，只剩一个共同的前缀，即使前缀本身并不能作为一个独立的语法术语存在。

词干提取对情感分析非常有用，因为词干可以传达消极或积极的情感。

词干提取通常使用 nltk.stem 实现。

10.2.4　语义分析

最后的 NLP 转换过程基本上是语义分析步骤。通过改进语法分析中的逻辑和语法任务，语义分析使我们能够从底层文本中提取出含义，也就是解读整个文本并分析语法结构，以便在词汇术语之间识别（特定于上下文的）关系。它是自然语言处理在向量化之前的最后阶段。

1. 词形还原

与词干提取相反，词形还原是特定于上下文的，并且它会把单词转换为具有意义的词根形式。在进行词形还原时，会考虑单词的变化形。例如，"better"会被词形还原为"good"，而"caring"会被词形还原为"care"（而词干提取会得到"car"）。词干提取使用的是 nltk.stem PorterStemmer() 函数，而词形还原使用的是 WordNetLemmatizer() 函数。

词形还原是对词干提取的一种提升，它会考虑到语义，因此在更复杂的情感分析应用中，比如聊天机器人，词形还原使用得更为广泛。

2. 消歧

消歧（disambiguation）是在特定短语的定义存在潜在模糊性时，确定其最可能含义的过程。比如，"bank"这个词本身就有多种含义，[①]NLTK 的 WordNet 模块允许我们根据这个词在更广泛的文本中的用法，以概率方式来识别其实际含义。不过，Python 还有一个词义消歧包装器（pywsd），可以与 NLTK 一起使用。

3. N-grams

NLTK 库还带有一个 ngrams 模块。N-grams 是连接的词汇术语组成的字符串，本质上是单词或短语的连续序列。"N"在这里指的是连续词汇项或单词的数量。例如，二元组（2-gram）可以是"United States"，三元组可以是"gross domestic product"。在匹配词汇时，顺序很重要，比如，在语料库中匹配"red apple"与匹配"apple red"是不同的。

N-grams 在自然语言处理中得到了广泛的应用，因为我们通常根据一串单词而不是单个的单词来创建特征。

```
('this', 'is', 'a')
('is', 'a', 'very')
('a', 'very', 'good')
('very', 'good', 'book')
('good', 'book', 'to')
('book', 'to', 'study')
```

动手实践 10-2　用 NLTK 解析文本

整理维基百科：SpaceX

本次实践将结合本节中讲述的一些技术，目标是抓取典型的非结构化网络数据（这里是 SpaceX 的维基百科网页）并完成预处理和词汇分析步骤，以便产生关于单词计数的见解：

1. 从这个 github 存储库下载 Jupyter 笔记本：
   https://github.com/bw-cetech/apress-10.2.git

2. 执行以下步骤。

   a. 导入库并连接到网页。

   b. 使用 Beautiful soup 解析网页。

   c. 对文本进行分词。

   d. 计算词频。

   e. 绘制词频图。

---

① 关于 bank 一词的不同定义（synset），请访问 https://notebook.community/dcavar/python-tutorial-for-ipython/notebooks/Python%20Word%20Sense%20Disambiguation。

3. 练习：将词频图绘制为柱状图而不是折线图。

4. 练习：通过执行进一步句法和语义数据清洗 / 分组步骤继续对笔记本进行分析[①]。

10.3　NLP 中的文本向量化、词嵌入和建模

在上一节中，我们探讨了为提取底层非结构化数据的词汇、句法和语义特征所进行的具体语言 / 转换过程。在确定数据准备及其实施的流程后，我们的关注点转向了编码或者说是文本向量化过程和深度学习建模。

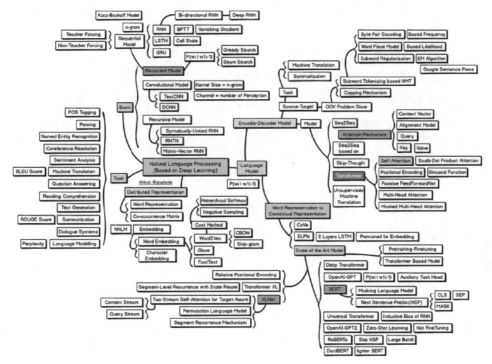

图 10-6　自然语言处理路线图（GitHub）[②]

在自然语言处理（NLP）生命周期（图 10-6）的下一阶段开始，我们将使用文本向量化和词嵌入技术从文本数据中创建数字化特征。[③]接下来，我们要观察 2022 年在生产级应用中常用的主要 NLP 建模方法，而非对正在应用的整个技术生态进行详尽分析。

---

① 网址为 www.kaggle.com/code/manishkc06/text-pre-processing-data-wrangling。
② 网址为 https://github.com/graykode/nlp-roadmap。
③ 这一阶段的 NLP 建模可以被看作是为机器学习编码结构化数据集的同等过程。

有时，我们要引用在本章最后一节中描述的具体工具和库。

10.3.1　基于规则 / 频率的嵌入

我们将从较为简单的基于"频率"或"规则"方法开始向量化 / 编码数据。

1. 独热编码和计数向量化

熟悉机器学习的读者应该已经很熟悉独热编码方法了。在独热编码中，名义分类文本字段（也就是那些值之间没有内在顺序的字段[①]）会被转换为新的格式，具体方式是为该列中的每个独立值创建一个新列。

虽然独热编码的实现简单，对二进制或离散变量也能工作得很好，但当考虑到大型文本语料库中近乎无限的词汇组合，以及存储 N-gram（不仅仅是单个词）的可能性时，涉及的特征数量很快就会变得无法管理。在独热编码中，每个词都被编码为一个独热"向量"，因此一个句子会成为一个向量数组，一段文本会成为一个矩阵数组（也就是张量）。

计数向量化将独热编码的词项用作文档 - 词项矩阵（document-term matrix）的列，并在存储非空值以进行后续的文本摘要之前，计数它们的出现次数。

2. 词袋

词袋（bag of words，BoW）是用于将文本数据编码为固定长度的向量方法，使用最简单和最广泛。词袋与应用于整个文档的独热编码大体上相同，它使用简单的 numpy（或 pandas）方法来编码文本。

在收集数据后（比如，一个包含数篇文章的新闻源），首先会提取并计数独特的单词（或进行哈希处理[②]）。

唯一单词的数量决定了数据中特定文档（这里是新闻文章）的向量大小。然后，每篇新闻文章都可以表示为一个唯一的布尔向量，其中每个唯一的单词根据该单词是否出现在新闻文章中被编码为 0 或 1。

但是，词袋方法存在许多缺点，比如它没有考虑词语的语法或语义顺序，以及词的上下文含义。最后，我们会面临严重的稀疏性问题，因为许多文档可能不包含出现频率较低的词汇。

---

① 比如"gender"一词。

② 在 sklearn 中，可以用 CountVectorizer 来进行计数，或者用 HashingVectorizer 来进行"哈希处理"，这样一来，文本标记就会被映射到固定大小的值。举例来说，可以参见 https://scikit-learn.org/stable/modules/generated/sklearn.feature_extraction.text.HashingVectorizer.htm。

3. 潜在语义分析

潜在语义分析（latent semantic analysis，LSA）是"词袋"方法的扩展，它使用奇异值分解（singular value decomposition，SVD）[①] 来降低数据维度，从而减少稀疏性。LSA 将由 m 个文档和 n 个词构成的数据集（文档 - 词项矩阵）重塑为 r 个潜在 [②] 特征的文本数据，其中 r 小于我们拥有的文档数量。

4. TF-IDF

TF-IDF 又称词频 - 逆文档频率（term frequency–Inverse document frequency），它试图通过使用数字统计量来反映一个词在一个文档集 / 语料库中的重要性，来解决词袋方法的固有弱点。

这里的 TF 指的是词在文档中出现的频率，而使它有别于词袋模型的是 IDF 元素，它衡量了词的"重要性"。对于任何特定的词，其 IDF 是文档总数除以该词出现的文档数的对数，所以像"the"这样的词会有一个较低的得分，因为它会出现在所有文档中，而 $\log(1)$ 的值是零。[③]

TF-IDF 是词频和 IDF 得分的乘积，它倾向于给两类词赋予较高的权重：a）在单个文档中频繁出现的词；b）在整个文档集中出现频率较低 / 稀有的词。

尽管 TF-IDF 在某些方面比词袋模型更有优势，但这种基于频率的确定性方法无法扩展到针对"上下文"的解读，这项任务需要通过词嵌入来完成。

5. 余弦相似性简述

无论是在词袋模型、LSA 还是 TF-IDF 中，余弦相似性通常都被用于在词嵌入中衡量文档的相似性。

这种度量方法是对简单的欧几里得距离测量（两点之间的直线距离）的一种改进，因为词嵌入考虑到了文档中词语的频率。两个相似的词（例如，足球裁判报告中的犯规（foul）和违例（infringement））可能在 n 维空间中相隔很远，原因是其中一个词（infringement）

[①] 作为 LSA 的一个变体，概率潜在语义分析（probabilistic latent semantic Analysis，pLSA）构建了一个概率模型来生成在文档 - 项矩阵中观察到的数据。另一个选择是潜在狄利克雷分配（latent dirichlet allocation，LDA），它是 pLSA 的贝叶斯版本，它进行近似处理，并因此能够更好地概括文档主题和词主题的分布。

[②] 或者说是隐藏的，"潜在"在这里可以被认为是文档的基础或隐含的"主题"。

[③] Luhn 摘要算法基于 TF-IDF，它进一步过滤掉非常低频的词以及高频停用词，这些词不具有显著性差异。

在文档中的出现频率要低得多。由于余弦相似度度量的是这些词的向量表示之间的角度，而非向量的大小，所以我们能够保留"相同性"的概念，因为这些词之间的角度很小。

10.3.2　词嵌入 / 基于预测的嵌入

就其实质和目的而言，词嵌入是一种应用无监督机器学习或深度学习方法向量化文本数据的概率匹配技术——实际上，每个词都被转换成一个 n 维的"词向量"，语义相近的词在密集的"簇"中。

参照了两个文档，图 10-7 展示了这个过程是如何进行的。其结果是，意思相近的专有名词、名词和动词在维度空间中聚集在一起（例如，Seattle 和 Boston，lecture 和 talk，had 和 gave 等）。

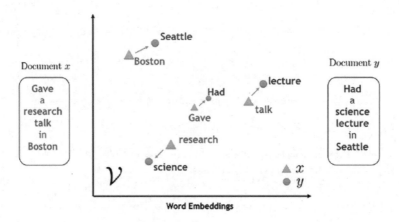

图 10-7　两篇文档的词嵌入示例（来源：towardsdatascience.com）

词向量 / 词嵌入可以从头开始训练，但预训练模型（如 Word2Vec）提供了加快自然语言处理应用开发的主要手段。

1. Word2Vec（谷歌）

Word2vec 可能是最著名的词嵌入模型，它被谷歌搜索引擎用于搜索相似的文本、短语、句子或查询。[①]Word2vec 是一个两层神经网络，通过向量化词语来处理文本。它基于两种架构：连续词袋（continuous bag of words，CBOW）和 skip-gram 模型。[②]

---

① 与谷歌早期执行的原始关键词搜索相反。
② 这两种架构 / 模型可以视为 Word2Vec 的变体。Lda2vec 是另一种变体，顾名思义，它使用潜在狄利克雷分配（Latent Dirichlet Allocation），在这种方法中，一个文档向量会与用于预测 Word2Vec 中的上下文的关键"枢轴词"向量相结合。

CBOW 架构允许底层模型根据上下文相似的词来预测词，但会忽略词的顺序，这在很大程度上类似于基于规则的词袋模型。而 skip-gram 模型则会考虑词的顺序，并在向量空间中给语境上更接近的词赋予更大的权重。相比之下，CBOW 模型的主要优势在于执行的速度，而 Skip-gram 模型在处理稀有词时的性能更佳。

无论是 Word2Vec 还是潜在语义分析，文档的"相似性"都是通过余弦相似度来计算的。

2. 其他模型

Word2Vec 目前是词嵌入模型中最常见的模型，但也有许多变体。

此外，斯坦福大学开发的开源项目 GloVe 和 Facebook 开发的 fastText 也各有千秋。

全称为 Global Vectors 的 GloVe 模型训练使用了词共现（co-occurrence）统计，它结合了全局矩阵分解和局部上下文窗口[1]方法。它的独特卖点在于找到词语之间的关系，比如公司对产品（company-product couple），但它对共现矩阵的依赖会导致其运行速度降低。

FastText 实际上是 Word2Vec 模型的扩展，其中的词被有效地建模为字符的 n-gram。[2]这种方法意味着 fastText 在处理罕见词时表现更好，因为底层的字符 n-gram 与其他词共享，但它的运行速度也比 Word2Vec 慢。

其他值得一提的模型包括 LexRank，它是一种基于图表的无监督方法，用于自动文本摘要。[3]

10.3.3　NLP 建模

尽管前述许多过程都隐式地利用机器学习或深度学习来实现文本的向量表示，但词嵌入通常会进化，然后进行自然语言"预测"。在最后一个小节中，我们要看一下 NLP 中的主要预测建模技术，最后讨论 Python 实现和当今主流 NLP 应用案例。

1. 文本摘要

许多自然语言处理应用都涉及文本摘要，即便它并不会被用作直接目标，但至少也会被用作一个中间处理过程。文本摘要可以自动通过两种方式进行：一种是基于提取的摘要，

---

[1] 类似于 CBOW。

[2] 以 apple 这个词为例，三元组向量会是 app、ppl 和 ple 词向量，而 apple 的词嵌入则会是这些向量的总和。

[3] 在句子的图表示中，根据特征向量中心性对句子进行评分。

它从源文档中提取关键短语；另一种是基于抽象的摘要，这涉及对源文档进行释义和缩短。基于抽象的摘要性能更好，但也更复杂。

在基于提取的方法的算法实现中，首先使用语言分析（例如，词性标注）提取关键词，然后在使用监督式机器学习技术构建模型之前，会收集包含关键短语的文档。[1] 模型的特征，如长度、字符数、最常出现的单词和关键短语的频率 [2] 等都需要确定。

LexRank、Luhn 和 LSA 都是之前提到的文本摘要技术，并且都可以从 Python 的 sumy 库中获取，还有 KL-Sum，它使用词分布相似性来匹配原文中的句子。

2. 主题建模

与文本摘要密切相关的概念是主题建模。前面提到的许多算法，特别是 LSA、pLSA、LDA 和 lda2Vec 都用于主题建模。它的底层目标是从文档或数据语料库中的主题中识别出词汇，[3] 而不是从整个文档中提取词汇这种更费力的方法。

3. 序列模型

序列模型是用来解释文本中的词序列的机器学习模型。其应用包括对文本流、音频剪辑和视频剪辑的序列建模，其中，就像时间序列数据一样，循环神经网络（特别是 LSTM 或 GRU）会被使用。

序列到序列（seq2seq）可能是最为人所知的技术，广泛应用于机器翻译（图 10-8）、文本摘要和聊天机器人等领域。

实际上，seq2seq 是递归神经网络（RNN）的一个特殊类别，它采用了编码器 - 解码器架构。编码器将输入数据逐序列送入 LSTM/GRU 网络，生成上下文向量（隐状态向量）以及输出。[4] 解码器（也是 LSTM/GRU）以编码器网络的最终状态（上下文向量）为初始状态，并在一次前向传播中生成输出。在训练过程中，解码器通过反复将先前的输出反馈给解码器以生成未来的输出。

---

[1] 在实践中，包含关键词短语的文档（正样本）和不包含关键词短语的文档（负样本）都包括在内，以拟合二元分类模型。

[2] 例如，使用 TF-IDF 进行基于频率的摘要。也可以对特征使用 Word2Vec 进行基于距离的（向量化）摘要。

[3] 语料库是底层数据 / 文档集中的非结构化数据集合。

[4] 输出被丢弃。

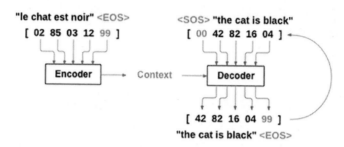

图 10-8　PyTorch 序列到序列编码器 - 解码器架构展示了机器翻译的过程

4. Transformer 和注意力模型

序列到序列模型在处理较短的句子时表现得很好，但对于更长的句子，编这种基于编码器 - 解码器的网络的内部存储可能会面临压力。近年来，人们开发出了 Transformer 模型，其中引入了一个增强的注意力机制或注意力模型的方法，它能强制模型在处理输入序列时聚焦于特定的部分。

从本质上讲，Transformer 是一种"庞大"的深度学习模型，可以通过使用 Python 的 Hugging Face 库来实现。目前，最重要的三个 Transformer 模型分别是谷歌的 BERT（Bidirectional Encoder Representations from Transformers，双向编码器表示从 Transformer 中获得）、OpenAI 的 GPT-3（Generative Pretrained Transformer，生成预训练 Transformer）以及艾伦人工智能研究所的 ELMo（Embeddings from Language Models，从语言模型中获得的嵌入）。

GPT-3 特别受关注，源于这项技术能够轻松地利用预训练模型利用预训练模型（这些模型包含数十亿个参数）来编写文章和论文[1]，甚至重现古代哲学家之间的对话。[2]

另一方面，本章开始时提到的 Google 的仅解码 Transformer 语言模型 LaMDA（语言模型对话应用），[3] 则被认为是下一代模型，它预训练了 1370 亿个参数，并利用了数万亿的公开对话数据。

Python 封装器 bert-extractive-summarizer 利用 HuggingFace 的 PyTorch Transformer 库来生成海量文本的精简摘要。[4] 而如果想在 Python 中使用 GPT-3，你可以安装 openai 库，并在 OpenAI 注册个人使用账号以获取 API 密钥。

---

[1] 网址为 www.theguardian.com/commentisfree/2020/sep/08/robot-wrote-this-article-gpt-3。

[2] 网址为 https://betterprogramming.pub/creating-philosopher-conversations-using-a-generative-lstm-network-fd22a14e3318。

[3] 至少有一位谷歌工程师认为它是"有意识"的。

[4] 参见这里的"大型示例"：https://pypi.org/project/bert-extractive-summarizer。

动手实践 10-3　词嵌入

WORD2VEC 可视化

我们现在将探索本节讨论的一些技术，首先要探索的是实现 Word2Vec 以对非结构化数据进行向量化，并绘制生成的词嵌入。

1. 克隆下面的 github 存储库：

   https://github.com/bw-cetech/apress-10.3.git

2. 在 Jupyter 或 Colab 中运行 python 笔记本中的步骤。

   a. 从 intents.json 文件中导入数据。

   b. 使用词汇、语法和语义技术的组合清洗数据。

   c. 对数据进行分词并用 Word2Vec 建立模型。

   d. 显示模型的词汇表。

   e. 查看样本词嵌入向量。

   f. 绘制所有词嵌入。

3. 练习：改进词嵌入图中词标签的可见性。

4. 拓展练习：将 json 意图数据替换为更大的超过 10 页的 pdf，并在绘制词嵌入之前进行主题建模。

动手实践 10-4　Seq2Seq

用于语言翻译的编码器 - 解码器模型

本次实践将使用 Keras 和 LSTM 深度学习，目标是实现一个字符级的序列到序列模型，将英语翻译成法语。[①]

1. 克隆下面的 github 存储库：

   https://github.com/prasoons075/Deep-Learning-Codes/tree/master/Encoder%20

   Decoder%20Model

2. 用 Jupyter Notebook 打开 Encoder_decoder_model。

---

① 另请参阅以下网址以获得进一步的背景信息：www.analyticsvidhya.com/blog/2020/08/a-simple-introduction-to-sequence-to-sequence-models/#:~:text=Sequence%20to%20Sequence%20(often%20abbreviatedChatbots%2C%20Text%20Summarization%2C%20etc。

3. 运行数据准备单元格：

    a. 显示用于训练的样本翻译的数量。

    注意，需要将训练数据的路径链接从"fra.txt"改为"fra-eng/fra.txt"。

    b. 向量化数据并显示唯一输入和输出令牌的数量以及最大序列长度。

    c. 定义编码器 - 解码器架构。

4. 在训练语言样本上训练序列模型 /lstM。这可能需要运行 100 个 epoch，大概需要 5 到 10 分钟。

    注意，如果遇到"NotIimplementederror: Cannot convert a symbolic tensor"这样的错误，应该在 Colab 中运行笔记本（打开笔记本 > github > 输入上面的 Ggithub 源 url，直接从 Ggithub 打开"encoder_decoder_model"）。还需要将 fra.txt 数据文件从 Github 源 Encoder Decoder Model/fra-eng 文件夹拖放到默认的 Colab 临时存储（内容）文件夹中。

5. 模型在上一步中已经保存了。重新导入它并为采样 / 测试模型设置解码器模型。

6. 最后，用训练集中的几个序列（最多 10000）测试模型，看看模型如何翻译英语术语。

7. 练习：调整笔记本，使其支持一个基本的（笔记本内的）用户界面，在这个界面中，用户可以把短语翻译成法语。

动手实践 10-5　PyTorch NLP

使用 PyTorch 进行文本分类

本次实践的目标是通过读入一系列以字符形式存在的文本示例（这些示例是各种姓氏），然后使用 PyTorch 构建和训练一个循环神经网络（RNN）来预测一个姓氏来自哪种语言。

1. 把以下链接中的两个文件上传到 Jupyter 笔记本中：

    https://github.com/bw-cetech/apress-10.3b.git

2. 重命名"PyTorch_Functions.py.txt"文件，去掉 .txt 扩展名，以将其转换为 Python 脚本[1]。

3. 打开 .ipynb 文件。

---

[1] 电子邮件服务器在发送邮件时会阻止 Python 脚本，因此这个文件已经被以文本文件的形式被上传到 GitHub。

4. 安装 PyTorch 库：

```
import torch
```

5. 运行笔记本，将 PyTorch RNN 函数（在 PyTorch_Functions.py 中）导入到笔记本中。

6. 完成以下练习。

    a. 显示一个三维（随机）张量以测试 PyTorch 库的导入。

    b. 下载此问题的训练数据字典（18 种不同语言的姓氏），解压并在 Jupyter 工作目录中重命名。

    c. 显示葡萄牙语字典中的最后五个名字以测试 Pytorch 自定义函数。

    d. 观察模型在测试集上的性能（如图 10-9 所示），并将预测结果和损失可能性输出（测试样本姓名属于某种语言的概率）导出到 csv 文件。

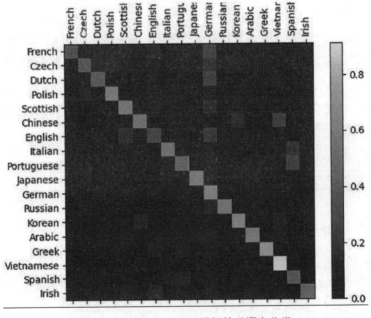

图 10-9　使用 PyTorch 进行姓氏语言分类

7. 拓展练习：调整导入的数据字典集，以解决不同的 NLP 分类器问题，比如预测（a）姓名对应的性别；（b）角色对应的作家；（c）城市对应的国家，等等。

10.4 NLP 的工具和应用

在本书最后一章的最后小节中,我们将探索一些更为知名的开源和工业级的 Python 库,并对当前主要的自然语言应用和使用的工具进行分析。我们以几个动手实践作为结尾,其中涉及一些关于自然语言处理的主要应用和使用工具,包括如何进行一个端到端的聊天机器人的部署。在这个部署过程中,我们将利用 Watson Assistant 开发一个用户对话树,并把我们开发的应用部署到 IBM Cloud 上。

10.4.1 Python 库

Python 的主要自然语言处理库都有哪些呢?表 10-1 列出了一些用于通用 NLP 的主要的库,以及一些用于特定行业的应用专业库。

表 10-1 用于 NLP 的 Python 库

库 / 工具	描述 / 主要用途	优点	缺点
NLTK	NLP 领域的领先平台,包括句子检测、分词、词形还原、词干提取、解析、组块和词性标注。用户接口可访问 50 个语料库和词汇资源	作为最常用的 Python NLP 库具有多功能性	运行速度慢,没有神经网络
TextBlob	通过 TextBlob 对象(视为 Python 字符串)访问常见的文本处理操作	用于 NLP/DL 的数据准备,使用简单	运行速度慢,不适用于大规模生产
CoreNLP	斯坦福大学开发的人类语言技术工具集,用于语言学分析	速度快,用 Java 编写	需要安装 Java 作为底层语言[1]
SpaCy	明确设计为供开发人员用于创建可以处理 / 理解大型文本的 NLP 应用的生产用途	能处理大数据并支持多种外语	与 NLTK 相比,缺乏灵活性
PyTorch[2]	Facebook 开源的 PyTorch 是一个用于扩展 Torch 深度学习库的 API 驱动框架[3]	执行速度快,支持计算图	核心 NLP 算法复杂
Gensim	用于主题建模、文档索引和大型语料库的相似性检索的专门库	内存独立,支持大于 RAM 的数据集[4]	无监督的文本建模限制,需要与其他 Python 库集成

说明:

1. Gensim 也支持训练自己的词嵌入,举例来说,可以参考这个网址:www.analyticsvidhya.com/blog/2017/06/word-embeddings-count-word2veec。

2. 可以导入 tweepy 或者 snscrape 模块,后者不需要 Twitter 开发者账号。

3. 正如我们在本章第一个实践中所看到的那样,这些工具相对来说很容易实现。

4. 见上节中的 POS 标注和 NER。具有特定优势的其他库,例如 Pattern 和 PyNLPl(发音为 Pineapple),分别因其网络数据挖掘和文件格式处理能力而得到使用,而 sumy、pysummarization 和 BERT summarizer 在文本摘要方面表现出色。

尽管 Twitter API 和 facebookinsights 并不是专门用于自然语言处理的工具，但它们作为重要的 Python 库，分别为 Twitter 和 Facebook Insights API 提供封装。我们将在下文中讨论它们的用例——社交媒体情感（和指标）分析，而在前面的第 8 章中，有一个关于 Twitter API 的动手实践。

10.4.2　自然语言处理的应用

电子邮件 / 垃圾邮件过滤器、词云、单词处理器中的自动纠错功能和编程中的代码自动补全功能都是自然语言处理最早并目前已被广泛接受的应用。但是，直到最近，上述 Python 库与云计算相结合之后，才使得对大量非结构化数据进行高价值自然语言处理成为可能。

无论是从非结构化数据中提取商业价值、进行深度文档信息的搜索和检索、加速内部研究或尽职调查过程、提高报告生产效率和内容创建，还是寻求与认知机器人流程自动化（CRPA）目标的协同，各公司都在争先恐后地建立内部 NLP 能力以创造价值。

许多当前流行的，千万亿级别（peta-scale）的 NLP 加速器可能才刚刚开始得到应用，我们现在来看看当前主流 NLP 在商业和组织应用方面的复杂程度。

1. 文本分析

文本分析或者说文本挖掘是从数据中提取高质量信息的过程。本质上，它使得更复杂的非结构化数据分析成为可能，包括文本转语音和情感分析，其主要价值在于能够在训练过程中增强特定领域的数据 / 语料库，从而增强分类任务的效果。在这方面，微软可能是领先者，特别是它的 Azure Cognitive Services。这一服务包含丰富的文本分析工具，比如内容审查员和语言理解（LUIS）。IBM 的 Watson 知识目录也是一款领先的产品。

2. 文本转语音与语音转文本

文本转语音（以及语音转文本）现在已经成为一个成熟且竞争激烈的市场。市场领导者包括 Amazon Polly 和 IBM Watson 的文本转语音 API 云服务。[①]

3. 社交媒体情感分析 / 观点挖掘

情感分析 / 观点挖掘是一种用于识别和提取源数据中主观信息的上下文文本挖掘。这种技术主要应用于社交媒体渠道，企业（和政府 / 政治家）直接或间接地使用这种技术，

---

① 举例来说，可以参见 demo，网址为 https://speech-to-text-demo.ng.bluemix.net/。

以理解他们的品牌在社会上的情感反应，客户的声音（VoC）或衡量公众的看法。

情感分析如今已经超越了简单的积极和消极的情感指标，监听或实时监测在线对话可以引发对讨论类别、概念、主题以及情绪检测的相关关键见解分析。

全球的零售商、快速消费品行业以及电信行业都依赖于对情感分析结果的精细把握，而大部分应用程序都通过 Python 的 tweepy 或 snscrape 库访问 Twitter API，或者通过 facebookinsights 封装器访问 Facebook Insights。第 8 章提供了一个动手实践，使用 Twitter API 来进行社交媒体情感分析的（图 10-10）。

图 10-10　社交媒体情感分析

4. 聊天机器人、对话助手和智能虚拟助手

聊天机器人可能是自然语言处理最著名的应用，现在的聊天机器人可以进行交互式对话，并配备先进的语音识别和文本转语音功能。

智能虚拟助手（intelligent virtual assistants，IVA）内置人工智能训练，具有认知和自我学习能力，能够根据上下文调整，并且使用了最新的 Transformer 技术。

如今，部署聊天机器人的商业价值主要集中在客户体验和客户旅程的大幅改进上，它显然具备快速、低成本地解决问题的潜力。

无论是 Amazon Alexa、Apple 的 Siri、Google 的 IVA 生态系统（Meena/DialogFlow/LaMDA）、IBM Watson、Azure LUIS 和 QnA Bot 还是 Rasa，都将自然语言处理和深度学习结合起来，以最佳方式适应和学习用户的"意图"和"实体"，并将这些知识应用于对话"语料库"中。

10.4.2　NLP 2.0

我们在上一小节中已经讨论了自然语言变换器的无限可能性，而接下来，将着眼于一些最先进的（state-of-the-art，SOTA）NLP 技术的其他最新进展，预计它们将在不久的将来成为核心的组织应用。

1. 自然语言生成

自然语言生成（natural language generation，NLG）是产生，而不是解读自然语言的过程。尽管较为基础，但自动补全是自然语言生成的一个例子。

NLG 已经广泛应用于各个行业，包括数字营销内容的创建、财务 / 医疗报告的生成、新闻报道、电商 / 零售产品标签的生成、旅行信息更新以及优化客户服务等。

虽然 NLG 已经存在一些时日了，但随着 Transformer 在参数化能力上的巨大提升，NLG 在输出结果上有了翻天覆地的改进，尤其是在人工智能生成的报告的可信度方面。

谷歌的 Smart Compose、Arria 和 WordSmith 是支持自然语言生成[1]的三个主流工具，但是，正如我们将在本章的最后一个动手实践中看到那样，也可以使用 GPT-3 变换器来生成文本，在这个例子中，我们将生成一份基于食材的烹饪食谱。

2. 辩论

计算讨论、辩论和辩论技术方面的成熟度已经达到了机器能够可信地与人辩论的地步。[2]

IBM 的 Project Debater（图 10-11）被定位为"收割能够就复杂主题与人辩论的 AI 系统"，它由四个核心模块组成：论据挖掘、论据知识库（argument knowledge base，AKB）、论点反驳和辩论构建，其中前两个模块为辩论提供内容。[3] 该工具使用类似于 Transformer 的序列到序列和注意力机制，举例来说，与人类（非专家）的演讲和其他 NLP 变换器（如 GPT-2）相比，它的开场白获得了较好的评价。

---

[1] 另一个工具 Automizy（https://automizy.com/）是免费的，使用自然语言生成（NLG）来处理电子邮件营销内容。

[2] 举例来说，请参见 www.technologyreview.com/2020/01/21/276156/ibms-debating-ai-just-got-a-lot-closer-to-being-a-useful-tool/。

[3] Debater 数据集可以在以下链接中找到：https://research.ibm.com/haifa/dept/vst/debating_data.shtml。

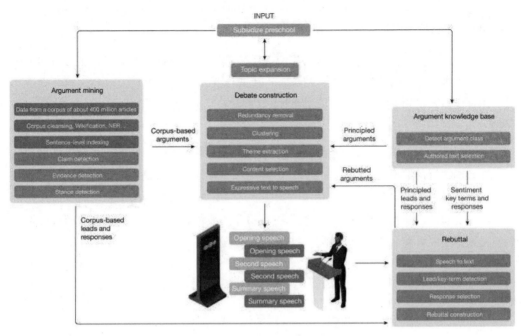

图 10-11 IBM Project Debater 的系统架构

3. Auto-NLP

显然，鉴于机器学习和深度学习全面自动化的趋势，人们现在非常关注自动化完成 NLP 生命周期中的众多步骤。

在这方面，Hugging Face 是领军者。他们的 AutoNLP 工具与 Hugging Face Hub 的大量数据集和预训练[①] 的最先进的 transformer 模型集成在一起。NeuralSpace 也是这个领域的领军者，它支持使用 87 种语言的 AutoNLP 来训练模型。[②]

Auto-nlp Python 库同样提供了一个抽象层，并在现有的 Python NLP 包（例如 spaCy）上实现了低代码功能，这在很大程度上类似于 auto-sklearn 为 sklearn 机器学习提供的低代码自动化。AutoVIML（Automatic Variant Interpretable ML）是另一个用于 Auto-NLP 的 Python 库，它自动化了预处理、语言分析（词干提取和词形还原等）以及矢量化步骤。

---

① 包括 215 种情感分析模型。详情参见 https://huggingface.co/blog/sentiment-analysis-python。
② https://docs.neuralspace.ai/。NeuralSpace 专注于亚洲、中东和非洲的地方语言。

小结

在讨论了 NLP 的发展趋势之后，我们接下来要做几个侧重于当前的主流应用和工具的动手实践来作为自然语言处理的着一章的结尾。这些实践标志着本书的旅程结束，并通过实践来总结如何使用云和 Python 生产化 AI 解决方案。然而在最后，还有一些结束语要说。

在本书中反复强调的一个主题是实施 AI 所采用的实验级别，和在一些时候采用的以（云）成本为导向的变通方案。并非每个公司的预算都足以支付高性能计算实例或高吞吐量、安全存储的成本。当前的 AI 解决方案实施环境和市场力量的集中可能意味着这些挑战在未来几年内仍将持续存在，但在最后的几页中，我们将探讨一些可能改变游戏规则的创新，这些创新可能会让更广泛的生态系统摆脱云服务提供商的束缚。

> **动手实践 10-6**　Watson Assistant 聊天机器人 / 智能虚拟助手

面向对话 AI 的 HR 对话配置

作为高德纳魔力象限中企业级对话 AI 领域的领导者，Watson Assistant 是 IVA 自动化行业的领先工具之一，并且，IBM Watson 的用户在三年内实现了 337% 的 ROI。[1]

本次实践的目标是在 Watson Assistant 上创建一个 HR 智能虚拟助手，利用不断增长的用户交互来重新训练，以改进对用户有关职位申请和公司内部政策问题的回应。

1. 请点击此链接 [2]https://eu-de.assistant.watson.cloud.ibm.com/，并使用 IBM ID 进行登录。如果被重定向到 IBM Cloud，请输入登录信息或注册。

2. 选择屏幕左上方的 Assistant（助手）选项 > Create Assistant（创建助手）。

3. Add dialog skill（添加对话技能）> upload skill（上传技能）并上传下面的链接中的 json 对话文件：

   https://github.com/bw-cetech/apress-10.4.git

4. 打开新创建的助手并观察用户意图（这些是用户问题的主题，比如组织结构、工资、投诉、管理、幽默等）和实体（用户问题的关键信息，比如团队、人员、服务、薪酬，和额外福利，比如股票 / 股份 / 养老金等）。

---

[1] IBM Watson 的用户称三年内投资回报率高达 337%。

[2] 如果你身处英国或美国南部，那么可能需要根据最近的数据中心，在 url 中将 "eu-de" 更改为 "uk" 或 "us-south"。

5. 对话是预先配置好的，请用下面的对话对其进行测试：[①]

第 1 部分：（求职咨询）

hello	（你好，
can you fill me in on my job application	你能告诉我我申请的工作进展如何吗？
open position	开放岗位
technical	技术
yes	是的）

第 2 部分：

（公司政策）：

can you help me with share options	（你能帮我了解一下股票期权吗？
is there a reduced price for employees?	员工有优惠价吗？）

第 3 部分（幽默）：

I may be dead soon, how is my life insurance, salary and pension paid to my family?	（我可能不久就要去世，我的人寿保险、薪水和养老金如何支付给我的家人？
no	不
goodbye	再见）

6. 练习：将对话替换为一个在线零售商的典型客户支持 IVA。

7. 拓展练习：通过在 Watson Assistant 中添加网络聊天集成，将其推送到 IBM Cloud（assistant UI 下的"查看 API 详情"中显示了 API 的详细信息）。

8. 拓展练习：在 Watson Assistant 中添加 WhatsApp（通过 Twilio）集成。

9. 练习：设置一个应用程序例程，该例程将基于最新的用户对话，每个月自动重新训练 NLP 模型。

动手实践 10-7 用于聊天机器人的 Transformer

使用 GPT-3 进行自然语言生成

在最后一个动手实践中，我们将使用 OpenAI 的预训练的 GPT-3（Generative Pretrained Transformer，生成式预训练变换器）模型来根据用户输入的食材生成菜谱（使

---

① 可以使用助手的 Preview（预览）选项实现这个功能，但是有着相同作用的 Skill UI 更加简洁。你可以直接将 json 文件上传到从屏幕左上角的 Skill（技能）选项创建的新 Dialog Skill（对话技能），然后在创建后选择 Try it（试用）。

用 Zero-shot 训练，即不向模型提供样本）和实现一个喜欢讽刺别人的聊天机器人（使用 few-shot 训练，即提供有限数量的样本来训练模型）。

1. 在 https://openai.com/join/ 上注册一个账号，并在仪表板右上角的 Personal 下获取 API 密钥。

2. 克隆下面的 github 存储库：

   https://github.com/bw-cetech/apress-10.4b.git

3. 将密钥复制粘贴到 openai_credentials.py 文件中定义的字符串的双引号内

4. 在 Colab 中运行 python 笔记本中的步骤。

   a. 安装 openai，然后注释掉代码。

   b. 导入库。

   c. 将 OpenAI 的凭证文件拖放到 Colab 的临时存储。

   d. 定义 GPT-3 的 transformer 函数，这将接口到一个高性能的 GPT-3text-davinci-002 引擎。

   e. 调用函数以根据基本的食材创建一个食谱，食材包括苹果、面粉、鸡肉和盐。

5. 练习：更换食材，举例来说，可以换为新鲜罗勒、大蒜、松子、特级初榨橄榄油、帕尔马干酪、纺锤粉、柠檬、盐、胡椒、红辣椒片和烤松子，[1] 然后再次调用函数，来创建一个意大利面食谱。

6. 双击写入 Colab 临时存储的 receipe.txt 文件来查验食谱。

7. 拓展练习：修改代码以确保从 GPT-3 模型生成的食谱不被截断。

8. 使用相同的 GPT-3 转换器模型，继续运行最后两个单元格，它们提供了讽刺语境的示例[2]，然后调用（相同的）GPT-3 transformer 函数。该函数返回了一个（NLG 生成的）对语境示例 / 聊天机器人文本中的最后一个（留空的[3]）问题"现在几点了？"的讽刺式回应。

---

[1] 只需将 recipe 变量更新为：recipe = 'fresh basil, garlic, pine nuts, extra-virgin olive oil, parmesan cheese, fusilli, lemon, salt, pepper, red pepper flakes, toasted pine nuts'.

[2] 这就是"few-shot"训练——用有限的训练样本提示机器学习模型进行预测。

[3] 注意，在语境示例中，MARV 的最后一个回应故意留空了——我们试图预测 / 生成的就是 MARV 的回应。

结语

在 AI 领域中，有许多趋势蓄势待发。ImageNet 项目 [①] 启动以来的十年，AI 领域的变化速度令人惊叹。尽管如此，对在接下来的五年甚至更久的时间里可能实现商业化的发展的预测仍然充满了不确定性。因此，相比于尝试预测未来，我们更倾向于依照本书的实践性质，概述一些更有可能产生颠覆性影响的创新。

次世代 AI，也就是 AI 2.0，已经到来了。它在技术上针对可移植性、准确性和安全性的挑战做出了改进。[②] 提供可扩展云计算服务的超大规模云服务商，或称数据中心运营商，预计会更多地利用迁移学习和强化学习，transformer 网络预计会使 AI 变得更加智能和更具移动性。然而问题在于，超级运算商往往还是那几个目前已经在提供存储和计算服务的大型科技公司，也许还会加上阿里云、IBM和甲骨文。

对于那些希望避免供应商锁定（vendor-lock）或至少期望云服务多元化的公司／组织来说，更有前景的可能是使用生成模型来创建合成数据 [③]，以及为重复使用的或共享的离散模型训练过程（联邦学习）提供的管理服务。下表汇总了这些创新。

---

① 请见第 1 章。
② 请参见 https://www.forrester.com/report/AI-20-Upgrade-Your-Enterprise-With-Five-NextGeneration-AI-Advances/ RES163520?objectid= RES163520。第 10 章的"NLP 2.0"一节展示了 AI 2.0 的更多进步，特别是在自然语言处理方面的进步。
③ 包括训练和测试数据。Appen 认为这种转变对努力克服 AI 数据挑战的企业而言具有推动效应：https://appen.com/solutions/training-data/。

方向	内容	目的	示例
transformer 网络	预训练的、可定制的、高精度的、多任务深度学习模型	解决具有显著时间或上下文维度的难题（例如，理解和生成文本、软件代码等）	超大规模云服务商（亚马逊 Web 服务、谷歌、IBM 和微软）、先进的语音和文本分析供应商，以及许多初创公司
合成数据	使用生成模型和模拟虚拟环境生成或增强现有训练数据	加速新的 AI 解决方案的开发，提高现有 AI 模型的准确性和稳健性，保护敏感数据	自动驾驶车辆、金融服务、保险和制药公司，以及所有计算机视觉供应商
强化学习	通过模拟环境或大量微实验测试其方法以找到行为最优的机器学习方法	构建优化许多目标 / 约束的模型，或根据正面和负面的环境反馈决定行动	针对特定 B2C 营销任务的公司、优化重复制造过程的公司，以及机器人学习
联邦学习	一个合并在不同数据集上独立训练的模型的管理过程	在设备、系统或公司之间共享智能，以克服隐私、带宽或计算限制	超大规模云服务商，AI 启用的应用供应商，以及消费电子公司
因果推理	诸如结构方程建模和因果贝叶斯网络等方法，用于确定数据中的因果关系	业务见解（例如，归因分析）和偏见预防，其中洞察和可解释性与预测准确性一样重要	领先组织的创新团队（例如，确定特定疾病的治疗效果的医疗提供商）

AI 2.0（来源：Forrester）

虽然 AI 2.0 仍在发展中，但 DataOps 注定会成为交付当前 AI 项目的既定框架。然而，由于依赖于基础设施、操作系统、中间件、语言运行时以及难以消除的数据筒仓，DataOps 的效率并未达到理想的最优状态。

统一的数据编织（data fabric）架构以及在分布式多云环境中无障碍地访问和共享数据的能力的趋势，被视为克服这些挑战的方式。前文中提到过的 IBM Cloud Pak for Data 因其支持多云和内置的、可以访问多源数据的数据编织架构，展现了巨大的潜力。

与此同时，云计算的超自动化已经创造了一个 NoOps 环境，在该环境中，软件和软件定义的硬件是动态配置的。这些越来越无服务器化的架构正在使 IT 功能从基础设施管理中分离出来，让组织有更多的空间进行尝试（尤其是在 AI 应用开发方面）。

后记

在写这本书的过程中，我经常都有挫败感——大型科技公司的主导地位是一个原因，但挫败感主要还是源于就业市场的不平等竞争环境。当你失去工作，离开了之前的行业，没有任何收入，不擅长自我推销，而且年岁已高……嗯，这么说吧……2022 年的世界对你漠不关心，而我甚至不确定它是否曾经关心过。有时这种挫败感会转化为绝望——就像在深夜的海上，在狂风巨浪中试图重新爬回船上时的那种绝望。

因就业市场产生的许多痛苦都被倾注到了这本书的写作中。我也希望本书提供的一些关于避免不透明的云服务成本和进一步供养大型科技公司的建议，能对读者们有所帮助。没有人应该在测试大型科技公司的服务时被收取费用（但这是我的工作——我别无选择！）。在从文档记录不全的解决方案中学习，并最终没有得到任何一个成功的用例时，更是如此。

如果让我给出关于应对云服务成本的挑战的建议，我会建议始终显示详细的资源使用情况。对那些闻所未闻的 EBS 实例提出质疑，并询问 D13 HDInsight，D11 v2/DS11 v2 VM，Basic Registry Unit 或 Premium All Purpose Compute 究竟是什么。还有，为什么我们必须在删除 S3 存储桶之前清空它们。而且，我确信"在 CloudWatch 上只有前 10 个计费警报是免费的"这个信息，并没有像它本应有的那样引人瞩目。[①]

本书中的一部分工具和实验比其他的更棘手。让 Kafka 消费事件和让 Databricks 与 AWS MSK 通信都会产生大量错误，而且都极其令人头疼。云服务的随意收费往往让人觉得这无异于垄断集团强加的费用，而且支持服务通常是为了阻止客户提出投诉而设计的。如果可以的话，尽管大胆提交投诉。但是注意，你可能会收到一个预设的、与你的问题无关的默认回复。如果成功地来到了最后一步，

---

① 如果希望有计费警报以确保自己能够关注云服务的使用情况，也要付费。

开始填写提交给人工服务的表单，那么预计可能需要花费半小时来减少投诉内容的字数以满足字数限制，或者找出并替换所有非字母数字的字符。[①]

　　归根结底，我们都需要这些服务，但新的超大规模云服务提供商确实通过这种行为变得富有，它们向个人收取服务费用，因为他们为了能在数据市场活下来不得不使用这些云服务。但如果目的是培训、开发或测试，[②] 这些服务难道不应该是免费的吗？尤其是在提升技能最终需要获得云原生认证或者推动了更多的 B2B 云收入，而大型科技公司已经赚得盆满钵满的情况下。

[①] 如果需要，可以在 AWS 中提出一个计费争议，只需要访问 https://console.aws.amazon.com/support/home#/case/create 并选择 Account & Billing（账户和计费）> Service: Billing（服务：计费）> Category: Dispute a Charge（类别：提出计费争议）。对于 Azure，可以在以下链接选择 new support request（新的支持请求）> Billing（计费）> refund request（退款请求）：https://portal.azure.com/#blade/Microsoft_Azure_Support/HelpAndSupportBlade/overview。

[②] 而非生产环境时，这对云服务提供商来说应该是显而易见 / 可审计的，因为资源会在短时间后被删除。